奇才

连续突破性创新者的创意启示录

[美]梅利莎·席林（Melissa A. Schilling）著

李蒙　宫海荣　译

Quirky

HUNAN LITERATURE AND ART PUBLISHING HOUSE

博集天卷
CS-BOOKY

好评推荐

一场穿越突破性创新者的心智、经验、灵感的奇妙旅途。梅利莎·席林的《奇才》是传记写作与社会科学的美妙结合，它将撼动你对于赢家和成功的固有思维。

——罗恩·阿德纳（Ron Adner）
达特茅斯大学塔克商学院
《广角镜战略》（*The Wide Lens*）作者

我们都受益于少数几个改变世界的巨人的贡献。他们为何与众不同？梅利莎·席林的这本书是我所读过的相关著作中解释得最好的。她的书将七位超级创新者引人入胜的故事和严谨可靠的基础科学巧妙结合。读一读这本书吧，给自己的朋友也送一本。说不定会因此多出两个改变世界的创新者呢。

——埃里克·布莱恩约弗森（Erik Brynjolfsson）
麻省理工学院（MIT）
《第二次机器革命》（*The Second Machine Age*）
《人机平台：商业未来行动路线图》
（*Machine，Platform，Crowd*）合著者

　　《奇才》是一本非常有趣、构思巧妙的书。它带领读者走进那些改变世界的'奇才'的生活。围绕着创造力与原创性、努力与坚持以及环境优势这些主题，梅利莎· A.席林将爱迪生、马斯克、爱因斯坦、居里夫人以及其他许多创新者的生活进行了比较。

——戴维·布林（David Brin）

美国国家航空航天局（NASA）顾问

《末日邮差》（*The Postman*）

《透明的社会》（*The Transparent Society*）

《存在》（*Existence*）获奖作者

　　梅利莎·席林对我们经济史中的一些顶尖发明者进行深入的研究，并据此，就发明和创新这两个主题，为我们提供了有力而新鲜的观点。这本书适用于以下人群：科学史爱好者、创新者、热衷传播有益知识的人。

——亨利·切萨布鲁夫 （Henry Chesbrough）

加利福尼亚大学伯克利分校

《开放式创新》（*Open Innovation*）作者

我很喜欢这本书。它使我对思考本身进行了反思。席林在书中明确表达了一个观点，即在一个教育和科学领域广泛采用统计方法的社会，我们似乎只会变得平庸。但巨大的创新——那些改变行业乃至文明的创新——却仍来自有些怪异的个体。这些人坚信他们的方式是更好的选择。怎样才能成为像特斯拉、居里夫人、乔布斯或马斯克这样的创新人物呢？席林的书提供了答案。

——罗伯特·克林吉里（Robert Cringely）

《意外的帝国》（*Accidental Empires*）

《书呆子的胜利》（*Triumph of the Nerds*）

《书呆子 2.0.1》（*Nerds2.0.1*）作者

《奇才》，嗯，很奇特！对那些令人惊异的创新者进行了令人信服的多重个案的研究。尽管这些人在独创性方面各展其能，但席林结合自己敏锐的洞察力，为我们这些平凡之人提高自己的创新能力提供了建议。这本书简直太棒了。

——凯瑟琳·M. 艾森哈特（Kathleen M.Eisenhardt），

斯坦福大学决策学教授

《简单规则：如何在复杂世界茁壮成长》

（*Simple Rules： How to Thrive in a Complex World*）合著者

虽然呼吁创新的口号清晰响亮，如何落实却仍扑朔迷离。席林的书提供的不是一个泛泛的食谱，而是熬出创新的基本原料。这些原料由一系列非凡各异的创新者的生活组成。而秘密调料则是从不同角度进行思考所需要的'疏离感'，将想法付诸实践以结出硕果的热情，以及为以上各项助力的天时和地利。读之令人欲罢不能，本书综合了发人深省的传记和帮助我们点燃创新之火的宝贵课程。

——丹尼尔·利文索尔（Daniel Levinthal）
宾夕法尼亚大学沃顿商学院

《奇才》巧妙地提醒了我们，如果你想理解奇才，你应该先理解离群者和例外。打破社会的期望，充满信心地去解决那些看似无法解决的难题，拥有足够的社交技巧去鼓舞他人，这些都是不寻常的品质。席林的书带领我们走过一段探索旅程——指引我们清楚地看到那些一直存在却不那么一目了然的东西。读完这本书你会对真正的天才有更深入的理解。

——丽塔·麦格拉思（Rita McGrath）
哥伦比亚大学

商学院的教授写出一本如此引人入胜的书并不常见，《奇才》做到了。梅利莎·席林将埃隆·马斯克和玛丽·居里这些取得突破成就的创新者的生活故事生动地展现在我们面前，对他们进行专业的分析，挖掘他们潜在的共性。书中的内容既深刻又鼓舞人心。读完这本书，我感到一种陌生的欣喜。

——佛里克·韦穆伦（Freek Vermeulen）
伦敦商学院

写给中国读者的话

  是什么让埃隆·马斯克、马云、玛丽·居里和乔布斯拥有那么引人注目的创新成就？他们真的拥有我们无法企及的特殊天赋，还是说，在这些连续突破性创新之中，有我们可以学习或培养的东西？这些问题久久萦绕于我心，为此，我开启了一项长达七年的研究。此前，我已经在创新策略领域进行研究并授课十八年，写出了世界领先的教材《科技创新中的策略管理》（现今已出到第六版），但对于上述问题，我依然没有什么好的答案。此后，我开始了一项针对连续突破性创新者的研究——这些人在他们的一生中，不止有一次突破创新，而是接连不断地改变着世界。这个项目的最终形态就是这本《奇才》。在文中，我将带领你们穿梭这些伟大人物的生平，将他们的故事以严谨的研究方法重述，揭示他们的天赋和经历是如何导向他们那富含创意的一生的。

  《奇才》将展示这些创新者所共同拥有的许多显著的特质。举例来说，尽管他们都天资聪慧，大部分创新者更偏爱自我教育而不是跟随学校死板的课程学习。他们需要自己选择学习的内容、广度及深度。怎么样学，也得按自己的心意。比如马云就是个平平无奇的学生，高考多次失利。但他成了自己的老师，尤其是教会了自己设计互联网页面，而后他成立了阿里巴巴，一家非常成功的企业。埃隆·马斯克则是那种平时不上课，只会在考试时出现的学生。然而火箭科学上的自我教育最终使他成立了太空探索技术公司（SpaceX），发射了世界上第一枚可回收火箭。迪恩·卡门也可以证明这一点，他在校期间表现一般，并且没读完大学就退学了，但他发明了世界上第一个药物输注泵、第一个便携式肾透析机、赛格威电动车以及许许多多别的东西。

几乎所有创新者都极具理想主义，他们追寻着金钱、声誉和个人舒适之外的目标。这些目标赋予他们远见、不懈努力的动机，并支撑着他们穿过艰难险阻和外界批评。一些创新者也展现出多巴胺升高的迹象。多巴胺这种神经递质能够提升远隔联想和快速思维的能力，让人拥有非同寻常的信心和用不完的精力。但过高的多巴胺会导致精神疾病，例如精神分裂症和双向情感障碍。少量的多巴胺提升则会让创新者思路更开阔，更有成效，也更愿意承担风险。尼古拉·特斯拉以他的经历生动地展示了理想主义和多巴胺升高对人的影响。他一生致力于为人类带来免费能源以及无线通信，他相信，这两者的结合，将会终结人类的苦役并避免战争。

有一种特质明显影响了我研究的每一个"奇才"。这种特质被心理学家称为自我效能（self-efficacy）。自我效能是一种与工作任务相关的自信心。它描述了一个人相信自己能够克服困难、达到目标的程度。所有创新者都拥有相当强的自我效能，而这也驱动了他们去挑战那些被他人视为不可能的任务。此外，他们都相信自己的能力足以克服困难，因此失败不会让他们裹足不前或自我怀疑——失败不过是不够努力的信号罢了。当人们告诉马斯克可回收火箭是痴人说梦时，他只是耸耸肩，说："我觉得我做得到。"当人们告诉卡门双轮平衡车不可能成功时，他回复："别告诉我这不可能，是你办不到罢了。"当举世闻名的开尔文勋爵在报纸上宣称居里夫人对地球年龄的估测是错误的，镭也不是真实存在的元素时，她回到实验室，花了两年时间证明自己是对的。在欧洲所有大学的物理系都拒绝爱因斯坦的教职申请后，他找了一份专利审查员的工作，并继续他的研究。最终，他成了史上最知名和最被尊敬的物理学家之一。

　　虽然有些创新者拥有的特质是天生的（如马斯克、特斯拉的图像式记忆），余下的特质依然是我们可以学习，并在他人身上培养的。我希望这本书能够给你启发，使你获益。毕竟，世界上还有许多人的创新潜力仍在沉睡，等待着被唤醒。

目 录
Contents

每个冲过澡的人都曾有过奇思妙想。但只有那些冲完澡，擦干身子，马上行动，将异想付诸实践的人，才真正改变了世界。

　　——诺兰·布什内尔（Nolan Bushnell）

引 言

是什么使某些人具有非凡创造力？

不要告诉我这不可能，是你办不到罢了

为什么有些人具有非凡创造力？这里所说的创新者，不是那些因一个好创意名震一时的人，也不是那些抓住一次千载难逢的机遇而大获成功的人，而是那些一次又一次改变游戏规则的创新者：这些人终其一生都在提出并追求震惊世人的创意，对既有的假设提出挑战，完成在别人看来根本不可能的事情。是他们身上的何种特异让他们愿意并且有能力去改变世界的呢？让我们看看埃隆·马斯克（Elon Musk）的例子。

埃隆·马斯克12岁时就制作并卖出了自己的第一款电子游戏。28岁时他就已经是百万富翁了。接下来十年，他开发了电子支付系统，也就是后来的PayPal（贝宝）的前身之一。他还创建了美国太空探索技术公司，该公司的目标不止于征服火星。除此之外，他还帮助成立了特斯拉汽车公司（Tesla Motors），该公司是美国半个多世纪以来第一家上市的新能源汽车公司。2010年，太空探索技术公司成功将宇宙飞船发射到运行轨道，并顺利回收火箭。这是一项了不起的成就。迄今为止，只有美国、俄罗斯和中国三国政府举全国之力才得以完成这项创举。更重要的是，马斯克此举证明火箭的重复使用是可行的，而此前航天工业界一直认为这是妄想。

马斯克的出身与上述行业没有任何关联，他既非富家子弟也不是名门之后。成长的过程中，他并没有任何特殊通道接触计算机、汽车或航天科技。在取得这些成就之前，他没有可利用的资源，也从未刻意积累与这些行业有关的经验。换句话说，他的成功似乎纯粹是个人意志力的结果。那是什么使马斯克既有能力又有动力去完成这一系列具有重大意义的创举的呢？

尼古拉·特斯拉（Nikola Tesla）（马斯克的汽车公司就是以他命名）也是一个多产的创造者，比马斯克有过之而无不及。他名下的发明创造超过 200 项，其中包括世界上第一个远程无线通信系统、交流电电力系统，以及遥控机器人。许多人不理解特斯拉对创新的狂热追求，特别是考虑到他一生都未能得到足够的资金支持。和马斯克一样，特斯拉也出身平凡，在他所创新的领域没有任何优势可言。尽管在大学修过物理课程，但没有证据表明他最终拿到了相关学位。像马斯克一样，特斯拉年纪轻轻就离开了养育他的祖国，两手空空来到美国。委婉地讲，特斯拉和一般人不太一样。他一身怪毛病，饱受各种恐惧症的折磨。他不善社交，其貌不扬，这些都不利于他为自己的研究项目争取资金支持。一如马斯克，他还是完成了一项又一项在旁人看来是天方夜谭的技术成就。

阿尔伯特·爱因斯坦在物理学方面取得了同样举世震惊的成就。他26 岁的时候，在四个月的时间内，连续发表了四篇论文，彻底颠覆了科学界对空间、时间、质量和能量的理解，其中每一项都具有划时代的意义。他在粒子物理学方面的成就，为量子力学推翻经典物理学奠定了基础。最让人难以置信的是，取得这些成就时，他的社会身份不过是一个专利审查员。他此前曾向多所大学申请物理系教职，但都遭到了拒绝。爱因斯坦求学时期对权威的蔑视使教授们对他印象不佳，以致后来他申请大学职位时，这些人拒绝提供帮助。即使在那四篇重要论文发表后，他还是得应对各方面的阻力：他对既已完备的理论提出的无礼质疑，以及他的身份（一个生活在激烈的反犹主义环境下的犹太人），都足以使他沦为被频繁攻击的目标，举步维艰。但爱因斯坦没有向同行认输。在他看来，屈从于权威（包括社会规范）是人类精神堕落的表现。这种立场使他的观点更难得到支持和正当性，但不融入圈子反倒可以让他不受同时代理论的束缚，自由地思考。后来，爱因斯坦获得了诺贝尔奖，并成为有史以来最著名的科学家。

到底是什么使这些人拥有如此非凡的创造力呢？是遗传基因、养育方式、教育背景还是幸运女神的眷顾？尽管在心理学界和商界，创造力一直是研究热点，但这一问题依然没有令人满意的解答。其中部分原因在于，那些连续创新者，即有创造性生产力的超级异类，构不成足够的研究样本。因为他们举世罕见，想大量获得这类人的样本数据进行统计学分析几乎是不可能的。还有一个原因是，他们都很忙，把他们弄到实验室来进行实验同样困难。所以在商学院，我们倾向于研究如何组织创意小组、如何选择合作伙伴，以及如何设计思维能力提升训练等问题。毕竟这些是我们可以测量和把控的。目前，创新能力研究尚未告诉我们这些连续突破性创新者缘何出现，也没告诉我们怎样才能在我们自己、工作伙伴和孩子身上培养这种突破性的创新能力。

心理学对个体创造力的研究更深入一些。但这些研究关注的重点是创造力产生的一般过程。例如普通人是如何创造性地解决问题的。它们没能解释为什么有些人能成为奇才。目前对创造性天才的零星研究都流于表面，不够系统，缺乏令人信服的结论和启示。例如，研究结果暗示遗传也许是天才产生的原因，这是确定无疑的，但如果你意在提高自身的创造力，知道这一点，意义不大。还有研究称，真正的天才需要大量时间练习并掌握大量信息。但这一发现和许多显而易见的例外不符。就像上文提到的，埃隆·马斯克并不是因为在太空旅行方面拥有大量的信息和经验才完成那些划时代的成就的。相反，当美国和俄罗斯的火箭制造专家告诉他，节约成本的可回收火箭想法行不通的时候，马斯克才拿起课本，开始自学火箭科学方面的知识。几个月后，他就拿出了一个电子数据表，上面详细地列出了他想建造的那种火箭所需的开支、材料和性能。马斯克是个航空"门外汉"，却成功完成了异想天开之事，部分原因是他并不知道（或认为）这是不可能的。

马斯克跨界行为的成功，原因在于他性格中的一些怪异之处：他喜欢挑战新难题，而不太在乎别人是否认为他有能力或权利去干这些事情。这一点非常重要。大部分研究成果表明那些越界的人会受到排挤。人们低估所谓的通才，对于那些看似活动在自己领域以外的人心存疑虑。然而像马斯克这样的局外人却拥有局内人和行业资深人士不具备的优势。那些业内资深人士头脑中根深蒂固的教条和设定在他们的头脑中是不存

在的，他们也未在设备、专家、供应链或者顾客关系上有过投资，毕竟
这些投资会让变革难以推进，丧失吸引力。例如，加夫瑞尔·艾丹（Gavriel
Iddan）是以色列军方的一名导弹设计专家。他发明了一种方法，可以
帮助医生看到病人肠胃系统内部的情况。获取内脏影像的传统方法是在
软管的一端安置镜头。这种方法下病人很受罪，而且小肠内部的许多地
方无法被探测到。但几十年以来这种方法一直是行业标准。大部分的肠
胃科医生在内窥镜使用方面已经接受过大量的训练，而且许多诊所里的
医生也已经花钱购置了这种设备。果然，这方面的众多革新都集中在如
何改进软管、镜头或成像软件上。但是和肠胃病专家不同，艾丹是从导
弹专家的角度来解决问题的。他不会去想如何用管子操控镜头，或如何
用线缆传输影像这类问题。他发明了一种胶囊内镜（PillCam）。这种胶
囊自带电源、光源和两个微型相机。病人吞服胶囊后，可以四处走动，
与此同时，他们体内的胶囊相机会将影像发送到病人随身携带的视频设
备上。大概 8 小时之后，病人返回医院，那里的设备会运用软件算法读
取这些影像以确定病人体内的出血点。（相机胶囊一直在病人体内。）
事实证明，比起传统的内窥镜，这种设备更经济（不到 500 美元）、更
安全，病人也不会很难受。对病人来说，新方法非常便利。但让医生们
接受新仪器却没那么容易。因为他们已经在原先的设备上进行了投资，
也已经习惯了使用内窥镜。目前，胶囊相机在超过 60 个国家销售，数
家公司正在生产这类竞品。胶囊相机成功解决了难题。为什么做到这一
点的是局外人，而非内窥镜制造商，原因显而易见。

　　与此相似，优步、来福车、滴滴出行和 Grab 打车这些公司的出现

动摇了传统出租车行业，爱彼迎、寄宿家庭和沙发客影响了酒店业，其原因便一目了然了。对于传统出租车行业和连锁酒店而言，尽管它们并不缺乏助力新兴商业模式的知识和资产，但原有的商业模式仍然限制着它们，因为人们无法轻易放弃与其相关（或专门为其设计的）的各项条件和战略承诺。改革不是容易的事情，而且即使他们尝试了，也未必能在新的商业模式中打败那些新入行者。这就是为什么颠覆性的创新总是出自行业新手而非老手，尽管后者已具备十几年的经验，在资金、设备和影响力等资源上更胜一筹。

然而，大部分的局外人并未成为连续突破性创新者，许多经验丰富的人也是如此。经验在成为突破性创新者上的确能起到一定的作用，但经验是否特别重要或可靠就不得而知了。那到底什么是重要和可靠的因素呢？某些特性和资源的结合会不会提高一个人成为连续突破性创新者的概率呢？我们能否帮助人们利用自己的潜能成为突破性创新者呢（我们会想要这样做吗）？

刚开始我试图运用标准的研究方法解决这个问题：对名列各种榜单的几百名创新者进行大样本研究，尽量多地收集他们的数据。但研究结果不太令人满意。名单上的大部分发明家和企业家不过昙花一现，使人怀疑他们对成为创新者有多大借鉴之处。而且，在大批量研究这些创新者的过程中，你经常会发现与他们个人生活有关的信息非常稀少，你不得不通过他们的教育背景或工作经验得出只言片语的结论。这些研究无法使我们获得实现突破性创新的真知灼见。因此，人们很容易就盖棺论定，认为这个问题不可研究，或仅靠努力搜集资料无法洞悉答案。也许这个问题太过复杂，又或是这些创新者太过另类，以至于我们无法通过研究他们来学习实用技巧。

2011年年初，当人们发现史蒂夫·乔布斯的身体状况日益恶化时，突破性创新者的成功之源才成为亟待解答的问题。许多人，包括选修我开设的创新策略课程的学生，都开始问我苹果公司在失去了乔布斯这个著名领袖之后的命运。而我也想知道这个问题的答案。苹果公司的创新性是根植于这家企业的基因中，还是归功于史蒂夫·乔布斯一人？乔布斯的"魔法"能传给他的继任者吗？这种"魔法"已经融入苹果公司的常规中了吗？还是只体现在他一个人身上？即使得不出有实际意义的结论，这个问题也令人着迷，值得研究。于是我开始研究乔布斯，将搜集到的有关他的所有信息与创新力和创造力方面已有的研究进行比较。多年以来，为了教研，我一直追踪苹果公司。不过现在，我开始研究乔布斯这个人。为此我阅读传记、观看访谈，对所有能找到的他的言论仔细研究。我想搞清楚他到底是怎样的一个人：他的天分、他的弱点、他的信念和偏见。我还想知道是什么驱动着他，又是什么让他有实现目标的能力。幸运的是，关于乔布斯的传记有很多，他也接受过多次采访。这意味着我们可以从多个角度研究乔布斯。

很快我就发现，乔布斯和别的突破性创新者之间拥有一些惊人的相似之处。列如，我曾经写过一个迪恩·卡门（Dean Kamen）的教学案例。迪恩·卡门发明了赛格威电动车、世界上第一个便携式肾透析机、第一个药物输注泵，以及许许多多别的东西。他们的相似之处很奇特，且令人着迷。这两个人都没读完大学，20岁出头就创立了自己的公司，都未在他们后来有所建树的领域接受过大量的训练。两人都是怪胎，都有一些古怪的习惯，例如每天穿一样的衣服。乔布斯的汽车根本没有牌照，而且总是不管不顾地占用残疾人车位——泊车规则对他而言没有约束力。卡门则购买了一个岛屿（北饺岛），并在岛上自建了电力网，声称要脱离美国，以逃脱美国法律的约束。两个人的房屋陈设都与众不同。乔布斯家里没有任何家具——很少有东西能符合他独特的审美品位。卡门的房子呈六边形，有四层，并且有不止一条秘密通道。房子的走廊外观设计像是矿井，中庭放置了一个巨大的铁铸蒸汽引擎，这个引擎曾归亨利·福特（Henry Ford）所有。更重要的是，两个人对自己的推理能力和洞察力都非常自信，因此他们无视某些"规则"，而常人在解决问题的过程中却受制于此。例如，有人告诉卡门，他设想的那种靠两只脚来保持平衡的体感车是不可能造出来的。他回应道："别告诉我这不可能，是你办不到罢了。"他还指出，许多我们认为理所应当的科学原理只不过是我们难以知晓对错的"人类法律"。在一次录像采访时，乔布斯也说过类似的话："一旦你意识到一个简单的事实，生活就会变得开阔许多：你身边那些被你称为生活的事物，都是由并不比你聪明的人规定、制造的，而你有能力去改变。"两个人的动力都是来自理想中的目标而非物质上的收益：乔布斯将计算机视作革新人类认知的方式，就像自行车改变了人类移动的方式一样。而卡门的理想是把人类从疾病和损伤中解救出来。

这两个人都非常具有创新精神，都有一些不符合社会规范的怪癖。阅读有关二人的笔记时，我突然意识到，要了解是什么使得一些人成为连续突破性创新者，可以利用多案例研究法对少量样本（那些属于特例的创新者）进行深度研究。运用这种研究方法首先需要对案例进行描述（就像传记作家对笔下人物的描述一样），但远远不止于此。随后研究者还要比较不同案例、对每一可能的对比组进行迭代研究，尝试识别其中的相同和差异之处，并及时辨识出显现出来的类型和模式。因为研究的对象是罕见的拥有创新生产力和重大影响力的人，研究的控制组（即案例比较的对象）就是余下的每一个人。这意味着，在研究中，我们寻找的是这些创新者身上共有的特征，正是这些特征使他们不同于常人，例如，对比随机抽取的常人而言，他们明显拥有更多的怪癖。在一个或几个案例中鲜明的特点，会在别的案例中得到仔细的检验。人们非常容易在处理小样本时过度泛化一些特点，所以我们最重要的任务之一就是尽量去除虚假的共性。举例来说，托马斯·爱迪生（Thomas Edison）和玛丽·居里（Marie Curie）都是家里最小的孩子。本杰明·富兰克林（Benjamin Franklin）是家里 16 个孩子中排行最小的儿子（尽管不是最小的孩子）。家庭排行对一个人性格和行为影响的相关推测始于 20 世纪初。那时，奥地利精神病学家阿尔弗雷德·阿德勒（Alfred Adler）提出头生子更容易罹患神经过敏症和更容易滥用药物，因为他们必须照顾弟弟妹妹，责任太重大。而因为溺爱，家里最小的孩子通常社会共情能力差。据此，不难推断出那些突破性创新者可能是家里的幼子，因为我们发现，和社会规范不太合拍似乎是他们的共性。但这种推论经不起深究，史蒂夫·乔布斯、阿尔伯特·爱因斯坦和埃隆·马斯克都是家中长子，而尼古拉·特斯拉和迪恩·卡门则是家里排行中间的孩子。此外，在研究中作为案例的这些创新者中，本杰明·富兰克林是社会共情能力最高的人，但他是排行最小的儿子。尽管传言仍经久不衰，大部分与其相关的实证研究却表明，出生顺序对于性格和行为毫无影响。

我很快清楚地意识到，为了避免将他们的成功简单归功于"正确的时间，正确的地点"，我必须选择那些硕果累累的创新者。他们还应该因创新而举世闻名，这样就无人能质疑他们的成就。而这些创新也不该是无足轻重的，它们应该给世界留下不可磨灭的印记，因为我们真正想要了解的，是这样的改变世界的能力。就实际操作层面而言，我们必须找到大量关于这些人的出版物，只有这样，我们才能了解他们的成长经历、教育经历、爱好、性格、才华、动机、经验和别的方方面面。在深入了解这些个体之后，我们就能将他们的特点和背景进行对比，并将之与我们已知的有关创造创新的科研成果结合起来。我希望这样的结合能指明到底什么是真正重要的部分。结果超出了我的期望。研究结果显示，创新者们在追寻他们认为极端重要的目标的道路上，一边是成功的狂喜，一边是巨大的个人牺牲。研究结果反映出一些机遇和限制，正是这些机遇和限制确保了创新者名单上的人多半是来自发达国家的男性。而且最重要的是，尽管使这些创新者异于常人的因素中有独一无二、无法仿效的成分，提高常人的突破性创新潜力的方法依然存在。

挑选创新者的准则及研究方法

为了确定我心目中真正的连续突破性创新者的名单，首先，我仔细浏览了一遍各种各样有关最著名创新者的排行榜，寻找在多个榜单中都名列前茅、其成就举世公认的人。我很快就发现，人们对科技成就的共识，远远高过判别艺术、音乐的成就。艺术和音乐的欣赏注重主观感受，其排行名单因人而异，差别很大。而且，一旦艺术家或音乐家得到了承认，他们接下来的作品会受到更多的关注。这在认可其"重要性"方面会形成自我强化优势。对科技创新的评价也存在主观因素和自我强化优势，但他们的业绩标准是可以客观评测的，人们对其重要性的共识更高。例如，玛丽·居里发现那时世界上能量最大的放射性物质（镭）时，没人会对其发现的重要性提出异议。阿尔伯特·爱因斯坦首次提出广义相对论时，起初他的同行们对其价值还存在异议，但 1919 年，阿瑟·阿丁顿爵士（Sir Arthur Addington）观察到一次日全食，验证了爱因斯坦预测的正确性，广义相对论的价值因此得到公认。埃隆·马斯克证明火箭事实上可以着陆和重复利用，而且比航天工业之前预测的成本低很多，这项创举的价值就无人能够否认了，就连航空工业的中坚力量也无法否认，尽管马斯克的成功削弱了他们的竞争优势。有几个科技创新者同时出现在了每一个著名创新者的名单上，但这种情况没有出现在艺术领域。因此为了避免有时由于定义引发的争论，我决定将研究的重点放在科技领域的创新者上，而且决定仅从已经公开的名单中挑选研究对象。

其次，我将研究对象限定为取得多项创新成果的科学家。著名创新者名单的人中，绝大多数仅拥有一项创新成果，例如珀西·勒巴伦·斯潘塞（Percy LeBaron Spencer）的微波炉、小利奥波德·戈多斯基（Leopold Godowsky Jr.）的柯达彩色胶卷、海蒂·拉玛（Hedy Lamarr）为鱼雷设计的跳频扩频（frequency-hopping spread spectrum，FHSS）技术。这种情况下，想要确定他们的成就是个人特征还是运气奇佳的结果，不太容易。为了彻底搞清楚一个人成为杰出创新者的原因，必须将那些把人生中大部分时间都用在创新且连续取得突破性成果的人挑选出来。这些人很罕见，他们生命的意义就是实现一个接一个的突破。

再次，要想开展尽量全面、无偏见的创新者案例研究，需要阅读传记出版物以及大量第一人称的自述，如自传、采访和录像。事实上，这个标准将许多原本我很感兴趣的创新者排除在外了。原因是他们有的才崭露头角，例如拉里·佩奇（Larry Page），有的出生年代过于久远，例如列奥纳多·达·芬奇（Leonardo da Vinci）。最后，在剩下的人选中，我希望选择来自不同行业或科技领域的人，例如医药、航空航天工业、电力行业以及信息技术行业，并确保他们来自不同时期，以避免从同一技术冲击带来的创新"爆发期"进行过于密集的采样。从不同时期和领域选择研究对象可以将个人因素和环境因素分离开，有利于更全面地剖析突破性创新。尽管为了阐释一些特定概念，我在本书中会不时举一些别的创新者的例子，例如马云、格雷丝·霍珀（Grace Hopper）和谢尔盖·布林（Sergey Brin），但最终确定的名单只有玛丽·居里、托马斯·爱迪生、阿尔伯特·爱因斯坦、本杰明·富兰克林、史蒂夫·乔布斯、埃隆·马斯克和尼古拉·特斯拉。

仔细研究这些人，会使我们发现一些重要的共性，了解他们改变世界的能力和动力的源头。尽管他们都非常聪明，但聪明不足以成就一个连续突破性创新者。别的因素也至关重要。这些人展示出的一些非凡的特点——怪异之处，对了解他们的想法以及他们为了实现目标所付出的巨大努力提供了重要启示。例如，他们中几乎每一个人都显示出高度的脱离社会的倾向。玛丽·居里的与众不同和慢性抑郁使她过着一种"反自然"的生活，即远离社交，甚至和自己的孩子也不太来往。这种自我孤立是她自愿的，她也明白自己的生活方式不是每个人都能接受。阿尔伯特·爱因斯坦也选择了类似的生活方式，他知道这样虽然有益于他的独立性和创造力，却无法提供心灵的慰藉。托马斯·爱迪生听力不好，这大大妨碍了他的社交，而且近乎疯狂的工作习惯意味着绝大部分时间他都待在实验室，甚至经常夜晚睡在实验室的桌子上。尽管成年后，马斯克被称作"花花公子"，但他自认是个书虫和宅男，童年时代没什么朋友。实际上，小时候因为过于内向，家里人一度以为他是个聋人。远离社交生活使这些人拥有了创造性思维能力。隔绝的生活方式意味着他们的想法不太受主流思想和规范的束缚，不从俗也意味着即使接触到主流思想和规范，他们也不会轻易接受这些东西。

　　他们从小对自己克服困难的能力极度自信。心理学家称之为"自我效能"。埃隆·马斯克年仅 6 岁就决定步行 10 英里，穿过南非比勒陀利亚去参加表兄的生日聚会。当他后来发现 NASA 无意登陆火星时，又决定凭借一己之力复活这个太空计划。有时人们称马斯克是一台"移动月球探测器"，因为他总是愿意尝试完成看似不可能实现的目标。许多人志向高远，是因为他们对自己攀登高峰的能力非常自信，对那些人们习以为常的规则视而不见。这就是为什么有人说史蒂夫·乔布斯有"现实扭曲场（Reality Distortion Field）"，而迪恩·卡门将热力学的四大定律称为"人类的法律"而非普遍定律。同样，尼古拉·特斯拉也总是挑战不可能的事情，坚信自己会取得伟大成就，许多人认为他狂妄自大，直到他用事实证明了自己。

　　所有这些创新者都满怀热情地追求自己的目标，为此废寝忘食，不惜做出巨大的个人牺牲。他们中的大部分是理想主义者，为了崇高的目标，可以置舒适、名誉或家庭于不顾。尼古拉·特斯拉希望利用免费能源把人类从劳苦中解放出来。他还想通过全球通信系统实现世界和平。埃隆·马斯克想要一劳永逸地解决能源问题并将人类带往火星居住。本杰明·富兰克林的理想是通过平等、宽容、勤勉、节制和慈善来促进更广泛的社会和谐，以及更大程度上提高生产力。玛丽·居里深受波兰的实证主义（positivism）的启发，认为沙皇统治下的波兰只有通过全民教育（包括妇女的教育）和科技进步，才能保全自己的国家。理想主义是一个非常强大的内在驱动，可以极大地激发一个人的斗志。实际上，为了实现理想，他们愿意付出时间和精力，会忽视社交和休闲。这也部分解释了为什么如此多的突破性创新者因为抛弃或忽视家庭而受到批评，例如本杰明·富兰克林、托马斯·爱迪生、史蒂夫·乔布斯、玛丽·居里。理想主义使他们目标明确、心无旁骛，免于凡俗的影响。特斯拉想通过全球范围内的无线传递实现国际和平并借助无限的免费能源将人类从劳苦中解放出来，马斯克想带领人类移民火星，他们都是拥有崇高理想的例子。这些理想给予创新者们一种驱力，而帮他们免除了其他有趣问题的干扰。他们像是戴着仅能目视前方的眼罩在生活，注意力仅落在他们的目标上。理想还能帮助他们抵御失败和批评，因为他们坚信自己的目标很重要，自有它的光荣和价值。例如，有一次在英国枢密院，面对一群面露嘲讽的社会精英，富兰克林不得不忍受公诉人亚历山大·韦德伯恩（Alexander Wedderburn）的无情攻击。整个过程中，富兰克林保持沉默、坦然面对，后来也没有因此选择退缩，因为他相信自己的职责是服务于上帝和整个人类。这使他占据了道德高地，可以有效地抗击侵犯。

　　理想绝非这些创新者的唯一动力来源。他们中的许多人孜孜不倦地工作是因为他们发现工作本身很有意义。他们中的一些人极度渴望取得成就，这是一种强烈地想要持续树立并达到高标准的人格特质。这个过程能给他们带来极大的快乐。他们中的许多人还享受过因辛苦工作产生的"心流"（flow）带来的愉悦感，即工作本身自有的妙处和意义。例如，爱迪生是一个天生好强、精力充沛的人。他很喜欢达成目标的感觉，不管是体力还是脑力劳动，他都甘之如饴。他的许多研究并没带来什么利润，而且大家都知道他为此谴责专利体系未能保护发明家免受"强盗"的掠夺。但总体而言，对这些不如人意的事情，他很少表现出懊悔和气馁，能工作他就很开心了。他曾说过："我从来没想过要退休。工作将这个世界变为我的天堂。"

　　总而言之，这些杰出的突破性创新者体现出高度共性，他们之间很相似，但这些共性也使他们显得不同寻常——怪异。研究这些人，并将研究成果与创造力和创新力方面已有的成果相结合，可以了解他们连续创新的个性背后的运作机制。个性和机制之间的差别很重要，尽管个性才是创新之源，而连续突破性创新者非常罕见，不可模仿，但我们仍可以从机制中找到挖掘和释放自身及周围人的创新潜能的方法。例如，这些人都选择了离群索居，这说明让人们去追求自己的兴趣爱好和沉淀思想是多么重要。这也说明要求整齐划一的社会规范会对创新带来什么样的危害。同时，它还表明，鼓励人们接受自己头脑中一些怪异的想法是有益的。或许，因创造力丰富或喜爱挑战规则，很多创新者当初在学校的成绩都不是很出色。这一点非常具有启发意义，对大家来说也是一种安慰。相当大比例的突破性创新者是自学成才的，他们毕业后的表现远远超过求学时期。这些都是大家从逸闻中得到的，而本书会揭示创新者成绩不佳却取得成功的原因。

〇

《奇才》这本书将围绕三大主题展开：创造力和独创性、努力与坚持、环境优势。几乎所有的突破性创新都始于一个非凡的想法或打破传统观念的信念。所以，本书的前几章将重点描述是什么激励着这些创新者打破传统，创造、产生独创性思想的。这本书将会告诉我们这些创新者的怪异之处如何使他们更有可能挑战既定的理论，寻找新的解决方案。

然而，仅有富有创意的想法是远远不够的。许多人都很有想法，头脑中各种各样的点子层出不穷，但缺乏实践、知识、资金或动机去实现这些想法。例如我们也许并不清楚自己的想法是否行得通或怎样将其付诸实践；也许我们的想法太难实现，或是太冒险了。因此，大部分具有洞察力与创意的想法都不过是灵光一现，很快就被别的更迫切需要解决的事情淹没了。一个拥有突破性思想的人很难同时还有动机、资源和毅力去追求自己的想法。尽管你大可将自己的想法告诉那些拥有更明确的动机和更好的资源的人或机构，例如功成名就的发明家或大牌公司，但这些"别的人"会坚持实现这些想法的概率微乎其微。这是因为，就其本质而言，独到的思想常常不容易被别人理解和珍视。一个人的创新思想和另一个人的资源、动机及世界观完全合拍的概率很小。这就是为什么突破性创新成果问世时，它通常是创新者在执行过程中，一边面对失败和反对意见，一边付出惊人的努力和毅力得来的结果。这本书中介绍的创新者无一不是这样奋斗出来的。他们中的大部分人夜以继日地工作，牺牲了休闲、睡眠、天伦之乐，一心一意地追求自己的目标。许多人为了找到答案，顽强奋斗，尽管他们的想法被认为是离经叛道，根本不会成功的。这种惊人的献身精神和过人的精力到底是怎么来的呢？本书第四章和第五章将用理想主义、对成就的渴望、非凡的精力以及"心流"来解答上述问题。

另外，尽管我们发现大部分突破性创新者都拥有一些共同的人格特质，这些人格特质有助于他们产生并实现突破性想法，但恰当的时间和地点也很关键。本书第六章和第七章讲述环境优势——时代的机遇（和挑战）以及资源的获取——如何促成了这些创新者的崛起。最后，如上所述，尽管这些创新者拥有一些无法效仿的特点和经历，我们还是能从中学习到一些东西来提升自身的创新能力。本书第八章的总结可以帮助我们提升创造力，不管是自己的、同事的，还是孩子的。

做一个孤独者吧。这样你就有时间去好奇，去寻求真理。

　　　　　　　　　　——阿尔伯特·爱因斯坦

第一章

疏离感

我按照自己的节奏生活……

许多最多产的突破性创新者都表现出明显的疏离感，即感到自己和他人不同，或与人群断开联系。这种疏离感体现在对社交不感兴趣、无视规则和标准，甚至疏远家庭上。要搞清楚这种疏离感的源头不容易。你很难分辨这是创新者主动选择，还是天生的人格特质使然，又或是受他们无法控制的环境所迫。但是无论是创新者本人，还是他们周围的人，他们都很容易识别出这种疏离感，而且这种感觉通常在他们很小的时候就会表现出来。爱因斯坦就是一个典型的例子。他不但表现出疏离感，还撰文描述这种感觉，深刻思考了其对他创新思维能力的影响。

众所周知，爱因斯坦对人类充满了爱和温暖，但私下的人际交往中，他却时常表现出冷淡和疏离。他拥抱人性，积极地捍卫人权、和平主义和不歧视原则。他可能是一个有趣的人，会结交并赏识自己的挚友。但在与人相处时他从不丢失这种疏离感，他的冷漠和叛逆是出了名的。他曾在《我的世界观》（*The World as I See It*）这本书里明确表达过自己的观点：

　　我对社会公义和社会责任的激情，与我在人际交往中显而易见的冷淡形成了奇特的对比。我不爱与其他的人类或是社群有直接接触。我按照自己的节奏生活，从未感觉自己真正属于国家、家庭、朋友，甚至近亲；面对这些关系时，我总是想要保持距离，渴望独处——而这种感受随着年岁的增加，越来越强烈。有的人清楚地意识到人和人之间的相互理解以及对同类的同情心是有限度的，但这没有什么可惋惜。无疑，这样的人在某种程度上会失去来自他人的温暖慰藉和轻松愉快的心境；但却能保持独立性，不为他人的意见、习惯和判断所左右，并且能抵抗把内心平衡建立在这样不可靠的基础之上的诱惑。

　　爱因斯坦于1879年3月14日出生于德国，在学习说话方面反应很慢，两岁多才张口说第一句话，而且一生中绝大部分时间都没有摆脱模仿言语（echolalia）的说话方式——压低嗓音，重复自己说过的语句。这种说话方式多见于自闭症儿童（据估计，大约75%的自闭症儿童中有模仿言语的说话习惯），但也会在无异常症状的情况下或孩子牙牙学语的阶段出现。爱因斯坦将自己的模仿言语归因为他学说话比较晚。他还指出，自己喜欢一遍遍默念句子，希望能在大声说出这些话之前，好好斟酌，以求完美呈现。

　　尽管在爱因斯坦的童年时代，家里总有孩子来玩耍，到处都是欢声笑语，他还是喜欢独自待着，做些更安静的活动。正如与他长期共事的菲利普·弗兰克（Phillipp Frank）所言："他打小就不太合群，总在沉思。"有些心理学家推测爱因斯坦可能患有某种温和的自闭症，使得他虽能洞悉宇宙动力学，却对周边的人缺乏感知和关怀。也有人认为比尔·盖茨（Bill Gates）与他情况类似，可能是因为比尔·盖茨工作时总是晃动身体。他会将自己的上半身弯曲到45度角，然后再抬起身来，反复如此，而且晃动的幅度也会因情绪的变化而变化。许多自闭症患者都有这种反复的或无意识的身体运动，例如晃动。但盖茨认为："（自己这样）只不过是精力太旺盛了。我不应该这样，但已经习惯了。家里人说我从小就这样。"还有人说盖茨内向，不善社交，有时不注意个人卫生。但这些都和自闭症没关系。盖茨非常聪明，高度实用主义。他的前女友安·温布拉德（Ann Winblad）曾形容他非常开朗、情感丰富，在表达感情和理解别人意图方面有很强的能力。正如温布拉德所说的那样，盖茨经常处于一种"纯粹的思考状态"，根本无心顾及个人卫生和社交礼仪。许多连续创新者、实业家和别的内驱力极强的人都有盖茨的这个特点：对智力和崇高理想的追求使他们无视个人外表或社会礼仪。不但爱因斯坦这样，史蒂夫·乔布斯、玛丽·居里和迪恩·卡门都是如此。

爱因斯坦6岁开始上学时，性格孤僻，沉默寡言，朋友不多。他不喜欢体育运动，因此还遭到同学的嘲笑。他说话很慢，老师认为他总是心不在焉。有一次老师对他说，他将因为无法适应学校教育中一些必要的纪律规定而一事无成。还有一次，爱因斯坦的父亲去征询老师的意见，想知道爱因斯坦长大从事什么职业比较好，这位老师答道："无所谓，反正这孩子干什么都不会出色。"后来在谈到自己童年时期的学校时，爱因斯坦批评道："对一所学校来说，最糟糕的事情莫过于将主要精力放在树立权威，给孩子制造恐惧和压迫上。这样的治校方式摧毁了学生的健康心理和自信。"但和老师的不合并不影响爱因斯坦名列前茅。尽管在学校时，他烦透了那些教条规定和死记硬背的教学方式，他在家中却展现出对代数和科学的浓厚兴趣。马克思·塔尔穆德（Max Talmud）在医学院上学的时候，每周都会在爱因斯坦家吃一顿饭。他注意到了这个男孩对科学的强烈兴趣，就给他带了些科学和数学的书籍。他回忆道："那些年，我从没见他读过任何通俗文学作品。也没见过他和别的同学或同龄孩子一起玩。"他还说道："爱因斯坦看起来尤其喜欢物理，非常乐意研究各种物理现象。我给他带了几本当时在德国很有名的物理学书籍，例如 A. 伯恩斯坦（A. Bernstein）的《物理学的通俗读物》（*Popular Books on Physical Science*）和 L. 比希纳（L. Buchner）的《力和物质》（*Force and Matter*）。"塔尔穆德注意到小爱因斯坦对这些书"爱不释手"。12 岁时，他开始自学高等数学，大大超出了学校的课程设置。塔尔穆德后来说："很快他就显示出极高的数学天分，连我都望尘莫及了。"

也是那一年，尽管父母都不信教，但爱因斯坦对科学产生了"宗教般的虔诚"。同时他越来越坚信，《圣经》中的故事不可能真有其事，而且国家正在利用宗教有意识地欺骗年轻一代。从此，对权威的不信任在他心中埋下了种子，这也成为他性格的鲜明特征。就像他自己后来描述的："这段经历使我开始对任何权威都心存疑虑，对任何特定社会环境存在的所谓确凿无疑的东西都持怀疑的态度。即使在对事物的因果关系有了更深入的理解后，这种怀疑仍伴随着我，只是没有一开始那么强烈了。"尽管后来他回过头来信仰某个广义上的灵性存在,但对权威的厌恶也从未离他而去。这种态度直接影响了他在学校的成功。尽管爱因斯坦善于学习且才华出众,但他对权威的不敬让他和老师有了嫌隙。很少有证据显示爱因斯坦曾在课堂公然和老师对抗,但他从未掩饰对教授们的鄙视。就像他的希腊语教授说的那样:"你坐在教室后排,露出那样的笑容,这对老师赢得学生的尊重没有一点帮助。"爱因斯坦16岁时,家族的生意失败,全家搬到米兰,父母打算让爱因斯坦独自待在慕尼黑以完成学业。但16岁的爱因斯坦决定从中学退学,自学并争取考进苏黎世的一所理工学院。后来他离开德国并放弃了德国国籍(有可能是为了躲避服兵役,这是他来年满17岁后必须履行的义务)。为了继续自学,爱因斯坦购买了三本一套的朱尔·维奥勒(Jules Violle)的高等物理学课本,认真研究。

1895年秋天,爱因斯坦得到批准,提前两年参加了苏黎世联邦理工学院(Zurich Polytechnic)的入学考试。尽管他很容易就通过了数学和科学部分的考试,却在通识部分(包括文学、动物学、植物学、法语和政治)折戟而返,后来不得不去位于瑞士阿劳的一所州立学校就读。好在这所学校奉行瑞士教育改革家约翰·海因里希·裴斯泰洛齐(Johann Heinrich Pestalozzi)的教育理念,爱因斯坦从中获益匪浅。裴斯泰洛齐认为学生应该靠自己找到问题的答案。学校应该提供机会给学生,让他们自己去观察、实验和锻炼直觉感受。爱因斯坦原来的中学强调死记硬背,要求学生服从于权威,而阿劳的学校注重培养学生的个性,鼓励他们发挥自由意志和承担责任。爱因斯坦在这里如鱼得水,也许因为这点,他开始变得爱和人交往起来，有了朋友，并展示出机智和充满魅力的一面。他那时的同学汉斯·拜兰（Hans Byland）形容他："很自信……观察力惊人……从不循规蹈矩，人也很乐观。"

裴斯泰洛齐还强调对概念进行视觉（而非数字和语言）理解的重要性。这个基本原则影响了爱因斯坦的一生。他就是在阿劳开始了"思维实验"法。借助这种方法，他可以通过在自己的头脑中将物理概念视觉化来进行探究。例如想象闪电和移动的火车、盲目的甲虫爬过弯曲的树枝，还有专门设计的设备来确定加速电子的位置和速率。最著名的视觉思维实验是有关光的：为了理解光是如何运动的，他想象和一束光并排运动是什么样子的。如果光的确是以波的形式存在，那么这束光自己应该是静止的。这个谜题驱使他在未来做了大量相关的研究。

第二年，爱因斯坦17岁的时候，他被苏黎世联邦理工学院录取。后来他多次谈到在苏黎世的那几年是他人生中最快乐的日子。就是在这里，他遇到了米凯莱·贝索（Michele Besso）和马塞尔·格罗斯曼（Marcel Grossmann）。这两个人成了他的终身好友，会时不时帮助他解决他的理论中的数学问题。在苏黎世，爱因斯坦的才智得到了广泛的承认，但他的无礼也同样出名。他总是显得心神不宁，缺乏条理，不修边幅。因为更喜欢自学，他经常翘课，落下傲慢无礼的名声。他的考试分数高的高，低的低，有些教员对他很反感。他的物理学教授海因里希·韦伯（Heinrich Weber）曾对他说："你是个聪明的学生，但有一个缺点：你从未听进别人的意见。"1900年，爱因斯坦以几乎垫底的班级名次从苏黎世联邦理工学院毕业。

对爱因斯坦来说，接下来几年不太顺利。他不想加入父亲的公司当一名工程师，而苏黎世联邦理工学院那些教过他的教授也不乐意接受他成为一名助理教授，甚至拒绝为他写一份推荐信，这导致爱因斯坦在别的学校也无法找到教职。那年他 21 岁了，正和米列娃·马里奇（Mileva Maric）谈恋爱。马里奇是他在苏黎世联邦理工学院的同学，但得不到爱因斯坦父母的认可，因为她患有慢性病，还是个瘸子。无奈下，爱因斯坦只好时不时做数学家教来养家糊口。绝望之际，他给欧洲的几乎每个物理学教授去信，恳请给他一个职位以继续研究。这些教授中绝大部分根本没有回信，回信的那几位也都一口拒绝了他。这段时期，爱因斯坦和马里奇生了一个女儿，虽然爱因斯坦本人从未公开承认过。实际上直到 1986 年，研究爱因斯坦的学者才通过隐匿在美国加州一家银行保险柜里的信件，惊讶地发现了这个事实。由于爱因斯坦没有正式工作，他便无法迎娶马里奇，而没有合法婚姻，他也就无法和这个孩子一起出现在公开场合。

后来到 1902 年，爱因斯坦的朋友马塞尔·格罗斯曼帮助他在瑞士专利局找到了一份工作，担任专利审查员。尽管干这个差事，着实委屈了他的才华，但却带来了实实在在的好处。爱因斯坦发现一天只花几小时就能完成工作，剩下的时间可以用来搞研究和进行思维实验。有了收入，也意味着终于可以迎娶马里奇了。1903 年 1 月 6 日，他们成婚了，尽管那时他们的孩子已经被他人领养。后来爱因斯坦表示做专利审查员的那段时间，对他来说反倒因祸得福，因为如果他如愿成为助理教授，跻身学术圈的话，那么，他也许会受影响去发表支持既有理论的"安全的论文"。在学术界，论文发表之前，必须经过同行评议这个程序。只有得到同行认可的论文，才能被出版社接受。若一篇论文的内容挑战流行的观点或对在同一领域发表过论文的作者不敬（这些作者有可能就是论文评议人），那论文的命运就可想而知了。而且，论文发表后，只有得到引用、成为别的论文的理论基础或有教授在课堂讲授这篇论文，那才算是被真正认可了。如果这篇论文遭到冷遇，那论文中的思想在广大读者知道之前，就会悄无声息地夭折。显而易见，爱因斯坦是冒着多么大的风险去大胆地挑战那些倍受尊敬的物理学家的神圣理论的。正是因为爱因斯坦不"属于"学术界的一员，蔑视这个圈子的规则对他来说损失没有那么惨烈。他的本性也不允许他曲意逢迎，顺从别人。还有一点，身为专利审查员，他的职业需要他善于发问，保持独立思考。

1905 年对爱因斯坦来说意义重大。从 3 月到 6 月，他以令人不可思议的速度撰写论文，提出了多项具有划时代意义的物理学理论。同年，在他写给朋友康拉德·哈比希特（Conrad Habicht）的信中，对此有所提及：

为什么你还没把论文寄给我？难道你不知道你这可怜人的文章，除了我之外也不再有人会怀着兴趣和欣喜去阅读？作为交换，我会给你看我的四篇论文。第一篇是关于辐射和光的能量性能。如果你把你的论文先寄过来，你就会知道我的这篇文章多么有革命性了。第二篇论文是对原子真实大小的测定……第三篇论文证明了千分之一毫米的物体悬浮在液体中时，一定已经产生了由热运动引发的显著的随机运动。这样的物体悬浮运动已经有物理学家观测到了，他们称之为分子的布朗运动。第四篇论文目前只是草稿，关于移动物体的电动力学，运用了修正后的时空理论。

爱因斯坦上述第一篇论文中建立了一个理论模型，将光视为携带能量的微粒，当时被称作"量子"（后来改称为"光子"）。他还认为光的波动效应实际上是对这些微粒在任何时刻平均位置的观察。他进行了一些基本的实证检验，得出的结果证明了他的假设。量子力学产生了巨大的影响，后来还推翻了经典物理体系中的许多内容。但在1905年，很少有人能完全接受这个新学说。他的第二篇论文是关于原子的大小，经过了几轮修改后作为博士论文，被他提交给了苏黎世联邦理工学院的克莱纳博士。1905年4月，爱因斯坦凭借这篇论文获得了博士学位。那年5月，他的第三篇论文引起了轰动。这篇论文为布朗运动的经验观察提供了理论论证，同时还令人信服地证明了阿伏伽德罗常数用一个普通的显微镜就可以确定。他的这篇论文震惊了当时的物理学界。

大概在这个时期，爱因斯坦开始经历一种"神经紧张的状态"，对牛顿定律和麦克斯韦方程之间的矛盾感到困惑："刚开始，在我的头脑里，相对论还只是萌芽状态，我时常感到各种各样的紧张和冲突……年轻的时候，我会陷入混乱状态，花几周时间去度假。"尽管爱因斯坦对牛顿和麦克斯韦的发现很感兴趣，但他也发现了他们理论的矛盾之处。他后来说道："光速不变原理和加速度定律是不一致的。"这个问题困扰着他，他花了近一年的时间尝试揭开这个谜题。在几乎放弃时，有一天他终于迎来了曙光。他突然意识到根本就不存在绝对时间，也没有绝对同时性，没有以太（19世纪的物理学家认为的一种充满整个空间的物质，电磁和引力凭借此物质传播），也没有绝对静止：时间是相对于观察者的运动而言的，空间也是。他通过思维实验法提出自己的观点，其中包含移动的火车和钟表。（这可能是因为那时他碰巧住在伯尔尼火车站旁边，而在他工作的专利局，他每天都会收到大量关于使钟表和电子信号同步的专利申请。）

　　爱因斯坦抛弃了牛顿错误的观点，提出了自己的见解。他同时期的像洛伦兹（Lorentz）和庞加莱（Poincaré）这样的科学家，实际上已经接近爱因斯坦提出的理论了，却因受牛顿错误观点的影响而半途而废。换句话说，爱因斯坦之所以能提出自己的观点恰恰是因为他能漠视那些公认的智慧。他相信世界上存在简单、和谐、普遍的原理。他倾向于找到一种理论，可以一扫模糊、混乱和那些到目前为止未经证实的假想，例如以太的存在。还有一点，爱因斯坦独立搞研究，和别的学者保持距离，也不去大学的图书馆，所以有人推测他对洛伦兹和庞加莱的研究也许一无所知。也许更重要的是，爱因斯坦天性叛逆，他认为顺从权威是人类精神的堕落。这些都使他坚信比起遵从别的物理学家的旧理论，追求真理更为重要。理论物理学家弗里曼·戴森（Freeman Dyson）曾经这样描述：

　　庞加莱和爱因斯坦最本质的区别在于前者禀性保守，而后者充满了创新精神。庞加莱研究电磁学新理论时，舍不得抛弃旧理论……而爱因斯坦恰恰相反，他觉得旧理论的框架烦琐无用，乐得取而代之。他的新理论更简单、更精妙——根本就没有绝对空间和时间，也没有以太。以太学说中强调的所有关于电力和磁力以及弹性的复杂解释都可以扫进历史的垃圾箱了，一起扫进去的还应包括那些对此深信不疑的著名老教授。

一名爱因斯坦传记作家曾写道："了解他早年对权威的质疑精神对理解他这个人意义重大。这种精神贯穿他的一生。没有这种精神，他是不会拥有强大的独立思考能力的。就是凭借这些，他才有勇气去挑战既定的科学信仰，并且给物理学带来革新。"

1905 年 6 月，相对论正式发表。随后，因为精疲力尽，爱因斯坦不得不卧床两周。（那年 9 月他又写了一篇三页的长论文，其中一页提出一个推论，其灵感来自相对论，即质量 m 是它所包含的能量 E 的度量，速度和能量之间的关系是 $E=mc^2$，c 指光速。）

爱因斯坦一生都保持着孩童对宇宙奇观的敬畏感。他还能够"同时在头脑中有两种想法，当这些想法冲突时他会感到困惑，但觉察到它们之间具有潜在的统一性时，又会感到惊奇"。爱因斯坦积极地去寻找大统一理论。他相信和谐的现实是宇宙法则的基础，科学的目标在于发现它。他经常感觉，那些看似独立的问题，其实存在一种更简单、更统一的答案。例如，直觉告诉他，万有引力和惯性力一定只需一种解释就能定义。毫不奇怪，在完成相对论之后，他立即开始埋头推广这个理论，使之可以解决速度或方向的变化问题。

尽管爱因斯坦成果惊人（1906 年至 1907 年间，他一共发表了 16 篇论文），在物理学界确立了无可辩驳的影响力，但还是未能获得正式职位。在苏黎世联邦理工学院，他朋友寥寥。在伯尔尼大学担任无薪大学讲师时，他的授课水平仍有较大的提升空间。这些个人缺陷，再加上当时欧洲的反犹呼声日益高涨，使得生活对爱因斯坦而言很是艰难。1909 年，在以前的教授阿尔弗雷德·克莱纳的鼎力支持下，苏黎世联邦理工学院投票同意给予爱因斯坦教授的职位。他苦心钻研，最终成为世上最著名的科学家。后来，爱因斯坦还利用自己的名声，推行和平主义、呼吁裁军、支持取消强制兵役。由于对科学的巨大贡献，以及在创造一个更多善意、更美好世界上的努力，爱因斯坦成为世界级名人。但在许多方面，爱因斯坦一直都是一个与世界保持距离的旁观者。他的朋友托马斯·布基（Thomas Bucky）曾这样描述他："虽然他生性羞涩，质朴，为人温柔体贴，从不炫耀，但我从未听见别人直呼他的名字，即使是很亲近的朋友。有人想套近乎时，他总是避之不及。"这本书后面的章节会谈到，这种疏离感很可能起到了多重作用，帮助他形成了那些突破性的观点。

本书的第六章，玛丽·居里的故事也是疏离感和孤独的绝佳例子。居里夫人发现了镭和钋，而且将放射性定义为原子的属性。作为有史以来最著名的女科学家，她是第一位获得诺贝尔奖的女性，也是目前唯一在两个不同领域获得诺贝尔奖的人。

居里夫人曾是一个出类拔萃的学生，很早就学会了阅读，这让她的家人和朋友都很震惊。学生时代的她，在班级虽然年纪最小，成绩却总是最优秀的。然而，那个时代的波兰女性是不能去大学读书的 。所以，中学毕业后，她便开始自学，广泛地阅读科学、政治、文学、诗歌以及其他方面的书籍，同时她还计划继续接受教育。为此，她前往位于华沙以北约 50 英里的小镇什丘奇（Szczuki）当一名家庭教师，希望能积攒足够的钱支撑自己和姐姐去法国索邦大学学习。那段时间，她依据自己设计的课程表刻苦学习。在给表亲亨丽埃塔的信中，她写道：

晚上九点，如果没有别的杂事，我会拿起书本开始学习……我已经养成了习惯，每天六点就起床，这样我可以多看会儿书……

目前我正在看的书有：

1. 丹尼尔的《物理学》（*Physics*），我已经学完了第一册；

2. 斯宾塞的《社会学》（*Sociology*），法语版；

3. 保罗·别尔斯的《解剖学和生理学教程》（*Lessons on Anatomy and Physiology*），俄语版。

我同时看几本书。如果让我连续学习同一门课程，我的小脑袋受不了，负荷太重了。每当学习效率不高的时候，我就开始做代数和三角题，这样我就很难走神，并且能回到学习的正轨上。

她在信中还提到自己已经"养成了独立工作的习惯"。这一习惯使她能够挑战被广为接受的实践和范式，在后来的岁月里，她也因此得以培养出那些创造伟大发现的能力。

在此期间，居里夫人还开始意识到自己对满足社会对年轻女子的期待毫无兴趣。她很羞涩，见到生人会不自在。她鄙视闲谈。别的同龄女孩趋之若鹜的舞会，她从不参加。疏离感成为她性格中的典型特征。即使后来到了索邦大学求学，她也是如此。根据她的女儿夏娃的说法，她在那里"过着一种斯巴达式的清苦生活，很奇怪，很反人性"。对亲密关系和人情往来，她能避开就避开。她对物质财富也不感兴趣，觉得金钱根本不重要。她每月花 15 到 20 法郎，租住在一间小阁楼里，那里既没有暖气，也不通水电。她可以连续几周只靠黄油、面包和茶水度日，全身心地投入工作和学习，她好几次晕倒在实验室的桌子旁，以致医生勒令她休息和注意饮食。

　　即使后来和皮埃尔·居里（Pierre Curie）恋爱结婚，她还是和社交无缘。她找到了自己的灵魂伴侣：皮埃尔不仅聪明，而且和玛丽一样对社交不感兴趣。有一次，皮埃尔写道："我们梦想居住在一个与世隔绝的世界。"女儿夏娃在谈到自己的父母时说："他们性格相似，志同道合，居住在两人亲手建造的小木屋里，过着'反自然'的生活。她选择这样的生活方式，他紧随其后。"由于沉迷于工作，玛丽将大部分的育儿责任推给了自己的公公。皮埃尔的父亲是一个性情乐观、充满爱心的人。多亏了他，居里家的孩子们才不至于过得太凄惨。尽管女儿对自己的母亲非常崇拜和尊敬，但母亲在情感上的麻木和疏忽也给她们带来了伤害。玛丽很重视她们的教育和成长，却很少陪伴她们，更是很少表达自己的母爱。在夏娃后来撰写的母亲的传记中，她形容自己的母亲既脆弱又意志坚定，既大方又简朴，既感到孤独又痛苦地选择和人保持距离，"玛丽没有时间去结交朋友或去爱别人。她心中只有数学和物理"。然而夏娃也为妈妈辩护，她写道："在任何时代，女性要想成为伟大的画家或伟大的音乐家，就必须无视社会上的那些规范，舍弃爱和母性。"

　　和爱因斯坦一样，居里也意识到自己不符传统，且自愿选择孤立。她也明白这种生活方式不是常人能接受的。她曾告诉夏娃："没必要过我这种反自然的生活……我把大量的时间给了科学是因为我心甘情愿这么做，是因为我热爱研究。"

　　在本书后面几章，读者会发现本次研究中的所有突破性创新者（除了本杰明·富兰克林）都很明显地表现出这种疏离感。这俨然已经成为他们本性的一部分。不要将疏离感和心理学家称作"内向"的个性特征相混淆。内向是指内省和内敛，只对思想和自己的精神世界感兴趣，对行动没有热情。与之相反，外向是指爱社交、精力充沛、坦率和自信。本研究中的这些创新者，没有一个人符合上述两种类别。尽管他们中不少人具备自信和坦率的特点，有的甚至专横跋扈。他们身上的疏离感不是矜持，而是一种不属于周围的社会或与之没有任何关联的感觉。

　　史蒂夫·乔布斯之所以认为自己与周围的同事以及家庭成员不一样，部分原因是知道亲生父母抛弃了自己后由此引发的焦虑，还有部分原因是他从小就意识到自己比养父母聪明，还有可能是因为他的顽强意志和稍显粗鲁的个性使别人对他敬而远之。克里斯安·布伦南（Chrisann Brennan）是他的第一任女友，也是他第一个孩子的母亲。她回忆道，乔布斯在上中学的时候就"孤立，笨拙"。她还说乔布斯是"天才、真诚和榆木疙瘩的混合体"。托马斯·爱迪生的脑袋，虽然形状正常，却大得出奇，医生甚至担心他可能患有某种脑疾。他只上了三个月的学就被领回家了。别的男孩都在室外运动，爱迪生却整天待在实验室里。这个所谓的实验室其实是由家里的地下室改建而成的。后来，不止一个他的传记作家提到他"爱开玩笑"，非常喜欢恶作剧。他一生中的大部分时间都是在实验室度过的，周围是庞大的雇员团队。然而，耳聋妨碍了他的社交活动，尽管在他看来，这一疾患十分有助于他集中精力。他虽然成了家，也有了孩子，但仍然忙于工作，忽视了家庭生活。他的第二任妻子称："爱迪生先生没几个朋友，由于工作的原因，他大部分时间都在独处，沉浸在自己的世界中。他阻断了大部分男人都触手可及的社会联系。"

尼古拉·特斯拉的生活故事在本书第三章将会详述。他也是废寝忘食地独自工作，没什么朋友，也不参加什么社交活动。有一次他对父亲说："我爱的不是人，是人类。"类似这样的话，爱因斯坦也说过。尽管特斯拉非常擅长讲故事，却以不善社交和反传统闻名。例如，他曾详细描述自己对鸽子的热爱，觉得鸽子是他的知音。1895 年，《纽约时报》的一篇文章描述道："他像一个离群索居的人，在这个国家没有任何亲朋好友。他的自信也只有寥寥几个朋友能理解。即使在最亲密无间的人际交往中，他也显得心不在焉。这世上他最爱的地方只有实验室。"

埃隆·马斯克，这个太空技术探索公司和特斯拉汽车背后的奇迹男孩，同样表现出这种疏离感。马斯克的妈妈说，他小时候是班里年纪最小的孩子，"超级宅男"，经常受人欺负。别人都说他是个"书呆子"。马斯克一家经常搬家，他童年时期换过 7 个学校，这使他更不容易交到朋友。他自己也说过："我从来就没有机会去交朋友。"因此只有埋头于书本和编程。儒勒·凡尔纳（Jules Verne）和 J.R. 托尔金（J.R.Tolkien）

的著作是他的最爱。他 12 岁的时候就设计、完成制作并卖出了自己的第一个电子游戏。

很难确切知道这些人在多大程度上曾为这种疏离感感到难过和后悔。他们真实的内心感受和公开的表述可能是不一致的。例如，夏娃·居里笔下的母亲形象是非常悲伤和孤独的，但玛丽·居里在自己的文章中却说，为了可以埋头工作她自愿和外界保持距离，并对此感到幸运，起码皮埃尔·居里去世前，她的感觉是这样的。在本书研究的这些创新者中，我们发现，只有爱因斯坦通过书面形式彻底反思了这种疏离感。尽管从他的言语中，我们能明显感到一种哀愁和悔恨，但他大部分时候都高度颂扬了保持独立的重要性。大家都知道爱因斯坦有句名言："举世皆知，却依旧孑然一身，是种奇怪的感觉。"在谈到自己的超然时，他强调保持超然对他进行独立思考非常重要："世间万象，对我来说，似乎真正有价值的不是具体的国家，而是富有创造性的、有感知力的个体，是人的个性。仅仅这些就能带来崇高感了，而剩下的大众，既没有思想，也缺乏情感。"

疏离感不但滋养了这些突破性创新者的独立思考能力，还帮助他们获得并坚持宏大且非凡的思想。由于不属于任何圈子，他们可以不必遵循一些规范，而这些规范有助于团体达成一致意见以及促进合作。当一个人由于与社会隔绝而产生了疏离感，或因为他的疏离感导致与社会隔绝，那么这个人将较少有机会接触传统智慧，从而自由地发展自己的思想，不会被凡夫俗子的共识所污染。而且，觉察到自己与别人的距离还能使这个人在真的接触这些观点时有更强的抵御力。当一个人游离在关系网之外时，不依照惯例对他而言也没有太大的损失。事实上，不合常规和打破旧习会成为个体特质的重要组成部分。这些特质淋漓尽致地反映在这些创新者的生活经历中：爱因斯坦刚开始被学术圈拒之门外，却因此可以拒绝关于以太和绝对时间的那些既定思想。而洛伦兹和庞加莱这样的科学家则因受制于这些思想而止步不前。爱迪生当年进不了初中，因此逐渐学会了只相信自己能证明的知识。玛丽·居里因为波兰的大学不招收女生，只能靠自学，她因此获得了独立思考的能力和决心，这也成为她后来取得举世瞩目的成就的源泉。乔布斯在知道自己是被收养的，并且养父母都不如他聪明后，觉得自己"虽然被抛弃了，但与众不同"，随后他确信别人遵循的规则并不适合他。别人觉得不可能完成的事情，在他那里不再有束缚，而这种无畏的信念是他灵感的根基，使他能在车库里制造出计算机，并坚信自己能把"一千首歌曲装进一个人的口袋里"。

疏离感产生的原因有很多。一个人可能因为童年的遭遇产生生理上或心理上的隔绝。特斯拉童年时期，因为哥哥的不幸夭折，有一段时间他受到父母的冷落，后来又因为霍乱不得不卧床九个月。疏离感也可能出自生理原因，例如肢体残疾或精神障碍。爱迪生因为耳疾，在社交方面很不自在，也非常抗拒在公众场合讲话。查尔斯·达尔文（Charles Darwin）因为患有恐人症（即恐惧与人交往）而避免接触别人，甚至包括自己的至亲。经济、文化和语言障碍都有可能造成疏离感。这也部分解释了为什么出自移民群体的创新者和企业家比较多：如果一个人或团体找不到一条获取财富的"常规途径"，那他们只有选择"非常规路径"了。许多研究显示，移民成立新公司的数量是非移民的两倍，部分原因在于传统的就业机会较少对新移民开放，还有部分原因在于这两类人面对风险的态度不一样。而这种态度既是移民离开祖国在一个全新的地方从头开始的原因，也是必然的结果。谢尔盖·布林是谷歌公司的共同创立者。他 6 岁的时候随家人移民美国。俄裔犹太人是当年苏联允许离境的少数群体之一。如他所说："美国对我们不错，这个地方真好，虽然我们一无所有。我们非常穷……刚到美国的时候，租了一个小房子，我父母连像样的卧室都没有，就用厨房隔出来了个地方。我们当时的处境实在不怎么样……我们想办法撑下去。我认为这种下定决心、咬牙坚持的精神很重要。在这个背景下（做一个犹太人）最重要的是克服困难，勇往直前，生存下去并开花结果。我觉得这是做犹太人最关键的体验。"

　　许多事情都可以增强疏离感。羞涩的人或害怕遭到拒绝，感到自己不能融入周围世界的人都会选择与社会隔绝。他们也许不会培养那些能使自己在社交场合舒服些的能力，还会在对外交往中，因遭遇失败而更加不敢再往前迈步。还有一些人也许有非常出色的社交技巧，但只在一些场合展现出来。乔布斯和爱因斯坦就是这样，他们既拥有非凡的个人魅力，同时又以超然和无视社会规范而闻名。这样的人也许会非常习惯按照自己的方式行事。对他们来说，遵从常规是件很困难和烦人的事。从更积极的角度来讲，他们也因此学会了去享受和充分利用这独处的时光。

　　后面两点也许能解释，为什么在最著名的创新者中有很多都难以适应（或直接跳过了）学校的正规教育，而更乐于自学。正如前文介绍的，阿尔伯特·爱因斯坦是一个不守常规的学生，学习成绩全班倒数，但他花费了大量的时间和精力自学。史蒂夫·乔布斯和迪恩·卡门都在大学本科阶段就退学了。乔布斯有句名言："回首往事，退学是我做过的最明智的选择之一。离开学校的那一刻，我就再也不用学那些我不感兴趣的必修课了，可以专心学习更有意思的课程。"

卡门以发明赛格威电动平衡车而闻名于世，虽然这不是他最成功的发明。他还开发出了世界上第一个便携式药物输注泵、第一个便携式肾透析装置、几种义肢和 iBot（一种可以爬楼梯的多功能轮椅）。他是举世公认的成就非凡的机电工程师之一，经常被拿来与托马斯·爱迪生和亨利·福特相提并论。尽管连本科都没有读完，但他获得过许多奖项，包括美国国家技术奖章（US National Medal of Technology）和联合国全球人道主义行动奖（United Nations Global Humanitarian Action Award），还获得了十几个荣誉博士学位。卡门在中学时成绩平平，经常和老师发生冲突。他痛恨别人告诉他该去做什么。他还因为数学和物理的教学方式，和老师争吵不休。他经常拒绝参加考试，称："参加考试是傻子才会做的事情。那些你知道答案的试题，别浪费时间把答案写下来，那些你不知道答案的试题，为什么要写出来让别人笑话呢？"后来，他被美国伍斯特理工学院录取，但还是不去上课，称："我说过我付学费是想让整个院系都成为我的商业顾问。我承认这种想法与你们的模式不吻合。你们的模式是自认为知道得比我多，因此要求我修很多数学课，以及许多选修课，还有一切你们认为重要的东西。但此时此刻，我得集中注意力，我应当做出明智的决定。我会付学费，而且充分利用这些可贵的师资力量，但我不会浪费时间去上课，因为这样做的机会成本太高了。"

最终他还是选择辍学，但仍然对科学类书籍保持狂热的兴趣。

　　埃隆·马斯克和谢尔盖·布林是在读博期间辍学的。刚开始求学时，马斯克采取的态度是实用主义：对感兴趣的课程，他学得很好，而别的就完全不花力气。就像他自己说的："我只是想'我要考多少分才能去我想去的地方呢？'学校竟然让我们学阿非利堪斯语，我实在看不出学这个意义何在。这太可笑了。我只要能通过就行了。但物理和计算机，我的分数要多高有多高。"他还说："我上学的时候，经常翘课。我都是自己看课本，最后参加考试。"尽管他成绩优秀，被斯坦福大学录取，攻读物理博士学位，但入学第二天他就选择退学，决定把时间花费在改革支付方式和银行业上。布林的故事也如出一辙。因厌倦了中学的课程，他毕业前一年辍学，后来被美国马里兰大学录取。和爱因斯坦一样，他也喜欢纠正教授的错误。但不像爱因斯坦因为不顾他人感受展示自己的机智而引发嫉恨，布林比较文静好学，这一形象没有惹来反感。1993年，他获得了数学和计算机双学位，后直接攻读斯坦福大学的博士学位。入学没多久，他就通过了所有的资格考试。（大部分学生会在第三年才参加考试。）这样他就不用上任何课，只需要写个博士论文就能毕业。布林当时从事了几个他感兴趣的项目（其中一个是和拉里·佩奇合作开发后来的谷歌搜索引擎），所以他始终没完成毕业论文。

　　有一些突破性创新者几乎没有接受过正式教育。例如，本杰明·富兰克林只是8岁到10岁期间上过学，后来几乎全靠自学。托马斯·爱迪生只在学校待了三个月，但他一直坚持阅读，求知欲望强烈。12岁的时候，他就读完了吉本的《罗马帝国衰亡史》（*The Decline and Fall of* the Roman Empire）、休谟的《英国史》（The History of England）、西尔斯的《世界史》（The History of the World）、伯顿的《忧郁的解剖》（The Anatomy of Melancholy）和《科学词典》（Dictionary of Sciences）。

当听说那些才华横溢、功成名就的人士辍学时，许多人会以为教育与他们的成功没有任何关系，甚至是他们成功的绊脚石。但是，事情远非这样。我所研究的这些突破性创新者，无一例外都花费过大量的时间和精力进行自学。他们对知识有着狂热的渴望，但他们选择按照自己的节奏，而不是老师的步伐，来安排学习。他们要么潜心钻研某一领域，要么在自己选择的多个领域驰骋，而不会听命于教学大纲的安排。他们的动力是内在的——对学习真正的热爱，尽管对学校，他们没有任何爱可言。

独处的时间既可能是疏离感产生的原因，也可能是其造成的结果。大部分创新者，在童年时期和年轻时代，为了追求自己的理想，有大量时间是在孤独中度过的。对创造力而言，孤独非常重要，使人有时间去思考和追求那些他们真正感兴趣的事情。孤独还可以帮助人们亲自了解世界的运作规律，培养不受别人的解释和观点影响的自我认知。孤独还能使人从认知角度发挥自己的联想，免受别人的联想带来的干扰。这部分我们会在讨论头脑风暴小组时详述。

许多著名作家都曾经阐述孤独在他们创作的过程中起到的作用，这其中包括亨利·戴维·梭罗（Henry David Thoreau）、埃米莉·狄更生（Emily Dickinson）、拉迪亚德·吉卜林（Rudyard Kipling）和弗朗茨·卡夫卡（Franz Kafka）。梭罗的日记和著作中就有很多关于他如何珍爱独处时光的描述：

通过亲近大自然，我发现自己可以避开人群。我对日月和晨昏的兴趣使我乐于独处。（《日记》1851年7月26日）

我独处的时候最开心。如果一周里有一天不得不和别人待在一起，除非是我能叫出名字的一两个人，否则我就会觉得这一周的价值会受很大影响。这一天会把我的整个节奏打乱，我得再花一周的时间才能调整过来。（《日记》1856年12月28日）

你们以为我避开人群是在折磨自己，但独处的时候，我为自己编织了一张丝质的网或茧，像幼虫一样，会很快破茧而出，幻化出更完美的生物，它适合一个更高层次的社会。（《日记》1857年2月8日）

我对独处非常上瘾，就像婴儿需要睡眠一样。如果今年我独处的时间不够，那第二年我的心情会一直低落。（《给丹尼尔·里基森的信》1857年9月9日）

独处当然不是每个人都追求的理想生活状态。就像这本书后面会详细谈到的，由于人类是社会动物，许多人并不觉得独处很舒服。如果只靠独处的时间，就能发挥创造力，那么一个人独处时的愉快程度会影响他挖掘出自己潜在创造力的可能性。如果这是真的，它就解释了为什么这么多研究都得出结论，富有创造力的天才多数是内向的人——内向性格可能是创新人才的某种赋能特质。1996 年，研究创造力的专家米哈伊·奇克森特米哈伊（Mihaly Csikszentmihályi）观察到，不能忍受独处的成年人经常无法发挥出他们的创造力，因为这种发挥需要独自投入到事情中。他的发现与上述观点不谋而合。

即使对那些连续突破性创新者来说，疏离感也并不意味着整个创新过程都是单独完成的。许多创新思想都是结合了别人的想法和知识才能够产生。还有更多的创新思想是在协同合作中得以完善和实施的。没有史蒂夫·沃兹尼亚克（Steve Wozniak）的帮助，史蒂夫·乔布斯造不出计算机。缺了乔纳森·伊夫（Jonathan Ive）和其他人的协助，他也生产不出来 iPhone、iPod 或 iPad。爱因斯坦在工作中也曾向米凯莱·贝索和马塞尔·格罗斯曼寻求帮助。埃隆·马斯克和托马斯·爱迪生的实验室里有许多技术专家帮助实现他们的想法。即使是玛丽·居里，她也需要丈夫的大力支持才能发现镭。然而，有一点是事实，即所有的这些创新者都展现出极强的独立性，他们最重要的思想和发明都是凭借一己之力完成的。如上文所述，爱因斯坦的许多突破性发现都是在几乎完全隔绝的情况下完成的。特斯拉几乎都是独立工作，只有在设计完成之后，才找人来帮忙。马斯克靠借来的火箭科学课本自学航空知识，设计出了可回收的火箭，使经验丰富的航空业科学家感到震惊。尽管爱迪生以打造出研发实验室而出名，但他自小就是一个杰出的思考者，他早期的一些发明，例如第一个改良的发报机、股价打印机、电子投票记录器都是独立创造出来的。爱迪生对来自别人的影响具有免疫力。正如一个传记作者所言："爱迪生对自主的需求是压倒一切，不可动摇的。这贯穿了他事业的始终。"

⊸

研究头脑风暴小组的心理学家得出的结论再次印证了独处对创造力有益。自亚历克斯·奥斯本（Alex Osborne）著名的《应用想象学》（*Applied Imagination*）出版以来，近50年内，头脑风暴小组一直是商学院坚守的原则。这本书的观点是："团组中普通成员想出点子的数量是其独处时想出点子数量的两倍。"无论是商界还是商学院，头脑风暴小组一直都非常受追捧，对其有效性的任何质疑都是异端邪说。然而，后来的许多实验研究结果都与奥斯本的论断截然相反：比起一组人各自独立工作产生的点子，头脑风暴小组产生的点子不但更少，也更缺乏新意。

有三个理论可以解释为什么头脑风暴不比单独工作更具创造性。第一个理论是搭便车问题：当听到有人开始发表意见时，很可能同一个小组的某些人就选择不说话了。第二个理论是评价顾忌。在头脑风暴时，因为害怕别人的负面评价，人们也许会自行审查他们头脑中的很多点子。第三个理论是生产阻塞。人们轮流发表意见，也许轮到那些殿后的人时，他们已经忘掉想说的内容了。而且在这个过程中，因为必须专心听别人的讲话，有的人会受影响改变思路，实际上等于中断了自己的思路。

迈克尔·迪尔（Michael Diehl）和沃尔夫冈·施特勒贝（Wolfgang

Stroebe）教授设计了一组实验来验证这些理论。受试者是中学生和大学生，具体做法是，将他们在头脑风暴小组状态中形成的点子，和各自在独立工作状态下分别想出来的点子的集合进行比较。首先，为了测试搭便车问题，这两个教授告诉有些小组成员他们的点子会被单独评价，同时这些教授告诉别的小组，他们的点子会以集体为单位得到评价。获知会作为集体被评价的小组，其产生的点子数量略微下降，这显示了在头脑风暴状态下，尽管点子损失数目不多，但依然有明显的创造力下滑现象。接下来，为了测试评价顾忌理论，教授们告诉有些小组他们的点子会由匿名裁判评审，同时教授告诉别的小组他们的点子会由同伴评议。教授们设想同伴评议会引发最大程度的评价顾忌。他们的发现为评价顾忌理论提供了更有力的支撑：比起获悉由匿名裁判评审的小组，得知由同伴评议的小组产生的点子数量大大减少，点子的创意性也锐减。最后为了验证是否存在生产阻塞，研究人员设计了几种不同的场景。在某些情况下，受试个体会单独工作，待在一个房间里，对着麦克风，讲述他们的观点，但会有灯来提示他们何时开口讲话，何时必须等别人讲完再开口。有些房间里的受试者可以听到别人的讲话，还有些房间里的受试者听不到别人讲话。研究结果显示，这一情况导致了最大的创造力损失：被要求等待一段时间才能表达自己观点的人，点子数量少了很多。我们中许多人都经历过这种情况。现在想象一下，如果不用轮流发言，而是可以随心所欲地贡献想法，会发生什么？小组中最外向的人会主导整个贡献想法的过程，而那些更文静或承受更多社会压力的人则不会提供那么多（或根本不提供）想法。而且，即使提供了，他们的想法也可能是建立在别人的想法之上的。这真是扼杀新意的可靠做法啊。

布莱恩·马伦（Brian Mullen）教授和他的合作者克雷格·约翰逊（Craig Johnson）以及爱德华多·萨拉斯（Eduardo Salas）决定进行一次多结果的综合分析，来评定这些研究的可靠性。他们的评定涉及 20 个有关头脑风暴小组的研究，结果发现在点子的数量和质量两方面，头脑风暴小组都体现出了大量的创造力损失。当小组扩大，或有实验者、其他权威在场监督时，创造力损失就更大了。与迪尔和施特勒贝的结论一样，综合分析的结果也发现搭便车理论只会造成微不足道的损失。但不同于迪尔和施特勒贝，他们发现评价顾忌理论会造成最大量的创造力损失，其次是生产阻塞理论。

这些研究都显示头脑风暴小组会降低创造力。听他人讲话的时候，我们容易忘记自己的想法，而且因为担心别人的看法，我们不会说出最有新意的想法。艾萨克·阿西莫夫（Isaac Asimov）是史上最有名的科幻小说作家之一，同时他也是美国波士顿大学的生物化学教授。1959 年，他在一篇未公开的论文中预言过现在的发现："我感觉就创造力而言，孤独是必须的，具有创造力的人，无论如何都会继续这样做。他的头脑会不停地转化所得的信息，甚至他自己都没意识到（最著名的例子就是凯库勒在睡梦中发现了苯的结构）。有别人在场，只会阻碍这个思维过程，因为创造会让自己觉得难为情。你所想到的每一个新的好点子，背后都有成百上千个愚蠢的点子。而这些点子，出于本能，你是不会告诉他人的。"

后来，埃里克·瑞兹士尔（Eric Rietzschel）教授与别人合作，也进行了一系列研究，结果显示小组遴选（而不是产生）想法也会降低创造力。原因在于一组人会更倾向于挑选那些可操作或可行性强的点子，而非那些有新意的点子。例如，研究人员要求互动小组（成组后进行头脑风暴）和名义上的小组（独自进行头脑风暴，然后将各自的意见综合起来）为一个心理系的课程指导提供意见，并要求两个组选出"最好的"点子。他们还要求独立评定人对这些点子的创新性和可行性进行评定。举例来说，"使用催眠疗法"来提高学生的注意力，这个点子被认为十分有新意，而"小班化教学"被认为不具有新意；"考试过程中严禁使用手机"被认为是高度可行的，但是"将所有课本电子化"被认为是不可行的。总之，这些研究发现，当小组为他们"最好的"点子排序时，他们会选择那些创新性比平均值低但可行性比平均值高的点子。换句话说，比起创造性，可行性更受重视。如果成立头脑风暴小组的目的是产出具有新意的点子，那么要求这些小组挑选和提交他们最好的点子是无法达到预期效果的。研究结果还说明，对什么是可能的，突破性创新者的想法和别人不一样。即使很可能失败，他们也愿意追求自己的目标。这两点都很重要。高度自信和志存高远这两章会详述这两点。

打破常规和反抗精神

疏离感也可能使创新者明显出现无视规则和叛逆的倾向。例如，绝不墨守成规是爱因斯坦道德哲学的核心因素。他对休谟和马赫的哲学思想进行过研究，从中学学到了应质疑任何无法亲自观察的事情，对传统理论绝不轻易接受。而且，专利局的工作使他免受学术界那些均质化标准的束缚，因为这份工作要求他剔除专利申请中那些错误的论断和逻辑。爱因斯坦之所以能成为一个非常独立的思想家，上述两点功不可没。正如沃尔特·艾萨克森（Walter Isaacson）描述的那样："他的成功来自质疑传统智慧、挑战权威、对别人视为平淡的神秘事物保持好奇心。这些特性使他相信建立在尊重自由思想、自由灵魂和自由个体之上的道德和政治。他排斥专横，认为宽容不仅仅是美德那么简单，而是创造性社会所必需的条件。爱因斯坦认为：'培养个性很重要……因为只有个性才能创造出新思想。'"

爱迪生和爱因斯坦有许多相同之处。在 1908 年的一次采访中，他说自己小的时候"会下意识地怀疑书本中的一切，且渴望去验证真假"。他获取知识的特殊方式以及对传统智慧的本能质疑使他并不认可电学中的许多流行理论。他的传记作家之一杰拉尔德·比尔斯（Gerald Beals）称，即便是孩童阶段，爱迪生就已经对牛顿理论的表述方式感到厌烦了。在他看来古典贵族式的术语不清不楚，没有必要，他对"高调"的语言表述方式和数学都很反感。为此，他用客观测试和实验的方法来发展自己的理论。就像他反复声明的那样："不亲自测试，我是不会接受任何与电学有关的东西的。"精准的记忆力、过人的智慧和顽强的意志使他最终达成了目标。如本书第五章所述，为了找到能使灯泡常亮不灭的灯丝，他能测试几千种不同的可能材料；为了开发蓄电池，他能实验 9000 多次。支撑他的正是这种坚韧不拔的精神。

有时，这些创新者的不守常规还体现在，他们清楚地知道世俗的规则不适用于他们。在不守规矩方面，史蒂夫·乔布斯享有"盛名"。他用自己的一生展示了，什么叫法则只适用于别人。他乐于与众不同，也不吝标新立异。例如他严格节食，赤脚行走，看别人时，眼睛一下都不眨。尽管他经常表现粗鲁，但也可以展现出魅力十足的一面，并利用这种个人魅力去改变别人对法则的看法。这种现象被称作"现实扭曲场"。正如原麦金托什电脑团队的软件设计师巴德·特里布尔（Bud Tribble）所言："他在场时，现实是可塑的。他能说服任何人去干任何事情。而他不在的时候，这种'扭曲场'也随之消失。但这样一来，制订一个现实的日程计划就不容易了……掉入乔布斯的扭曲场很危险，但这正是他改变现实的力量之源。"团队内另一名软件设计师安迪·赫兹菲尔德（Andy Hertzfeld）补充说："乔布斯的扭曲场融合了他迷人的修辞风格、坚不可摧的意志和改变任何事实去服务于目的的热切渴望……令人惊异的是，就算你已敏锐地意识到扭曲场的存在，你依然无力摆脱它的影响。我们经常会讨论可能抵抗这种影响的技巧，但很快大多数人就放弃了，只能把它归结为某种自然力量。"戴比·科尔曼（Debi Coleman）也是小组成员之一，后来他在苹果公司领导麦金托什电脑的生产。他将乔布斯的魅力比作催眠术："他就像激光束一样照到你身上，眼睛一眨也不眨的。哪怕他给你推销紫色的'酷爱'饮料（译注：北美俚语中喝酷爱饮料与信仰邪教有密切关系），你也会听他的话，喝下去。这是一种不需借助外力的扭曲场……你创造了奇迹，正是因为你没意识到这件事情是不可能完成的。"

迪恩·卡门也认为那些管束他人的规则和法律不能成为自己的绊脚

石，这也让他成为另一位典型的创新者。作为一个勇于挑战、打破旧习、与众不同的天才，卡门经常被形容为"特别固执"。他的弟弟米奇曾评价他："对想做的事情，他非常专心，而对他不想做的事情，谁都拿他没办法。"21世纪初的那几年，他开发一种叫作弹弓的净水器。这种设备可以将任何含液体的东西转化成饮用水。实际上，在2004年的一次会议上，为了展示这项技术，卡门将自己的尿液通过净水器转化成水，然后当场喝了下去。

在开始研制iBot时，卡门意识到如果iBot能有可以快速且准确地来回转动的轮子，那么仅用两个轮子就能保持直立，能像人一样快速转换重心，同时保持平衡。一旦能直立并保持重心，iBot就可以爬楼梯、过马路、行驶在崎岖地面，以及做到别的很多事情。有人告诉他开发这样的平衡装置是不可能的，他回答道："不要告诉我这不可能，是你办不到罢了。只是以前没人做到过罢了。因为这世界上我们所知的真正的运转法则，就只有相对论的两条假设、牛顿的三大定律、热力学的四大定律和麦克斯韦方程。不，重来一遍，我们真正了解的规则只有麦克斯韦方程、牛顿的三大定律、相对论的两条假设以及元素周期表。只有这些是准确无误的，别的都只不过是人类自造的法则。"

乔布斯和卡门对规则的无视显示出这些创新者身上另一个突出的特点：对自己达到目标的能力极度自信，这就是自我效能。下一章会详细探讨这个特点。

与疏离感有关的自我强化途径不止一个：独处的时间、不墨守成规和非正统的思想。首先，有时间和自由去追求自己的兴趣，这使得个体可以尽情发展自己的观点和专业知识，直接减少了接触均质化标准的概率。玛丽·居里的一位传记作家对此描述：居里不去社交，埋头自学。18岁时，她就"养成了独立工作的习惯"，能够不受别人的观点和公认的范式的影响，得出自己的结论。独处也许还能加强一个人的"疏离感"或不属于任何圈子的感觉。这是因为和别人在一起的时间减少也许会使一个人在社交方面的发展不够充分，社会经验受限。对有些人来说，缺乏归属感会使他更努力地融入圈子，而对另外一些人来说，这样可以免受社会规范的束缚，使他们更加不必墨守成规。如上文所述，当初爱因斯坦被学术圈拒之门外，反倒更容易使他无视规范和公认的思想，帮助他摆脱像绝对时间和以太这样的传统理论，发展自己的创新理论。作为女科学家，居里夫人也是公认的反传统。身份的特殊使她更有可能站出来去反对那些歧视她的人。因此，独处和疏离感可以增加不同思想出现的机会，同时也使一个人打破传统的意愿更加强烈。

疏离感是把双刃剑。从好的一面讲，它可以使人不受传统和范式的束缚，自由地追求更有新意的思想和行为。范式就像是科学研究中别人踏过的道路，沿已知的轨迹前进，虽有利于加快速度，但也会妨碍你探索新的方向和周围的环境，因而错过了许多隐蔽的机会。

从另一个角度讲，疏离感会带来心理压力。现代人类是一种高度相互依赖的生物。进化确保了大部分人本能地知道和感受到人和人之间是互相联通的。所以很自然，疏离感会使人感到压力。本书讨论的这些人物却没有表现出这样的压力。可能是因为他们身上别的特点（例如高度的自我效能或内向性）缓和了疏离感引发的焦虑，还可能是因为在这种疏离感在人们的记忆中以及向外界呈现的方式上，人们是存在偏见的。

第二，疏离感会减弱影响力和减少接触资源的机会，尤其当疏离感是来自（或导致了）真实的社交与生理隔绝时。信息、资本和别的资源经常是通过个人人际网络获取的。人际网络的规模和结构可以影响一个人的各种资源，小到餐馆推荐，大到工作和潜在的婚姻对象。那些人脉更广阔的人，即直接或间接认识很多人或交际圈跨度大的人（这意味着，与他有关联的人具有多样性，其人际网能跨越多个职业、社会阶层及其他方面），在资源占有上享有很大的优势。尽管隔绝信息可以防止自己和别人的思想雷同，但也会削弱其获取信息和别的资源的能力，而这种能力说不定可以帮助他发展或落实自己的思想。

同样，一个人社交的规模和结构还会直接作用于其影响周围世界的程度。与别人有紧密联系的人（涉及频繁且深度的交流）以及人际网密集的人（即人际圈中的很多人互相认识），能提高信息传播的速度和准确度。人际网密集往往意味着高水平的互相理解、信任和更强的交换信息的意愿。在密集的人际网中，思想更容易被理解和吸收。如果一个创新者的人际网络既密集又跨度大，他潜在的影响力就会大大提升。反之，交际圈窄小的创新者也许会发现让别人接受或运用自己的思想很困难。

因此，需要一个折中方案：疏离感帮助创新者产生非正统的思想，但强大的、具有凝聚力的人际网可能使他的想法更容易落到实处。李·弗莱明（Lee Fleming）、圣地亚哥·明戈（Santiago Mingo）和戴维·陈（David Chen）三位教授对具有凝聚力的人际网的效益和成本进行过研究。他们分析了 1975 年至 2002 年间美国专利及商标局通过的每项专利。专利上附有发明者的姓名。许多专利的发明者都不止一人。这说明这些专利是协同合作的结果。接下来，弗莱明、明戈和陈研究了每一个发明家的合作者人际圈：他们是不是与一群其他人共同发明的呢？而他们的合作者互相之间是否也有合作关系？如果后一种情况属实，那么这些发明家就拥有所谓的"凝聚型"人际网。用人际网络的术语讲，这种情况符合一个人的许多朋友相互之间也是朋友，他们合力组成一个紧密的圈子。另一方面，一个发明家也许不会与别人合作（因此社交不广），或者就算合作，其合作对象也不会再和另一个人合作了。后一种情况下，该合作发明家所处的是所谓"经纪人"位置，因为他可以衔接不愿社交的发明家，管理他们的知识（或别的资源）。没有他搭桥牵线，他的合作者之间没有机会合作。用社交术语讲，这种情况就类似于一个人有一些只有依靠他才能互相认识的朋友。例如，这个人在足球队有一个朋友，在教堂认识另一个朋友，在工作场合还有一些别的朋友。如果这些朋友中的大多数人互相不认识，那这个人就处在经纪人的位置。经纪人很重要，因为他可以提供信息（或别的资源）通道，缺少他的介绍，他的朋友们会错失这些资源。例如，在足球队有朋友的经纪人可能认识教堂小组里的某个女士，而她是足球队成员想要约会的对象，或者女士可以将她在教堂小组的朋友介绍给这个经纪人的同事，帮助教堂小组的朋友找到工作。

　　另一方面，经纪人的位置也有消极的一面。当你的朋友相互认识时，信息在圈子里的传播速度就会很快。交往密集的人之间也许对彼此有更多的理解和信任，进而会展开更好的交流与合作。经纪人虽然处于这个网络的中心，享有其他人的信任和对圈子的深入了解，却可能不会从中受益。经纪人也许能掌握更多不同的信息，但信息传递给他的速度没那么快，或他传播出去的信息不会那么快被关系网吸收。弗莱明、明戈和陈发现，那些合作网络更集中的发明家产生创意的概率会下降，即使有了创新思想，它们也有可能被别的发明家采用或成为别人发明的垫脚石。虽然"经纪人"发明家也会产生许多创意，但他们的想法被采用的机会却不多。这些教授的发现一点也不令人感到意外。爱因斯坦就是一个很好的例子：1905年，他一口气发表了那几篇举世震惊的论文后，他原以为整个学术界会张开双臂欢迎他的加入，却没想到迎接他的是令人惊讶和失望的沉默。直到1906年，著名的物理学家马克思·普朗克（Max Planck）以爱因斯坦的相对论为基础，发表了一篇论文，他才开始得到广泛的认可。

对那些除非投入使用否则很难让人看到好处的思想，以及那些需要与人合作才能实施的想法，缺乏一个强大且紧密的关系网会是一个不利的因素。对比本杰明·富兰克林和玛丽·居里，就能看得很清楚。富兰克林的许多创新都集中在社会制度方面，例如建立费城公共图书馆、为费城的清洁和照明出谋划策、成立美国第一个志愿者消防合作组织。这些制度的实施都有赖于别人的大力合作，而实施的效果是无法提前评估的。为了赢得各界的支持和合作，富兰克林动用了广泛的个人关系网。他精心设计的公众形象和出色的演讲和写作技巧也功不可没。富兰克林投入了大量的时间和精力，来打磨和实践他的演讲风格，以避免激起听众的抗拒情绪。他讲话时，会避开像"当然"和"毫无疑问"这类字眼，而是采用"我以为或按照我的理解，事情是这样的……""在我看来"或 "我想象它是这样的……"，正如他在自传中写道：

> 每当有机会宣传我的观点和劝说别人接受我一直想要改进的措施时，我认为这种用语习惯益处多多。两人谈话的主要目的无非"有事相告"或"有事被告知"，"取悦"或"说服"，因此我谨劝那些通情达理的明白人，为了不减弱自己的行善能力，切勿采取独断专行的态度，它只会使人不快，引来别人的反对意见，根本达不到交流见闻、互相愉悦的目的。谈话的目的是交流思想、互换信息、增进感情。假如你的目的是教诲人，讲话时采用过分自信和武断的态度，效果可能会适得其反，人们就不会毫无偏见地倾听你讲话了。

将富兰克林和居里做一番比较会发现，这两个人几乎截然相反。居里的创新集中在化学和物理领域，绚烂夺目，无法被忽视。富兰克林是一个充满热情的、老练的沟通者，对管理自己的形象、施加影响力非常感兴趣。居里则相反，她非常喜欢安静。她对自己的形象和影响力没什么兴趣，整天待在实验室，与实验仪器为伴，长时间地工作。想想在1906 年她丈夫过早离世之后，发生在她身上的那些事情。失去皮埃尔的她悲痛欲绝，只能在工作中寻求慰藉。以前的一个学生和密友写信给她，抱怨她的冷淡，居里回信道："我已经没有能力花时间去社交了。我们

共同的朋友会告诉你，我再也不见他们了。除了谈公事、解答工作上或
孩子教育上的问题，我谁都不见。我的工作圈子和实验室里的有些人觉
得我不是很友好，我没法不去冒犯他们……对没有任何目的的闲谈，我
一点都不感兴趣。"

　　1910 年，老朋友和同事保罗·郎之万（Paul Langevin）使居里再次
敞开了心扉。郎之万高大、帅气，是个才华横溢的物理学家和数学家。
但不幸的是，那时他已经结婚，且有四个孩子。居里和他有了热烈但秘
密的婚外恋。1911 年，流言四起，媒体也开始火上浇油。居里未做辩
解，反而更加退缩回自己的世界中。郎之万的妻子发现了他们的恋情，
并将他们的情书公布给了媒体。信中有居里对郎之万的爱意以及她催促
郎之万离开妻子等细节。对那个时代生活在巴黎的男人来说，婚外情不
算什么大问题，甚至司空见惯。但对一个女人来说，和有妇之夫发生婚
外情是可鄙的行为，会招致恶毒的攻击。贝特伦·博尔特伍德（Betram
Boltwood）公开声明："她就是一个可憎的白痴。" 人们包围了居里的
住所，甚至向窗户扔石头。许多朋友都和她反目成仇，索邦大学的一些
教授甚至要求居里夫人离开法国。

　　在这件风流韵事爆出来的同一天，居里夫人收到了一封电报，通知
她又一次获得了诺贝尔奖，不过这一次是化学奖。然而，没过多久，鉴
于这桩丑闻，诺贝尔委员会的一名成员给她去信，要求她不要去瑞典领
奖。居里很伤心但也很坚定。她回信道：

　　　　您提醒我……斯德哥尔摩瑞典科学院若提前获知此事，恐怕便不会

决定将这个奖项颁给我，除非我能公开辩解那些针对我的攻击……我必须依照自己的罪名而行事……您所建议的我应该采取的行动，在我看来，是一个严重的错误。事实上，我之所以能获奖是因为发现了镭和钋。我相信我的科研成果和我的私人生活之间没有任何关系……原则上，我无法接受一个观点，即对某人科学工作价值的衡量要受到与其私生活有关的诽谤和中伤的影响。我坚信拥有这种想法的不止我一个人。

　　居里去了斯德哥尔摩，如期领取了奖项。她是迄今为止唯一两次获得诺贝尔奖的女性，也是那个时代唯一一个在不同领域获得诺贝尔奖的科学家。在颁奖仪式上，她向在同一领域做出贡献的其他科学家表达了敬意，但她也坚定地表示："提炼出纯净的镭是我个人独立完成的。"尽管她在仪式上表现得很坚强和骄傲，但之后她精神完全崩溃，体重降到了 103 磅。她告诉夏娃，自己不想活了。她长达数周待在黑屋子里，接受药物治疗。后来，因为女儿们的需要，还因为密友赫莎·艾尔顿（Hertha Ayrton）的悉心照料，她逐渐恢复了健康。她很少经营自己在他人心目中的形象，也不曾寻求那些可能会维护她的人的支持。她独自承担外界的敌对、批评和歧视。好在她的科学成就无可辩驳，很快就被别的科学家接受并应用到他们自己的研究中。疏离感使居里走上了科学的道路，这是同时期的妇女做梦都想不到的事情。疏离感还给予了她力量和决心，即使遭到许多人的反对，她也能坚持自己的梦想。然而，这种疏离感也使她在情感上付出了惨重的代价，毕竟在她所生活的时代和地方，人们对非传统的女性没有包容可言。

培养独立性和创造性

在充分了解疏离感的优点和成本的前提下，对于培养个人、家庭和组织的创造力，有一些问题需要注意。第一个同时也是最重要的是，要有独处的时间。如果我们要的是创意，在协作之前给予个体独立工作的时间将会很有帮助。鼓励他不要惧怕背离正统，在他分享和对比任何内容之前，要求他首先记录下自己的观点，淡化评估和判断的重要性。谷歌和 3M 等公司将这一点贯彻得更彻底。他们允许雇员有自己的创意角色时间（谷歌公司 20% 的工作时间和 3M 公司 15% 的工作时间）。在这些时间里，雇员们可以随心所欲地从事创意项目。独立思考、阅读和写作也能使孩子受益——时间安排太紧或安排的所有的活动都必须与人合作，只会阻碍孩子充分地发挥自己的创意，妨碍他们发掘自己真正感兴趣的事情。

第二点，任人唯贤的制度和对非传统的包容有惊人的增效作用。这一点在信息科技行业十分常见。例如，1974 年乔布斯去雅达利（Atari）公司应聘的故事。那年他在《圣何塞水星报》（*San Jose Mercury*）上看到一则招聘广告上写着"有乐趣，有金钱"，于是就去了这家电子游戏制造商的办公地点。当时他穿着凉鞋，头发也乱糟糟的。他告诉人事主管除非招聘他，否则他是不会离开的。人事主管打电话给时任雅达利总工程师的阿尔·奥尔康（Al Alcorn）说："我们这里来了一个嬉皮士，说不雇用他，他就不走。你看是报警呢还是让他进来？"奥尔康说让这个孩子进来吧。尽管乔布斯不修边幅，但奥尔康还是录用了他。奥尔康回忆道："他就这么径直走进来。只有 18 岁，看上去像个嬉皮风格的青少年。他想要份工作。我问他：'你从哪里毕业的？'他说里德。'里德是工科学校吗？''不，是文科学校。'而且他已经退学了。然后他就开始给我讲自己对科技的热爱，很有感染力。他只有 18 岁，工资也不用付很多，所以我决定要他。"雅达利的老板之一诺兰·布什内尔说乔布斯"才华横溢，充满好奇心，但性格强势"。不久，他们就发现乔布斯很难和别人共事，甚至公开嘲笑别的雇员，因此在工作上树敌不少。更糟糕的是，他有很重的体臭。他坚持吃素，以为（或误以为）这样可以防止体味，于是他洗澡也不规律，也不使用除臭剂。可是奥尔康不顾这些意见，安排乔布斯晚上工作，解决了这个问题。布什内尔后来回忆："我一直觉得想要经营好公司，就必须给每个人提供发展的空间。所以我们决定在工程部门安排夜班。他是唯一值夜班的人。"别的公司可能会打发走乔布斯这个我们时代最成功的创新者之一，连面试的机会都不会给他，奥尔康却看到了乔布斯身上的创造力和狂热的激情。他不会因为乔布斯不合传统就不雇用他。

第三个启示，关于我们教授和强调社交技巧的方式。如培养说服力、建立信任和默契的能力等社交技巧当然对寻求合作和获取资源很重要。毫无疑问，具备这些能力使生活的许多方面更轻易和更幸福。但强调社交技巧时，我们要小心，既不要抹杀个人主义，也不要浇灭一个人挑战成规的意愿。固守传统、不发表异见肯定不会激发创新力。而且，不是所有的创新都需要和别人合作或需要大量的资源。出于对科学雄心勃勃的追求，玛丽·居里成为那个时代非常反传统的妇女，而且因此遭受了无情的批评和歧视。如果当时她屈从于社会规范，就不会取得后来辉煌的成就，也不会那么充实地度过一生。她发现镭和钋的成就非常重要和珍贵，这无可辩驳，后来的人接不接受她这个人，已经不重要了，因为他们必须接受她的创新。

　　以上几点并不是要我们主动将员工或家庭成员变成社会弃儿，也不应该假设所有的人都是天生反传统或想成为突破性创新者的人。这几点提示我们，我们有充分理由相信反传统是可以接受的。只有对奇才们表示宽容，他们身上的创新力才能开花结果。事实上，社会的宽容可以使这些创新者有更多机会得到合作和资源，这样岂不两全其美。

只有疯狂到自认为能改变世界的人，才
能真正改变世界。

——苹果公司广告，1997

第二章

高度自信

他就像是一台移动月球探测器

正如我们所知，迪恩·卡门和史蒂夫·乔布斯都对自己的推理能力和洞察力非常自信。对于那些束缚普通人的"条条框框"，他们完全不放在眼里。这种自信使他们的思维更加开阔，在别人看来不可能完成的事情，他们却能不畏艰险，迎难而上。心理学家将这种对个人解决问题的能力和实现目标能力的自信定义为"自我效能"。拥有超高自我效能的人会去攻克那些常人通常不会涉足的更大的、更复杂的难题。埃隆·马斯克和他将人类送上火星的探索，以及他解决可持续能源生产问题的努力就将自我效能展现得淋漓尽致。

埃隆·马斯克于1971年6月28日出生于南非比勒陀利亚。他的父亲埃罗尔·马斯克（Errol Musk）是一名机电工程师。其祖上早在200年前就定居南非。埃隆的弟弟金布尔形容他们的父亲"非常现实，总是很热情"。埃隆的母亲梅耶和他父亲在同一个地方长大。但梅耶的先辈如何扎根在南非的故事听起来非常有意思，从中不难看出，埃隆无视

规则、勇于冒险的精神也许是家族遗传。埃隆的外公乔书亚·霍尔德曼
（Joshua Haldeman）出生在美国，但在加拿大度过了他前半生的大部分
时光。霍尔德曼思想非常独立。因为厌恶当时加拿大的主要政党，他转
而推崇技术专家治国这一政治理念。技术专家治国运动主张用科学家和
工程师替换掉那些政客和商人来治理国家。因为前者被认为可以用自己
掌握的专业技术来管理社会，使之更加合理和高效。这场运动甚至计划
推出一种新日历，将全国人口分成七组，每组工作一个工作周。每个工
作周开始和结束的时间各不同。这样既可以避免工业生产中断，又可以
消除"周末效应"。加拿大政府因为害怕该运动成员试图武力推翻政府，
曾一度宣布此运动为非法运动。到 1940 年，霍尔德曼已经成为这项运
动的领袖。他对政府的禁令发起了挑战。1940 年 6 月 26 日，霍尔德曼
在加拿大《女王领袖邮报》（*Regina Leader-Post*）上刊登如下声明：

来自技术专家治国运动中的爱国者的声明

　　枢密院令下的加拿大政府已经宣布技术专家治国运动（Technocracy
Inc.）为非法运动。政府的这一决定既不正当，又毫无根据，是政治和
策略上的双重失误。技术专家治国运动从创立伊始就明确反对纳粹主义、
法西斯主义和共产主义。1939 年 9 月 5 日，全国的技术专家治国运动成
员就曾致电加拿大总理麦肯齐·金（Mackenzie King），表示随时准备
保卫祖国，抵御外族侵略。6 月 1 日，该运动将自己的保家卫国总则刊
登在了全国大部分报纸上。随后，不管该运动成员原来是何身份，他们

积极主动联系加拿大皇家骑警、城市警察以及军方，表示愿意为国效力。作为忠诚的加拿大国民，该运动成员会一如既往，全力支持保卫加拿大主权的行动。技术专家治国运动是一个杰出的爱国组织，除非政府撤销现在的决定，否则全体运动成员将视此决定为企图颠覆破坏一个全国性爱国组织的行为。

　　因为这个声明，霍尔德曼面临三项指控，但他并没有被吓住。1941年，在得知希特勒入侵苏联后，该运动将自己的官方政策从"明确反对纳粹主义、法西斯主义和共产主义"改为"与苏联展开全面的经济和军事合作"。尽管现在看来当时的决定是一个实际可行的选择，但霍尔德曼事后对自己和斯大林结盟这一事实无法释怀，最终彻底退出了该运动。接下来几年，他也曾尝试成立新的政党，但都以失败告终。1943年，他加入了一个保守和民粹派组成的政党社会信用党（The Social Credit Party）。1950年，因为感觉加拿大的官僚体制对公民的私人生活干预过多，再加上加拿大社会整体道德下滑，离经叛道的霍尔德曼做出了一个惊人的决定，带着妻子温妮弗雷德和四个孩子（其中就有埃隆的母亲梅耶），移居南非，而在此之前他从未踏足过这片土地。霍尔德曼会驾驶飞机，还拥有自己的私人飞机，一架单引擎的贝兰卡巡航者。刚到南非，他就立刻重新组装了用板条箱海运过来的飞机，开着它在南非四处考察，挑选安家之处，最终决定住在比勒陀利亚。

　　霍尔德曼家的孩子是在冒险的家庭氛围中长大的。1954年，乔书亚·霍尔德曼和温妮弗雷德驾驶自己的飞机从南非到澳大利亚飞了个来回，全程 33 000 英里。至今，这么长距离的私人飞行纪录依然没被打破。还有一次，他们参加从开普敦到阿尔及尔总里程 8000 英里的摩托拉力赛，和别人并列第一。还有一件事情使乔书亚·霍尔德曼在南非很有名气，他带领全家穿过博茨瓦纳的灌木丛，历尽艰难险阻，满怀热情地去寻找失落的卡拉哈里城。这样的外公有一个想把人类带往火星的外孙就不足为奇了，所谓青出于蓝而胜于蓝嘛。埃隆的母亲和她的兄弟姐妹从小被灌输的理念就是要志存高远，勇于挑战。她的弟弟斯科特曾说他们长大的氛围让他们相信"世上没有什么事情是霍尔德曼家的人干不了的"。

梅耶在学校是个书呆子，尤其喜欢数学和科学课程。因为外貌出众，她最终投身模特行业。和埃罗尔·马斯克结婚后，她生了三个孩子：埃隆（长子）、金布尔和托斯卡。埃隆小时候比同龄孩子个头矮，所以在学校总受欺负。而且他非常内向，不爱说话，家里人一度以为他听力有问题。带他去检查了几次，得知一切正常之后，他们才意识到埃隆只是沉溺于思考罢了，于是他们给他起了个外号"小神童"。尽管不太开口，但从小他就显得很独立和自信。例如，他 6 岁大的时候，有一次，父母拒绝让他去参加一个表兄的生日晚会。这个叛逆的孩子花了 4 小时，步行了 10 英里，穿过比勒陀利亚城，自己一个人去了晚会现场。

马斯克是个书痴，特别喜欢科学书籍和科幻小说，如饥似渴地阅读凡尔纳、J.R. 托尔金以及罗伯特·海因莱因（Robert Heinlein）的作品。道格拉斯·亚当斯（Douglas Adams）的《银河系漫游指南》（*The Hitchhiker's Guide to the Galaxy*）对他影响尤其大。金布尔回忆道："他一天看书十小时是常事。"他还说："遇到周末，他一天能看完一本书。"

埃隆自己也说："有一段时间，学校图书馆和镇上图书馆的所有书我都读完了。那时我上三年级或是四年级。于是我就说服图书管理员，让他们给我专门去订些书看。我还看了大英百科全书。这太有帮助了。你本来没机会知道那么多事情的，（读完这些书后）你突然意识到世界不止小镇这么大。"马斯克的妈妈也说过："他觉得什么有趣就去读什么。他对一切都保持探索精神。"而且，马斯克记忆力惊人，可以随心所欲地背诵六英百科全书中的任何内容。例如，他的妹妹想知道地球到月球的距离，他会立刻说出近地点和远地点的准确数据，让周围的人惊叹不已。

10 岁的时候，马斯克买了一台计算机，开始自学编程。12 岁的时候，他成功开发并卖出了自己的第一个软件——一个叫作爆破星球（Blastar）的电脑游戏。一个计算机杂志买了这个游戏，并付给马斯克 500 美元。毫无疑问，早期的成功对他在哪些方面能有所成就提供了重要的启示。

马斯克开始梦想去美国，因为他认为对聪明和有创新能力的人来说，那里就是乐园。在一次采访中，他说："我记得自己开始思考后发现，与世界上任何别的国家相比，美国是最有可能干成大事的地方。"而且，如果继续待在南非，他很快就会被强制服兵役，这是他想极力避开的事情。据他说，他并不反对军事本身，但不愿为此浪费时间。他开始央求父母移民美国。但是他的父亲因为在南非有很多生意往来，无法脱身，没有移民的想法。而且他父亲也不打算让埃隆孤身前往美国，威胁他说只有留在南非读大学，他才会继续资助马斯克。这招对马斯克来说，一点用也没有。这个无畏的 16 岁少年坐上汽车，来到加拿大使馆，拿到了护照（他妈妈是加拿大籍）。17 岁时，不顾父亲的反对，他执意去了加拿大。为了生活，他打了许多奇怪的零工，例如铲粮食、伐木以及给一家伐木场打扫锅炉房。同时他开始在加拿大女王大学就读。早在马斯克 9 岁的时候，父母就离婚了。他离家后，也让梅耶、金布尔和托斯卡筹划离开南非的事宜，不久后一家四口就在加拿大团聚了。

　　和爱因斯坦、迪恩·卡门以及史蒂夫·乔布斯相似，马斯克在学校也不是一个传统意义上刻苦的好学生。对那些他认为没有直接用处的话题，他一点都不感兴趣。尽管常常不上课，对功课心不在焉，但他还是靠着出众的智力和记忆力拿到了足够高的分数，获得了美国宾夕法尼亚大学的奖学金。在女王大学读了一年之后，他转学到宾大，并最终在那里获得了经济学和物理学两个学位。然后，他被美国斯坦福大学录取，攻读物理学博士。

　　大学毕业后，马斯克搬到了加州帕洛阿尔托，打算在 1995 年秋季开始攻读博士学位。然而那年夏天，马克·安德森（Marc Andreessen）新成立的网景通信公司上市，市场价值达到惊人的 29 亿美元。看到这个比自己还年轻的人的成功，马斯克突然开始怀疑起自己的人生计划。他很清醒地意识到互联网正在从根本上改变世界，这深深引起了他的共鸣。对马斯克来说，从事"真正有价值的事情"非常重要。于是在斯坦福大学只待了两天，他就退学，成立了自己的互联网公司。

　　1994 年，埃隆和金布尔联手，从父亲处借了 28 000 美元，创建了全球链接信息网络公司（Global Link Information Network），公司后来改名为 Zip2。这个公司卖出过一款软件平台，该平台可以使报纸建立和掌管自己的在线"城市向导"网站，帮助报纸用户搜寻到新闻事件、饭店或别的服务信息。他们的时机把握得很好：那时互联网正在疯狂增长，但许多企业并没有充分意识到如何去驾驭这种变化。正如马斯克回忆的那样："1995 年 11 月我们尝试找投资的时候，半数以上的风险投资人还不知道互联网是什么，也从没用过它。"即使这样，马斯克的公司还是很快就承揽了将近 200 个传媒公司的网站工作，其中包括《纽约时报》名为"今日纽约"的本地目录网站。他们的顾客还包括赫斯特（Hearst）集团、时代－镜报公司（Times-Mirror）和普利策（Pulitzer）名下的众多报纸。1999 年 2 月，康柏电脑（Compaq）以 3 亿零 700 万美元的价格收购了 Zip2，希望可以利用这个平台使他们旗下的远景（AltaVista）搜索成为搜索、媒体和购物方面的门户网站。因为这次收购，埃隆和金布尔分别获益 2200 万和 1500 万美元。

　　28 岁就成了百万富翁，马斯克面临一个问题：下一步干什么？对野心勃勃的马斯克来说，悠闲地过日子肯定不是他的选项。他自己也说："整天躺在沙滩上，无所事事，听起来太恐怖了……我会发疯的，肯定会沉溺于毒品之中……我喜欢高强度的工作。"思考前程时，他问自己："对未来影响最大的会是什么？我们必须解决的问题是什么？"

　　对马斯克来说，很明显金融机构已经为科技革新做好了准备。他创立了 X.Com 公司，一家从事在线金融服务和邮件支付的公司。该公司的第一个产品是一款点对点的电子邮件支付系统。后来，X.com 和康菲尼迪（Confinity）合并。后者也开发了一款个人支付系统，称作 PayPal。因为喜欢贝宝这个品牌的名称，马斯克同意将 X.com 的称号从合并的产品中去掉。2002 年，易贝（eBay）以 15 亿美元收购了贝宝的股份，马斯克获益 1 亿 6500 万美元。

　　如今，有了足够的资金，马斯克可以去追逐改变世界的梦想了。一种不同寻常的可能性在他的脑海中开始成型。当得知 NASA 无意征服火星后，马斯克感到非常困扰，并开始思考如果要征服火星需要些什么。他总结出，阻碍 NASA 征服火星的主要的问题不是科技上的可行性，而是花费太过巨大。虽然火箭可以到达轨道，但造价高昂，且无法回收利用。他经常将这种情况类比为每次越洋飞行后将你的波音 747 飞机扔进海里。这使得太空旅行变得非常不实际。作为一个自我效能极高的人，马斯克决定继续 NASA 未竟的事业。他开始自学火箭科学的相关教材，例如《火箭发动机》（*Rocket Propulsion Elements*）、《天体动力学基础》（*Fundamentals of Astrodynamics*）以及《燃气轮机和火箭推进的气动热力学》（*Aerothermodynamics of Gas Turbine and Rocket Propulsion*）。他还专门去俄罗斯，看是否能搞到一个便宜点的火箭来实施自己的计划。但俄罗斯人觉得他太异想天开，把他打发走了。马斯克没有就此停步，为可负担的火箭亲自做了一个初步的设计。2002 年 6 月，他自掏腰包，拿出 1 亿美元，成立了太空探索技术公司并开始研究一种能够简化生产可重复使用火箭流程的方法。如果 NASA 无意将人类带往火星，那么马斯克会自己完成这件事情。

　　征服火星只是马斯克拯救人类的更宏伟计划的一部分。马斯克非常担心地球资源总有一天会枯竭。他很清楚如果不找到更好的方法生产、利用和储存能源，人类将面临灭绝的危险。火星只是一个后备计划——

如果最终无法避免地球毁灭的话，在别的星球建立殖民地，可以提高人类生存的概率。只有具备超人的自我效能和高度理想主义的人才会承担起独自拯救人类的重担。马斯克试图寻找提高能源生产以及降低能源消耗的方法。为了解决能源生产问题，他制订了商业计划，准备成立公司，加速家庭太阳能电池板的安装。他将这个计划展示给了自己的表兄弟彼得·赖夫（Peter Rive）和林登·赖夫（Lyndon Rive），并同意出资成立一个新公司。2006 年，太阳城公司（Solar City）正式成立。

为了降低能源消耗，马斯克决定开发电动汽车。他计划以阿尔·科科尼（Al Cocconi）的新车为基础。阿尔·科科尼是美国交流电推进公司（AC Propulsion）的创始人，也是通用汽车公司（GM）命运不佳的 EV1 汽车最初的制造工程师之一。1996 年，为了测试生产和销售电动车的可行性，通用汽车公司推出了 EV1。但实际上，该公司并没有真正销售这款汽车，用户只能通过租赁来驾驶这种车。三年后，该公司认为这款车不会产生利润，决定停产。到 2002 年，通用汽车公司召回并销毁了这款车几乎全部的车辆（约有 40 辆车送进了博物馆）。EV1 计划结束后，科科尼新开发了一款电动车，将以电驱动的发动机系统安装在由 Piontech Sportech 公司开发的玻璃纤维车架上，结果 Tzero 诞生了。这款电动车动力高达 200 马力，具有跑车造型，仅用 3.7 秒就可以从零加速到每小时 60 英里。马斯克试驾这款车时，就立刻意识到它会彻底颠覆人们对电动车的认识。

马丁·埃伯哈德（Martin Eberhard）是一位工程师和企业家。他也联系了科科尼，建议用比较轻的锂离子电池替代 Tzero 沉重的铅酸电池。高高瘦瘦、一头乱发的埃伯哈德之前成立了一系列新公司。当时因为担心全球变暖和美国对中东石油的依赖，他正寻求方法制造一款不污染环境的电动车。当时担任美国交流电推进公司首席执行官的汤姆·盖奇（Tom Gage）建议埃伯哈德和马斯克联手。他们两人都相信打造一款成功的电动车，必须注重外观和车速。很快他们就达成了一致。2004 年马斯克投资 630 万美元，设立基金专门用来开发新型电动车，也就是造型漂亮、动力强大的特斯拉跑车（Tesla Roadster）。马斯克担任公司的总裁，埃伯哈德则任首席执行官。

起初，两人合作很愉快，但很快两个人个性上的差异就显现出来。作为行家里手，他们对新车的设计和公司的运营都有自己的想法。埃伯哈德有时比较粗鲁，爱批评别人，而马斯克对只做幕后老板不甘心，想要参与车的设计和公司管理，于是矛盾爆发了。例如， 埃伯哈德坚持使用原来莲花轿车（Lotus Elise）的玻璃纤维车体外板，特斯拉跑车就是以此为基础制造的。而马斯克想要使用更轻便、更结实、也更贵的碳纤维。埃伯哈德雇用了专业公关人员，大力宣传将要推出的新车，马斯克却认为自己的亲自参与和车本身就会造成轰动效应，于是解雇了那些人。埃伯哈德想使用莲花现成的、经过碰撞试验的底盘，因为这样可以省钱，而马斯克却打算将车的门框下沿降低两英寸，这样可以更方便进出。他还想重新设计车头灯和门锁，并用更舒适也更贵的定制座椅来替代莲花的座椅。每当有争论，最后胜出的总是马斯克，他的意见很难被忽视，特别是到 2007 年，他已经为这个项目投资了 5500 万美元。除此之外，他还从自己那些富豪朋友那里争取资助，其中包括易贝的第二任老板杰夫·斯科尔（Jeff Skoll）、谷歌的创始人谢尔盖·布林和拉里·佩奇。2007 年，他们的关系彻底破裂，埃伯哈德被赶出了公司。

因为生产多次延迟，成本屡屡超支，马斯克的计划迟迟不能成功。终于 2008 年 7 月，第一批生产的七辆电动跑车——创造者系列（Founder's Series）上路了。随着成功的到来，那些生产过程中的困难也被抛到脑后了。这款车拥有 400 伏特电位，使用了液冷锂离子电池和硅晶体管，其强大的加速度会让驾驶者有强烈的推背感。此外，这款车速度堪比保时捷 911 Turbo（Porche 911 Turbo），实现了零排放，一次充电可行驶约 220 英里。

一经面世，这款车就受到热捧。正如在线汽车观察网站汽车向导（Autoguide.com）报道的那样："特斯拉电动跑车 Roadster 2.5 给人印象深刻。与其说它是一款运动跑车，不如说它像一艘宇宙飞船。汽车发烧友们再也不会因为全球气候变暖、石油峰值论以及持续上涨的油价而感到困扰了。特斯拉汽车显示了零排放绿色科技的威力。直接说吧，这款车简直秒杀所有的普通轿车。"《汽车时尚》（Motortrend）杂志说它的加速"令人惊叹"。《汽车杂志》（Automobile Magazine）的编辑贾森·卡米萨（Jason Cammisa）说，Roadster 跑车"速度惊人，像小型喷气式飞机一样……驾驶它就像开着一辆六千转数的 V-12 兰博基尼，随时都可以猛冲，却没有任何噪音或振动，驾驶体验超一流"。

尽管从技术角度讲，这款引起轰动的跑车非常成功，但它造价极高。那年，特斯拉公司公布的年度亏损达 8200 万美元。而且，要想在减少能源消耗方面有番作为，特斯拉跑车需要推出面向大众市场的车型，而不能只是针对高端豪华领域。这意味着公司必须想办法，克服困难，确保有足够数量的充电站。没有强大的充电站网络，普通消费者是不会买账的。

雪上加霜的是，马斯克的另一个公司太空探索技术公司的首批三个火箭发射失败。这样一来，他的整个生意王国面临绝境。2008年，37岁的马斯克债务缠身，处于精神崩溃的边缘，他的第一任妻子朱斯蒂娜·威尔逊（Justine Wilson）也闹着和他离婚。那时，马斯克有一个朋友叫安东尼奥·格雷西亚斯（Antonio Gracias），他曾经投资特斯拉跑车和太空探索技术公司，同时也是英勇股东合伙人公司（Valor Equity Partners）的首席执行官。他对马斯克在那段艰难时期表现出的坚强和决心非常有感触，后来他回忆道："我从未见过任何人，能够像他一样，在这么大的压力下，愈发勤奋地工作。他在2008年经历的事情，能压垮任何人。而他不但熬过来了，还能心无旁骛一直工作。"他还说："在那种情况下，大部分人会变得急躁，做出愚蠢的决定，埃隆却非常理性。他还能做出非常清晰的长远规划。压力越大，他表现越好。亲眼看到这一切的人，都会不由得更尊重他。没人能像他那样忍受痛苦，克服困难。"

幸运的是，2008年9月，太空探索技术公司的猎鹰1火箭（Falcon 1 rocket）的第四次发射终于成功了。随后，公司与NASA签署了15亿美元的合同，为空间站提供服务。马斯克和他的小组成员欣喜若狂，许多人（包括马斯克自己）都激动得热泪盈眶。太空探索技术公司成为有史以来第一个将航天器推入运行轨道的纯粹的商业开发项目。正如美国哥伦比亚广播公司（CBS）《晚间新闻》节目主持人斯科特·派莱伊（Scott

Pelley）在 2014 年所说："世界上只有四个实体将太空船送上了轨道并成功将其回收：美国、俄国、中国和埃隆·马斯克。"

马斯克现在是两家公司的首席执行官（太空探索技术公司和特斯拉公司），同时还是另外一家公司（太阳城）的董事长。他对自己超凡的智力和意志力非常自信。当有人追问他，是否能找到别人替代他担任太空探索技术公司的首席执行官时，他回答："这样说可能有点冒昧，但我还没遇到过能担任这个职位的人……等一下，这样说不太对，杰夫·贝索斯（Jeff Bezos）可以，拉里·佩奇可以，比尔·盖茨也可以，但没几个人有足够的专业和商业能力来干这个工作。"

接下来几年，马斯克迎来了一个又一个的成功。特斯拉的下一个车型 S 型电动车（Model S）被美国《消费者报告》杂志评定为最好的车。特斯拉 X 型（Model X）——一款豪华运动专用车也受到好评。到 2017 年年底，市场急切盼望 3 型（Model 3）面世。据说，这款车是特斯拉系列第一款面向大众的车。马斯克扩展了公司规模，建造了一个生产汽车电池的大型工厂（位于美国内华达州的超级工厂）。这个工厂会推出一系列蓄电池，用来存储汽车用户家中太阳能产生的电力。虽然特斯拉电动车还未开始赢利，但已经度过了创始阶段，开始显现出偿还能力，而且已经实现了销售目标。汽车资讯网站埃德蒙兹网（Edmunds.com）的高级编辑约翰·奥德尔（John O'Dell）说："当你想进军汽车行业时，许多人都不相信你会成功，因为竞争对手是市值数十亿美元的企业集团……马斯克的企业文化就是建造……虽然还有很多需要学习的地方，但他最终闯过去了。"华尔街德奇证券（Wunderlich Securities）的分析师西奥·奥尼尔（Theo O'Neil）补充说："特斯拉公司会证明底特律每个人都错了……因为他们都认为特斯拉不可能成功。"太空探索技术公司也创造了历史：2017年3月，该公司成功将可重复利用的猎鹰9火箭发射到轨道。几分钟后，在万众瞩目下，控制着陆的火箭第一级安全降落在大西洋的一艘无人驾驶船上。至此，整个航天工业反复声称不可能完成的事情，马斯克做到了。

马斯克的抱负非同一般，成就斐然。曾参与特斯拉电动车设计的施特劳贝尔（J. B. Straubel）描述马斯克时说："埃隆志向高远……作为工程师，我们总是习惯把目标定得小一些，但埃隆总是向往吓人的大目标，而且他要求很高，进取心极强。"谷歌公司的阿斯特罗·特勒（Astro Teller）在著名的西南偏南艺术节上发表演讲，称埃隆·马斯克是一个"国家宝藏"。他还说："他不仅仅是做出了一些令人激动的、非常有意义的、积极正面的事情。这当然很不错。更重要的是他像是一个移动的月球探测器，大胆无畏，不可限量。勇敢和创造力造就了他的杰出。"创新研究方面的学者和美国施乐公司（Xerox）前首席科学家约翰·西利·布朗（John Seely Brown）也说："刚听到马斯克的太空计划时，我想：'上帝啊，这家伙真是疯了……'但这恰恰造就了他。"

金布尔·马斯克形容哥哥："充满雄心壮志，总是想做些什么。他要解决的问题，随着时间推移，必须越来越有挑战性，这样他才能有成就感。"朋友和同事形容马斯克是"史蒂夫·乔布斯、约翰·D.洛克菲勒（John D. Rockefeller）和霍华德·休斯（Howard Hughes）的混合体"。导演乔恩·法夫罗（Jon Favreau）公开声称他的电影《钢铁侠》中混合了花花公子、火箭科学家和动作英雄三个特质的托尼·斯塔克（Tony Stark）就是以埃隆·马斯克为原型塑造出来的。虽然外人描述马斯克的成就时充满溢美之词，他本人却冷静自信，专心解决自己感兴趣的问题：开发生产可持续能源以及使人类离开地球生存。和马斯克一起创建贝宝的马克思·列夫琴（Max Levchin）说："马斯克是这样一个人，当别人说这是不可能的事情时，他会耸耸肩说'我觉得我可以做到'。"这种"我可以做到"就是关键所在——马斯克认为自己有能力去实现任何目标、克服任何困难，这种本能的信念是他最主要的性格特点，正是这一点使他成为非同一般的创新者。马斯克遭遇了无数的挑战，面临重重困难，却毫不退缩，因为他坚信自己终将成功。在他身上，可以清楚地看到，超群的自我效能可以使一个人志向高远，并且不屈不挠地追求目标。

自我效能的威力

自我效能就是针对特定目标的自信心。例如一个人对自己解决特定问题和达到特定目标的能力的信心。推理和判断能力强、自我效能高的人相信自己能看到问题的本质，能很快评估解决方案的效用和可行性。即使别人反对，这种能力也能使人坚持自己的观点，因为他相信自己的判断力，并不期待别人能跟上他的思路。一个人之所以具有高自我效能，通常和童年时期发现自己智力超群、创造力出众的经历有关。例如，当埃隆·马斯克发觉自己能理解和背诵百科全书，让大家惊叹不已时，他明白了两件事情，一是自己能力出众，二是别人也许真的不如他。史蒂夫·乔布斯在十几岁的时候，发现养父母不如自己聪明，似乎也悟出了同样的事实。玛丽·居里年仅5岁时，发现自己在阅读能力方面远超自己的兄弟姐妹，而她父母知道这个小女儿如此聪明，感到震惊时的表情甚至吓哭了小玛丽，玛丽以为自己做错了什么事情。爱因斯坦小小年纪就轻易超越了比他年长很多的老师。那一刻他肯定意识到自己是个数学天才。尼古拉·特斯拉也多次经历类似的时刻。最具代表性的是他发现没有换向器也能产生电，从而证明自己的大学教授在这方面的观点是错的。（本书第三章会详述这一点。）

极高的自我效能并不能保证一个人在思考方式和行为举止上与众不同，但这种可能性会增加：如果一个人认为自己比周围的人知道得多，那他就更不会轻易顺从别人。许多有不寻常想法的人，一旦遭遇批评，就会产生自我怀疑，也许很快就不再坚持了。他们可能会想如果我的想法是好的，就不会有这么多人反对，早就得到落实了吧。他们会认为观点不同寻常，其本身似乎就是一个信号，说明这个观点可能就不是一个好观点。但自我效能高的人不会这么想。在他们看来，不同寻常不是个负面的信号，因为他们坚信这个观点是有价值的，而这种价值不是每个人都有能力"看出来"。

自我效能还能协调想法和行动之间的关系：如果坚信自己能成功，那一个人承担任务的可能性就会大增。这种自信心也会使他付出更多努力以达到目标。在遇到困难和失败时，也会使他更加坚持不懈。开始阶段的困难和挫折不会使他气馁，反而会激发他不达目标不罢休的决心。例如，尽管玛丽·居里为人谦逊，但芭芭拉·戈德史密斯（Barbara

Goldsmith）曾说过："23 岁的时候，玛丽的性格就定型了。她已经知道只要有足够的耐心和韧性，没有什么是她干不了的。"夏娃·居里在描述母亲的坚韧时也说过："她头脑精确，智力过人……同时意志坚定，追求完美，而且非常倔强。她一步一个脚印，耐心地达到了心中一个又一个目标：先是在 1893 年拿到了物理学硕士文凭，又在 1894 年取得了数学硕士学位。"从玛丽·居里写给哥哥的信件中，也能看出她对自己克服一切困难的能力充满了自信："我想把自己的博士论文寄给你……看起来我们兄妹的日子都不太好过，但这又算什么呢？我们必须坚持不懈，最重要的是要对自己有信心。必须相信我们对某些事情有特殊天分，而这个事情，无论如何，我们也要把它做成。"本书第四章和第六章将会讨论居里的坚韧。她的这种坚韧非常人可比，她经常会工作到筋疲力尽，以致不止一次因为废寝忘食地工作而晕倒在实验室。

托马斯·爱迪生的自我效能也表现在他的坚韧不拔上。大家都知道为了制作出寿命长的灯泡，他尝试过几千种不同的灯丝当材料——先用了铂，然后转向棉线、不同的纸张和硬纸板、各种木材，甚至还用过马鬃。就像他自己说的："可以毫不夸张地说关于电灯的理论，我头脑中有三千种不同的想法，每一种都很有道理，而且它们显而易见都是正确的。但实验证明了它们中只有两种是真正行得通的。正如你们所知，我最大的困难在于制造出碳灯丝，这样电灯才能发光。我派人到世界各地去搜寻，尝试了各种各样稀奇古怪的材料，直到找到了如今我们使用的竹条。"他的朋友沃尔特·S. 马洛里（Walter S. Mallory）在讲述爱迪生发明蓄电池的故事时，也说了类似的故事。

艾伯特·班杜拉（Albert Bandura）作为心理学家，最早撰写了许多
具有开创性的关于自我效能的著作。他研究自我效能主要是为了知道它
是如何产生以及如何影响人们的行为的。他认为具有高自我效能的人更
容易努力克服困难而不是逃避困难。2002年2月，埃隆·马斯克从莫斯
科回到美国。之前，态度傲慢的俄罗斯火箭制造专家明确告诉他，按照
他开出的价钱（800万美元购买两个火箭），是不可能买到任何火箭的。
除了马斯克，那一行人（包括两个航空工程师吉姆·坎特雷尔和迈克·格
里芬，还有马斯克的大学好友之一阿德奥·雷西）都坐下来，一边喝酒，
一边互相安慰。马斯克未参与其中，他那会儿正忙着在电脑上疯狂敲字。
别人还没来得及问他，他自己转过身，向大家展示一个数据表，里面详
细地列出了一个中等规模的火箭的成本核算和性能特点。比起现有火箭
发射公司的要价，这种火箭的价格要低得多。面对目瞪口呆的众人，马
斯克说："伙计们，我觉得我们靠自己就能把这个火箭做成。" 换作
任何别的人，俄罗斯的经历都会让他感到羞愧难当、灰心丧气，但这个
挫折却鼓舞了马斯克，让他下定决心，自己解决问题。

　　坚韧和自我效能具有自我强化功能：对那些执着的人而言，这些素
质会使他们更容易达到目标，增强他们完成既定任务的信心。毫不奇怪，
许多研究都表明自我效能可以使人更加敢于冒险，成为更成功的企业家。
在别人眼中不可能完成的事情，对这些人来说，可能并非如此，因为他
们对自己克服困难的能力充满了信心。同样，大部分人觉得有风险的想
法和方法，他们不以为然，因为相信自己不但有能力提出想法，找到解
决方式，还能够落实这些想法和方式。许多研究人员都认为，创新者和

企业家比常人"更勇于承担风险"和"风险承受力更强"。然而，自我效能高的人表面上看起来更能承担风险或风险承受力更强，实际上是因为他们对风险的评估、对自己克服困难的信心与常人不一样罢了。

自我效能来自何方？

　　产生自我效能的因素主要有三个：个人经验（此前成功解决问题或完成任务的经历）、替代性经验（看到别人成功解决问题或完成任务的经历）以及言语劝说（被告知自己能成功解决问题或完成任务）。这其中，个人经验无疑是最主要的因素。如前文所述，所有的突破性创新者很可能在自己人生早期的某些时刻觉察到自己比周围许多人都聪明、能力强。他们中的许多人还"年少成名"，证明了自己具有创新和创业能力。例如年仅 12 岁的马斯克就卖出了自己研发的电子游戏。尽管借助工具现在的孩子不难推出自己设计的游戏，但马斯克的成功可是发生在 20 世纪 80 年代的前几年，那时第一台个人电脑也不过才问世几年而已。

　　托马斯·爱迪生早年创业成功的故事是另一例子，说明"年少成名"具有何等的推动力：12 岁到 15 岁期间，爱迪生先后开设了一个报摊和一个农产品摊，他甚至还雇了两个男孩来帮忙。15 岁的时候，他已经开始出版自己的报纸《每周先驱报》（*Weekly Herald*）。爱迪生从小就是个狂热的实验家，非常喜欢小的创造发明。21 岁时，他就有了自己的第一个专利产品——电子计票器。

　　本杰明·富兰克林的故事将会在本书第四章详述。他的经历也是一个很好的早期成功的例子。16岁的富兰克林在哥哥詹姆斯手下做学徒时，就想给哥哥出版的《新英格兰报》（ *New England Courant* ）投稿。富兰克林知道詹姆斯不会乐意去刊登一个十几岁孩子的作品，更别提——尤其是——这孩子还是自己的兄弟。于是他就杜撰了一个人物——一个叫"沉默的行善者"（Silence Dogood）的中年妇女。1722年4月到1722年10月间，他以这位妇女的名义，伪造笔迹，一共写了14封信，然后趁着夜色，将这些信悄悄塞进印刷厂的大门里。这些融合了故事和朴素的人生哲理的信件刊登后受到了读者的热捧。"他们读了这些信。我还亲耳听到他们谈论这些信，发现这些信得到了他们的认可，我心里感到很高兴。人们纷纷猜测这些信的作者是谁。他们提到的无一不是知识渊博和足智多谋之人。"这一成功大大激发了富兰克林，使他写出了更多鼓舞人心的有关道德和政治的文章发表在哥哥的报纸上，后来发表在自己的报纸上。

史蒂夫·乔布斯详细地描述了他早期制作"蓝盒子"的成功经历是如何鼓舞了他和史蒂夫·沃兹尼亚克去开发计算机的。1971年，乔布斯还在上高中，而沃兹尼亚克还是一名大学生。有一天沃兹尼亚克无意中读到他妈妈放在厨房桌上的一本《时尚先生》（ *Esquire* ）杂志。里面有一篇罗恩·罗森鲍姆（Ron Rosenbaum）撰写的文章，题目是《蓝盒子的秘密》。文中描述了黑客们如何通过复制音调，侵入美国电话电报公司（AT&T）的网络来拨打免费的长途电话。罗森鲍姆还说拨打电话的音调可以在某一期《贝尔系统技术杂志》（ *Bell System Technical Journal* ）上找到。当时，美国电话电报公司已经开始联系各图书馆，要求将这期杂志下架。沃兹尼亚克立即行动起来。他叫上乔布斯，两人跑步到了斯坦福线性加速器中心（Stanford Linear Accelerator Center）的图书馆。尽管图书馆已经关门，但乔布斯和沃兹尼亚克还是通过一个很少关闭的侧门进入图书馆内，开始疯狂地在书库搜寻起来。乔布斯回忆道："最后找到那期杂志的是沃兹，里面所有的频率都有。当时的感觉就像，我的老天啊，我们打开了大门，它们就在那里等着我们。我们不停地对自己说：'这是真的，天哪，这是真的。'一切都在书里——音调、频率。"随后，他们从森尼韦尔电子的产品部（Sunnyvale Electronics）买了零件，又在无线电器材公司（Radio Shack）买了二极管和晶体管，制作出了第一个电子蓝盒子。

他们用蓝盒子进行了几次恶作剧（其中包括打电话到五角大楼和在早晨 5：30 就吵醒了一个主教）。之后，乔布斯建议再多制作一些蓝盒子，然后出售牟利。他们花 40 美元购买了制作零件，然后以 150 美元将制作的蓝盒子售出。正如乔布斯回忆的："我们赚了 100 多美元，卖掉了几乎所有的蓝盒子。"一天，一个潜在的客户用枪对着这两个年轻人，偷走了他们的设备，蓝盒子生意不得不关门大吉。然而，乔布斯说："要不是蓝盒子这段经历，后来就不会有苹果公司了。这点我十分确信。我和沃兹学会了如何合作，而且还确立了信心，觉得自己可以解决技术问题，并将想法付诸生产……你无法相信这段经历对我们的自信是一个多么大的鼓舞。"

1994 年在圣克拉拉历史协会（Santa Clara Historical Association）的一次录像采访中，乔布斯表达了这种贯穿他生活的力量感：

在成长的过程中，人们会告诉你世界就是这个样子，你的人生目的就是在这样一个世界中把日子过下去，不要去撞个头破血流，努力有一个幸福的家庭，享享乐，存点钱。但是这样一种生活……十分受限。一旦你意识到一个简单的事实，生活就会变得开阔许多：你身边那些被你称为生活的事物，都是由并不比你聪明的人规定、制造的，而你有能力去改变，去施加影响，制造出些别人用得着的东西。在你意识到你可以戳破生活的表面，并对世界的事情施加影响的瞬间，你就获得了改造、塑形生活的能力。

也许最重要的事情就是抛弃错误的观念，不要认为生活就是这样的，你必须按部就班。相反，你要去拥抱、改变和提高生活，给它留下你自己的烙印。我想这点非常重要。无论你通过什么途径知晓，只要你知道了这点，你就会想去改变生活，让它变得更好，因为生活总是充斥着各式各样的混乱。明白这个道理之后，你就再也不是之前的你了。

尽管相关研究一致认为自我效能最可靠的来源是个人经历，但也有证据显示替代性经验也可以提高自我效能。替代性经验就是一个人可以通过观察别人的成就，发现自己所具备的能力。观察别人在面临巨大困难时如何实现目标可以受到激发，并相信："如果你可以做到，我也可以。"作为一种复杂的且会学习的社会性动物，人类依靠观察他人的行为及行为的后果，学到大部分与世界互动的知识。与大部分社会性动物一样，我们通过观察别人吃什么，而不是自己随便去品尝来了解哪些食物是安全的。半是通过尝试，半是通过观察他人的成就，我们获取了自身精神或物质能达到何种成就的信念。马斯克就是一个很好的例子。当初决定退出博士项目、创建互联网公司就是因为他看到马克·安德森成功让美国网景公司首次公开募股。

实验研究表明，提供机会让人去观察别人的成功，可以对自我效能产生持久深刻的影响。尽管大部分人对此类研究一无所知，但他们中的许多人却对其效力有着先天理解。长期以来，经理和教师一直利用英雄故事做榜样，来影响我们看待和解决问题的方式。如果这个英雄和我们差不多，不比我们更聪明或更强壮，那就更有说服力了。宣传一个人主动克服困难，或在别人都放弃时仍然坚持的故事，其实是这些机构想通过这个故事传递公司的价值观以及对雇员的具体要求。例如，耐克公司经常宣传田径教练比尔·鲍尔曼（Bill Bowerman）努力制作出更好的跑鞋的故事。鲍尔曼想要做出一双有强大抓地力，但无须使用当时惯用的金属钉的跑鞋。他的灵感在一日晨间凝视华夫饼的时候终于到来：何不改变思维方式，试试让某种材料也具备华夫饼表面的结构呢？经过几次实验（以及几个坏掉的华夫饼模子）后，鲍尔曼终于制作出了具有华夫饼状鞋底的运动鞋，并在 1972 年的奥林匹克运动会上首次亮相。因为鲍尔曼的新训练鞋，耐克公司一跃成为全球知名的运动鞋制造商，并进入史无前例的高速发展时期。公司经常宣扬这个故事，确保每个员工都耳熟能详。公司还特别提道："作为有创见的思考者和创新者，鲍尔曼的传奇故事将永远和华夫饼状鞋底连在一起。像其他千百个创造发明一样，这个发明简单直观，能立即引发共鸣，产生广泛的影响力。"鲍尔曼的故事非常有效，它说明有影响力的创造发明可以出自任何人。鲍尔曼只是一个田径教练——而非工程师或任何有技术背景的人，而且他的灵感是来自华夫饼，这也说明创造发明的灵感可以来自任何地方。

　　个人经验和替代性经验对自我效能的影响会引发一个有趣的关于失败的问题：亲身经历失败和看到别人失败会降低自我效能吗？答案很简短："会。但平均来说，失败的影响力不如成功的影响力大。"人类在处理失败时，存在一个有意思的不对称现象。我们倾向于将自己的成功归功于出色的个人能力，而将失败归因于无法控制的外部因素。这就是"自我归因偏差"或"自利性偏差"。人类这样做是出自本能。它可以让我们维持自尊。从物种的角度讲，这样做可以确保我们通过系统性错误，而非过失性错误来学习。平均而言，我们都有些过度自信，但从推动创新的角度讲，这却是好的。当然，有一些重要的因素会削弱这种自信。例如，抑郁人群的自利性偏差比较少，自我效能也比较低。与生活在强调个人主义的地区（如北美、西欧）的人相比，集体主义文化（韩国、日本）熏陶下的人，他们的自我归因偏差可能会较低。原因在于在前一种文化中，自我被视作是自发的和独立的；而在后一种文化中，自我是建立在与他人相互高度依存的基础之上的。（由于需要转化不同文化背景下的研究结果，这方面的证据比较含糊和复杂。）

　　最后，要考虑言语劝说对自我效能的影响。也就是说，你能简单地通过告诉人们，他们是有能力的，使这些人真的相信他们有能力吗？研究表明言语劝说对提高儿童的自我效能很有效果，但对成年人，不太管用。告诉成年人他们会达成目标，不会使他们轻易信服，如果这些人本身没有经历过类似的成功，也没有看见过他们认同的人经历过这样的成功。而且，即使是儿童，言语劝说也未必有效，除非这种劝说是实质性的和真实的。很有意思的是，尽管班杜拉认为负面反馈对降低自我效能的影响力比正面反馈对提高自我效能的影响力要大，但有关问题的后续实证研究不多且结果不统一。

自我效能研究领域压倒性的结论是：如果我们想提高自我效能，就需要自己亲眼看见、亲身体验那种克服重重困难后的成功。我们希望专门设计一些虽有一定难度，但通过努力能够解决的困难，让人们早早尝到成功的喜悦。这样做既可以锻炼他们解决问题的能力，也能帮助他们增强自信。我们还希望人们能避免在面临自己可以克服的困难时，外人伸出的 "援救之手"所带来的毁灭性影响。尽管向别人提供慷慨的援助对社交联系很宝贵，但这样做也会带来或增强人们的一种想法，那就是他们自己是没有能力解决问题的。在一些情况下，说些鼓励的话，只要能表明我们对他们解决问题的能力的信心就足够了。我们还可以通过降低失败的代价，甚至鼓励大胆但聪明的失败，来使人们品尝到属于他们自己的"早早成功"带来的喜悦。这个话题会在本书第八章详述。

创造性天才可能既幼稚又多识，同时精通原始的象征和严密的逻辑。比起普罗大众，他更原始亦更受教化；更有建设性，也更有破坏力；有时更为疯狂，却有着更加无可动摇的理智。

　　　　　　　　——弗兰克·巴伦（Frank Baron）

第三章

富有创造性的头脑

思如泉涌

    连续突破性创新者的能力和动力有多少是天赐的，又有多少是后天教养所得的呢？这些个体是否真的具有常人无法企及的"天分"？还是，主要是成长的环境——家庭、资源以及时机塑造了他们？在讨论先天因素时，有两个问题无法回避：他们比大部分人更聪明吗？比大部分人更疯狂吗？我的研究表明，至少在超常连续突破性创新者身上，上述问题的答案是"是的"以及"很有可能"。

    长期以来心理学的研究以及最近激增的神经科学研究都探讨了这些人在智力水平、联想方式和神经化学平衡等方面与常人可能存在的不同之处。这个研究领域既包罗万象又瞬息万变。例如，大脑活动成像方面的新技术使这一领域的研究突飞猛进，但想要得到一个涵盖一切的结论是不可能的。然而，还是有几个重要的方面值得注意：初级过程思维、远隔联想、工作记忆、控制力以及"开放性"这一特质。并且，有关神经递质以及它们的影响的新证据不断涌现，例如多巴胺对潜在抑郁症造成的影响，精神病理学家经常将这种疾病与创造性天才联系起来。

　　尼古拉·特斯拉的故事为本书前两章描述的疏离感和自我效能提供了充分的证据。他是一个不合群的人，却无畏地坚持自己的志向和理论，承担起别人认为不可能完成的任务。然而特斯拉的故事还给了我们一些其他的明显的提示：超群的智力水平与影响创造力的神经病理学因素。有趣的是，特斯拉身上结合了超群智力、超常工作记忆和可能的神经递质方面的反常等诸多特点，而这些导致他的躁狂症、强迫症和对感官刺激的过分敏感。他的故事充分证明了神经科学研究最近才开始关注的一个因素：创造性的生物学基础。许多创新者都非常聪明，他们中有一些人也有躁狂症的某些症状，但就聪明程度和躁狂程度而言，他们都不如特斯拉这样极端。这一点在本章别的地方还会提及。特斯拉的例子对了解富有创造力的头脑格外宝贵。他的特性和能力非同寻常，且特别突出，对他创造力的帮助显而易见。它们就像一盏探照灯，为研究其他的创新者指明了道路。例如，很少有人注意到，相比常人，大部分突破性创新者睡眠很少。有关文章和传记都不太会强调这一点，文学作品也不会特意提出来。但注意到特斯拉在这方面的异常之后，没人会继续忽略这个细节了。你会继续追寻参考资料，搞清楚他们的睡眠时间到底是多少，你还会默默开始计算。这个异于常人的地方如此显著，你不禁会纳闷以前自己怎么没注意到。读特斯拉的故事时，这一点你是绝对不会忽视的——他一晚上要么不睡，要睡也只睡两个小时。在研究特斯拉之前，你可能不太会在意别的创新者在记忆力方面的参考资料，但知道了特斯拉过目不忘（照相机般的）的超强记忆力以及他是如何使用这一能力的故事之后，你会发现那些创新者也有许多类似的描述。就像你不会注意到自己脸上的痣，除非有一颗痣变得格外显眼。或者你不会注意到家里有老鼠，直到有一只胆大妄为的老鼠与你对视。在仔细研究特斯拉之前，你很容易就忽略了别的创新者身上的一些有趣的特点。而特斯拉身上的这些特点如此鲜明，你根本无法忽视。

特斯拉是一个非凡杰出的人。他的一生中，推出了交流电、多项荧光照明系统、第一个遥控装置、无线通信等众多发明。由于主要是独自工作，也没有什么资金支持和外部援助，因此他的成就更加令人瞩目。他充满热情，追求理想。许多圆滑世俗的人都利用他善良轻信的本性，妄图窃取他的成就。特斯拉的名字基本上从教科书中消失了，以至于他人冒领了他的功劳。

1856 年 7 月 10 日，一个电闪雷鸣的日子，特斯拉出生于今克罗地亚山区（那时还是奥匈帝国的一部分）的一个只有 1000 多人的小村庄史密里安。这里大约一半人口都信奉塞尔维亚东正教，早在 17 世纪大土耳其战争（Great Turkish War）期间，他们的祖先就落脚在此。特斯拉的父亲米卢廷（Milutin）是一个塞尔维亚东正教牧师，被派驻史密里安。米卢廷会多种语言，是才华横溢的数学家，非常喜爱读书。他家中藏书丰富。特斯拉形容他是"一个非常博学的人，名副其实的自然科学家、诗人和作家……他记忆力惊人。常常用不同的语言大段大段背诵经典作品。他自己也常开玩笑说如果一些经典遗失了，他可以将其复原"。特斯拉的母亲朱卡（Djouka）和哥哥达内（Dane）也是天生记忆力出众。据特斯拉说，因为他妈妈从未上过学，她只好将塞尔维亚诗史和《圣经》

中的长段落背诵下来。她还有机械方面的出色才能，自己设计了许多种家庭用具，像搅拌器和织布机。特斯拉说他妈妈"可以在长长的发明家名单上占有一席之地"。她还很勤奋，总是黎明即起，直到深夜才休息，这一点遗传给了她的儿子。

史密里安是农牧区。在这里特斯拉度过了童年，整日在大自然中嬉戏，和谷仓前空地里的动物和心爱的小猫玩耍，搞一些男孩子喜欢的创造发明。他最早的作品有玉米秆玩具枪、抓青蛙的钩子、用绑在小木片上的五月金龟子带动的螺旋桨。他从小就爱摆弄东西，将爷爷的钟表拆了再装起来。他还时常和哥哥一起玩耍。在特斯拉的眼中，哥哥"拥有超乎寻常的才华、连生物学研究都无法解释的罕见智力"。

1863 年悲剧降临。达内从自家的马上跌落，受了重伤，不幸离世，全家悲痛万分。后来，特斯拉说到达内："他的夭折使我父母悲痛欲绝……他的成就让我的每一分努力都显得如此无力。而我值得称道的每件事情都只是提醒了父母的所失而非所得。"父母的冷落再加上哥哥的死亡造成的心理创伤使特斯拉噩梦不断，而且"经常处于惊恐状态，害怕邪恶的幽灵，黑暗中的鬼、食人魔和别的怪物"。

特斯拉从小就发现自己非常聪明。他的自传中有一个故事，讲的是有一天他正在街上和一群男孩子玩耍，走过来一个富有的镇议员。这个人停下来，给每个男孩了一枚银币。轮到特斯拉时，他停下来，命令道："看着我的眼睛。"于是特斯拉看着他的眼睛，并伸手去接那枚宝贵的硬币。但出乎他意料的是，这个议员说："哦，不行。你从我这里什么也得不到。你太聪明了。"特斯拉 10 岁的时候，数学题完成得飞快，老师联系家长，怀疑他作弊。这些大人围着他，让他重新做一遍，他照办了，用事实告诉大家他们碰到了一个神童。

然而，特斯拉还意识到自己的头脑有一些令人不安的特点。他头脑中会经常出现一些影像，伴随着强烈的闪光，干扰了他的思维和行动。这些影像都是一些他以前见过的、非凭空臆想出来的事物和场景。一个词就会在他头脑中引发一个物体的影像，而他却无法将其与现实区分开来。实际上，有时他需要姐妹来告诉他这个幻象到底是不是幻觉。这些影像都是他曾经见过的，这说明它们很可能是遗觉像——对已经不在场的物体有着极端清晰的记忆印象，而非幻觉。大量遗觉像研究表明，2%至10%的儿童拥有这种能力，但在成年人中，这种能力极其罕见。然而特斯拉和他的家人并不知道或理解超强记忆力的概念，因此变得忧心忡忡。达内生前也有此症状，这不得不使特斯拉怀疑他天生就是这样。

达内死后不久，特斯拉一家搬到了戈斯皮奇（Gospić）。他父亲继续担任牧师并在当地的中学教授宗教。特斯拉想念乡间的生活和他的动物朋友们。他又开始做关于达内死亡的噩梦，而且头脑中开始出现达内的尸体躺在棺材里的影像：

这个影像逼真地出现在我的眼前，怎么都无法消除……为了摆脱这折磨人的影像，我努力将注意力集中在别的事情上，这样才能得到片刻安宁。但为此，我不得不接着构想别的影像……逐渐地，这种办法也不管用了。然后我本能地开始超越自己了解的小世界，看见新的景象……我开始旅行，当然，是在我的大脑中旅行……每天晚上（有时是白天），独自一人时，我就会开始自己的旅程——去新地方，城市，乡村，住在那里，遇见不同的人，交朋友，有了熟人。难以置信的是，这些人就像真实生活中一样可爱可亲，他们的举动也和现实一般热情。

可能是因为哥哥的死带来的压力和与父母的紧张关系，12 岁的时候，特斯拉开始出现一些别的怪癖。他会练习自我否定和自我控制（例如他持续一生的节食行为）。他对圆形的东西非常厌恶："一看到珍珠，我就不自在。但对有尖角的东西发出的亮晶晶的闪光很着迷。看见桃子，我会发烧。"他还有细菌恐惧症，一想到会碰触到别人的头发就感到不舒服。后来他开始非常担心水质不够洁净，总是戴着手套。走路的时候数步子，吃饭时会计算汤盘、咖啡杯和食物的数量，否则他就没法好好享受这一餐。所有这些重复性行为的次数都必须能够被 3 整除，否则他就会不由自主地重复这些行动，即使花费几小时也在所不惜。这些习惯中很多都是强迫症的症状。这一点我还会在本书中讨论。

10 岁到 14 岁之间，尼古拉在瑞尔文理学校（相当于初中）读书。这所学校物理部设备精良，他很快对电学产生了兴趣："从受教育之初，我就对电学很感兴趣……我把能找到的所有关于电学的书籍都读了一遍……还用电池和感应线圈做实验。"他还进行过水利涡轮机和发动机的实验，并构想出一种永动机。他 14 岁的时候就打算在尼亚加拉瀑布（他在照片和画像中看见过这个瀑布）建造一个巨型水轮来利用瀑布的能源——这简直就是对未来的精准预言。

尽管特斯拉梦想学习工程学，但父亲却希望他能子承父业，做神职人员。后来，命运出现转机。从文理学校刚毕业不久，他感染了霍乱，不得不卧床九个月，家里人担心他没法活下来。当父亲坐在床边时，特斯拉恳求道："如果你答应让我学工程学，也许我会好起来。"他父亲庄重地回答："你会去这世界上最好的技术院校。"最终尼古拉痊愈了，他父亲也兑现了自己的诺言。

特斯拉以在头脑中进行高级微积分和物理方程的演算而出名。17岁的时候，他开始运用自己的智慧和想象力来进行发明创造：

我很高兴地意识到自己可以很容易就将事物影像化，而不需要借助模型、图纸和实验。我在脑中就可以逼真地想象出它们……我是在脑子里运转涡轮还是在实验室里运转，根本就不重要。我甚至在脑子里就可以想象出机器是否失去了平衡。反正这些都没有什么区别，结果都是一样的。就这样，不用接触任何实体，我可以很快就想出并完善一个概念。我甚至可以将能想到的发明中任何可能的改进具体化，直到它完美无缺。我可以在头脑中想象出这个成品的最终具体形式。建成的设备会毫无意外按照我构想的那样运行，实验结果也和我设想的一模一样。20年来，没有一次例外。话说回来，事情难道不是本该如此吗？

读者可能觉得难以置信，但大量记录表明特斯拉在头脑中做出的设计，在执行后确实完美无缺。特斯拉头脑中的构想过程与如今电脑工程师使用的计算机辅助设计程序高度类似，当然特斯拉是在没有计算机帮助的情况下完成的。

　　有那么几年，为了恢复健康，同时逃避奥匈帝国的兵役，特斯拉"穿着猎装，背着一大兜书"，整日在大山中漫游。1875年，他开始在这个地区最好的学校、位于格拉茨的理工大学学习。他疯狂地投入到知识的海洋中，有时甚至一天学习20个小时不停歇。他说："我下定决心给父母一个惊喜，在学校的第一年，我每天凌晨3点开始学习，晚上11点才结束，周日和节假日也不例外。我的大部分同学学习不是很上心，所以很自然，我成了佼佼者。"特斯拉学习非常刻苦，他的老师们甚至担心他会吃不消，危及健康，于是去信给他的父亲，建议他劝说儿子离开学校。特斯拉的父亲尝试劝说儿子回到戈斯皮奇的家，但特斯拉并不打算停止学习。他自己制定了一套延展课程，其中不但有工程专业的必修课程，还有语言课程（他可以讲大约九种语言）。除此之外，他还自学了笛卡尔、歌德、斯宾塞和莎士比亚的著作。其中许多部分他都烂熟于心。他在自传中说："对有始有终这件事情，我是名副其实的狂热，这让我经常陷入困境。有一次，我开始读伏尔泰，结果沮丧地发现，他的作品竟然有接近100大册，而且都是小号铅字印刷。这些全都是这个老家伙，一天喝着72杯黑咖啡写出来的。但既然开始了，就得完成。当我放下最后一册的时候，心里高兴极了。我对自己说：'再也不用读了！'"特斯拉的用词"狂热"也许比他自己设想的更能准确描述他的未来。正如后来我们所知，特斯拉符合很多躁狂症（mania，与上文"狂热"英文相同）患者的诊断标准，例如对刺激的过度敏感，经历多次极度紧张的以目标为导向的活动阶段，以及非常少的睡眠需求。

　　在理工大学上二年级的时候，特斯拉第一次看到直流电发电机。和传统方式一样，这台机器有一个换向器，可以将电流（在自然状态下是交互的）输送到发动机。当时，特斯拉出于直觉立刻意识到这个换向器是多余的：他知道如果去掉这个笨拙的换向器，肯定会有另一种方式可以利用交互电流。当特斯拉在课堂上不由自主地说出自己的想法时，狂怒的教授中断原来的教学计划，详细地讲述为什么特斯拉的想法是不切实际的，还批评他："特斯拉先生一心想有所成就，但他肯定不会在这个问题上取得成功。这就像将重力这样现成的静拉力转化成旋转运动。这就是一个永动机，一个不可能实现的想法。" 但特斯拉最终证实了他的教授，还有许多别的人都错了。

　　很不幸，特斯拉那段时期染上了赌瘾，有时会不休不眠地赌博。他考试没通过，被迫退学。因为害怕父母知道这个坏消息，他跑到了斯洛文尼亚（Slovenia）找工作，但父亲还是得到了消息，劝说他到布拉格大学（University of Prague）完成学业。在那里，他在交流电理论方面取得了很大进展。

　　在 1879 年他父亲去世后，特斯拉搬到了布达佩斯（Budapest），开始为美国电话交换公司工作。在那里，他接触到了托马斯·爱迪生的发明创造。特斯拉会将机器拆开，然后再改进。他从来不费心为自己的任何发明申请所谓的专利。他还牺牲了一切休息和娱乐，继续解决交流电问题，直到又一次神经崩溃。他对声音和光线极度敏感，一个苍蝇落在桌子上的声音在他听来就像撞击声，太阳光线会让他眩晕。他的危急情况甚至得到了医生的警告，认为他可能一辈子都不能恢复正常了。结果他通过一种出乎意料的方式得到了解脱。特斯拉的同学和最好的朋友安东尼·西盖蒂（Anthony Szigeti）成功说服他参加室外运动。正是和西盖蒂在公园散步，背诵歌德《浮士德》的某个篇章时，特斯拉的脑海中清晰呈现出了交流电问题的解决方案："当我念出《浮士德》中那些令人振奋的词语时，那个想法像闪电一样越过我的脑海，答案立刻自己显现了出来。我用一根木棍在沙子上画了出来。那就是六年后，我在美国电气工程师协会（American Institute of Electrical Engineers）的发言中展示的那个图表。皮格马利翁看到自己的雕像变成真人的激动，也比不上我那刻的兴奋。在我偶然发现的自然界的一千个秘密中，这个是我最难忘的，因为这个是我克服了重重困难，拼了命才从自然的手中赢得的。"简单地说，特斯拉设想利用两条回路，产生彼此独立、相位角为90°的双电流。由此感应，得到一个电磁场。这个电磁场旋转后，将产生一个稳定连续的电子流，不论这个电子流中的电荷是正还是负。

这次经历解放了特斯拉，就像他后来写的那样："这种精神上的幸福如此强烈，我以前从未体验过。我思如泉涌，唯一的困难是怎样将它们紧紧抓住……在不到两个月的时间里，我设计出了几乎所有种类的发动机和整个系统的改进计划，这些如今都以我的名字命名。"他设计了发电机、发动机、变压器和完整的交流电系统所需的其他设备。完美的想象力使他在头脑中就可以任意进行创造和测试，然后在机器车间实施，连构图都省略了。设备检测证实他的理论和头脑中的影像无一例外都是正确的。这给予了特斯拉极大的信心，充分说明了"早期的成功"对提高自我效能的作用。就像传记作家约翰·奥尼尔（John O'Neil）形容的那样："因为这些成功，特斯拉的自信心达到顶峰。从此，他认为自己可以达成任何设定的目标。他完全有理由这么自信。他刚过 27 岁生日。在他看来，珀施尔教授彻底否定他的想法、认为不可能用交流电来带动发电机的那一幕，似乎昨天刚刚发生。而现在他就已经证明了学识渊博的教授嘴中不可能的事情是可能的。"特斯拉的交流电系统还会继续为电力应用带来革命。正如马克·赛费尔（Marc Seifer）在特斯拉传记里说的那样："在特斯拉的这个发明之前，电力只能传输大约 1 英里，主要为住宅照明，但在这之后，电力可以传输几百英里，并不仅限于照明，还可以用来运行家用电器和工业机械。在快速进步的技术革命中，特斯拉的创造发明是一大飞跃。"

特斯拉在巴黎和德国参与几个电站项目时，遇到了查尔斯·巴彻勒（Charles Batchelor）。后者曾经是托马斯·爱迪生的助手。巴彻勒鼓励特斯拉去美国与爱迪生一起工作。特斯拉听取了他的建议并在 1884 年处理了自己的家当，搬到了美国。他随身带着巴彻勒的推荐信，内容是："我知道这世界上有两个伟人，一个是您，另一个就是您眼前的这个年轻人。"有了这封充满溢美之词的推荐信，爱迪生马上录用了特斯拉。见到被尊称为"发明界拿破仑"的爱迪生，特斯拉自己也很兴奋 。他很敬畏爱迪生，因为他没受过什么教育，却取得了如此辉煌的成就。他甚至开始质疑自己尽管受过教育，却没有更多实践方面的经验，简直是浪费时间："我很惊奇，这么棒的人，既没有多少先天的优势，也缺乏后天足够的科学训练，却成就斐然。我学了十几门语言，钻研文学和艺术，在图书馆里度过了最好的年华……此刻却感觉自己大部分的生命是浪费掉了。"然而，后来特斯拉意识到由于缺乏数学和工程学方面的训练，爱迪生实际上处于非常不利的境地："如果他需要在草垛里捞针，他不会停下来去想一想，这根针最可能出现在什么地方，而是立即开始，就像一个发疯般勤劳的蜜蜂一样，仔细翻看一个又一个草垛，直到找到目标……我在一旁看着他这样做，都开始于心不忍了。我心里明白其实只要一点理论知识和计算，爱迪生就可以节省 90% 的工作量……完全凭借他那发明家的直觉和实用的美国精神……取得数量那么惊人的成就简直就是奇迹。"

　　作为直流电电力传输的倡导者，爱迪生对特斯拉的交流电系统不感兴趣。特斯拉和爱迪生不久就产生了矛盾。特斯拉为爱迪生解决了一个难题，爱迪生却拒绝支付他之前承诺的 5 万美元（爱迪生用嘲弄的语气告诉特斯拉这个报酬只是在开玩笑），于是特斯拉选择离开了爱迪生的公司。这个年轻人，势单力薄，觉得受到了欺骗。但同时他认为在爱迪生实验室的那段时间也不是没有任何价值：在那里，他明白了爱迪生的直流电电力系统为什么不如他自己的交流电系统。他还明白了专利以及使自己的技术发明商业化的重要性。1885 年，他成立了自己的公司，遇到了专利律师莱缪尔·瑟雷尔（Lemuel Serrell）。这个律师帮助他申请了第一个专利，一个改进版的弧光灯，可以防止灯光不停闪烁。

　　对特斯拉来说，1885 年的专利申请代表着一段高强度的、持续超过 15 年的发明创造的开始。在这个阶段，他会按照令人精疲力竭的计划，通宵达旦地工作，经常逼得自己身体承受不了才停止。尽管将全部时间都投入工作中，他说自己在追求创新的过程中，享受到了"极度的喜悦"。

这种快感"如此强烈，使我许多年都生活在持续的狂喜之中"。

他开发了整套的交流电设备，但在将这些重要的发明商业化时，却遇到了困难。不经意间，特斯拉陷入了那个时代电力发明家和企业家的混战之中。托马斯·爱迪生、伊莱休·汤姆孙（Elihu Thomson）、乔治·威斯汀豪斯（George Westinghouse）、威廉·斯坦利（William Stanley）以及别的一些行家都展开激烈竞争，希望能向全世界提供最先进的电力技术，拿下合同，用科技点亮美国城市的各个角落。

在这场激战中，特斯拉不占优势，因为他不是精于算计的商人，而是知识分子型的科学家。拿他和爱迪生做一下比较，就看得更加明白了。这两个人都很独立、反传统并拥有高度的自我效能。他们都是举世公认的天才、工作狂，毅力超人。然而，他们之间的不同也非常明显。天性更实际的爱迪生将他的技术延伸到了商业领域：在电报站工作，他发明了多路复用电报，在此基础上，又发明了早期的电话。电话的声音传导原理又给他灵感，发明了留声机。他在直流电系统方面的工作又促进了他在灯泡和蓄电池方面的创造。和爱迪生不同，特斯拉的动力更加长远。他经常考虑一些宏大的计划，例如制造出一架飞行器或在尼亚加拉瀑布底部建造一个巨型的水轮。他的理想是将人类从繁重的体力劳动中解放出来，使人们可以专心致力于具有创造性的工作："如果想减少贫困和痛苦，如果想给每一个值得拥有的个体提供智能生物安全生存所需要的东西，就必须提供更多的机器、更多的能量。能量是我们的支柱，是各种精力的来源。"这一点导致了特斯拉和爱迪生在企业家精神层面的巨大差异：支撑爱迪生的强烈动机是争取专利，卖出自己的发明（他12

岁就开始做生意了）。而特斯拉的出发点是分享自己的思想，促进科学理论的进步。将自己的创造发明商业化，他既不感兴趣，也不擅长。

他同时代那些精明的企业家敏锐地觉察到了特斯拉在技术方面的先进性和商业方面的幼稚。于是他们开始试图一边利用特斯拉的发明，一边百般阻挠，不让特斯拉使用自己的发明。爱迪生公开电击多条狗、两头牛和一匹马，以此告诉公众，比起他的直流电系统，特斯拉的交流电有多危险。伊莱休·汤姆孙通过暗示公众他自己的（不如特斯拉的）交流电系统比特斯拉的系统更早面世，来抢夺专利权。精明的乔治·威斯汀豪斯意识到比起那时别的电力系统，特斯拉的系统更先进，很有可能会抢先申请到专利。于是在 1888 年，他提议购买特斯拉的专利。他的定价方案很复杂——其中包括现金给付、威斯汀豪斯公司股票和随着年份变化的最低专利税。就这个提议的实际价值，坊间众说纷纭。奥尼尔称这个方案折合现金是 100 万美元，加上每马力 1 美元的专利税。传记作家马克·赛费尔计算出这个方案的价值大约是 25 万美元。而美国公共广播公司（PBS）的一个节目称这个协议的价值现金是 5000 美元、150 股威斯汀豪斯公司股票以及每马力 2.5 美元的专利税。如果正确的数字是 25 万美元，那就相当于现在的 600 多万美元。无论如何，这个协议的价值会随时间变化。尽管没有因自己的发明可转化为数十亿的财富而得到应得的钱，特斯拉打心底里觉得威斯汀豪斯对自己还算厚道。许多年后，特斯拉说：“在我看来乔治·威斯汀豪斯是世界上唯一会选择我的交流电系统而非现存的直流电系统，并且赢得这场与偏见和金钱的斗争的人。他是一个有魄力的先锋，一个高贵的人。”

　　1891 年，特斯拉同意在美国电气工程师协会组织的讨论会上分享他关于高频现象的发现。他的讲座理念先进，讲解清晰明了，被公认为历史的经典瞬间。就像约瑟夫·韦茨勒（Joseph Wetzler）在《哈珀周报》（*Harper's Weekly*）上描述的那样："虽然有点紧张，但这个奥匈帝国边陲小镇来的小伙子，用清晰纯正的英语……表明了，在对电磁理论的掌握上，他（已经）远远超越了洛奇博士（Dr.Lodge）和赫兹教授（Professor Hertz）。但是……实际上他已经制作出了一些装置。利用这些装置，静电波或'推力'可以为普通的日常生活提供照明。"韦茨勒还写到特斯拉通过改进白炽灯，使爱迪生的工作黯然失色。他还评价说："特斯拉给自己制定了一个目标，就是制造出一个不与外部有任何连接线的灯……放在房间的任一角落，都会发出明亮的光。"当时在座的还有伊莱休·汤姆孙和米哈伊洛·普平（Mihajlo Pupin）。作为特斯拉的竞争者，他们正你夺我抢，看谁能在发展和应用电力方面取得商业和学术上的先机。特斯拉在讨论会现场的优异表现肯定使这两位既敬畏又嫉妒，心里很不是滋味。

　　1893 年，特斯拉利用尼亚加拉瀑布能源的梦想终于实现了。由英国著名物理学家开尔文勋爵领导的国际尼亚加拉瀑布委员会（International Niagara Falls Commission）推出了一项比赛，就如何利用大瀑布看似取之不尽的能源，在全世界范围内征询建议。然而委员会发现提交上来的建议，操作性都不强。一直关注特斯拉工作的开尔文勋爵判断只有以特斯拉的设计为基础的交流电系统才能帮助委员会完成任务。于是他请求威斯汀豪斯利用特斯拉的技术，在尼亚加拉瀑布旁边建造一个发电站。

　　1896 年 11 月 16 日，这个发电站的首批电力被输送到了美国纽约州布法罗，沿途万众欢呼，并伴有 21 响礼炮庆祝。竣工的系统是一个里程碑式的伟大成就——电力发电和传输方面的一场革命。

　　作为公认的"巫师般的天才"，特斯拉被英国皇家学会（Royal Society of Great Britain）接收为会员，哥伦比亚大学和耶鲁大学还授予了他荣誉博士学位。记者蜂拥而至，想要为这个发明家撰写报道。数不清的著名杂志纷纷刊登了他的故事。最早的一批报道中有一篇来自《电世界》（Electrical World）的编辑 T. C. 马丁（T. C. Martin）。（他后来与人合作，撰写了最权威的托马斯·爱迪生传记。）马丁写道："（特斯拉的）眼睛使人联想到书中一切关于敏锐的视觉和洞悉万物的杰出才能的描述。他博览群书，记忆力惊人，还是一个语言天才。这个很有教养的东欧人能用好几种语言阅读和写作。世上最情投意合的伙伴也不过如此……和他交谈，话题刚开始是眼前的事物，但接下来……就会扩展提升到更深层次的关于生命、责任和命运的议题。"《新科技博览》（New Science Review）刊登的另一篇详细的报道称："在这个人人都很实际，任何事情不能有一点耽搁，必须马上转化成利益的时代，特斯拉这样的人，却只是因为热爱就投身于科学研究，更显得卓尔不凡，不同于常人。"《纽约时报》上关于这个发明家的故事评论道："特斯拉头脑的一个显著特点就是瞬间产生的直觉。当特斯拉还在为爱迪生工作时，你刚开始提出一个问题或建议，话还未说完，他就已经有了六种解决方案和十个实施办法。"

　　特斯拉一生中，有超过 200 项非常重要的突破性创新，但是因为他深谋远虑的一面不是特别突出，他同时代别的发明家和投资者（特别是古列尔莫·马可尼、米哈伊洛·普平、乔治·威斯汀豪斯、J. P. 摩根和伊莱休·汤姆孙）欺世盗名，充分享用了特斯拉的成就带来的商业价值。例如，尽管爱迪生是举世闻名的电力发明家，但真正发明了现在全世界都在使用的电力分配系统的并不是他，而是特斯拉。特斯拉还发明了多相电动机、无叶汽轮机、无线制导鱼雷和许许多多磷光和荧光照明系统。发明第一个无线电的也不是古列尔莫·马可尼，而是特斯拉。就这个问题的争论持续超过了 40 年。实际上，美国专利与商标局（US Patent and Trademark Office）在 1900 年颁发的第一个长距离无线电专利也属于特斯拉（有关申请是在 1897 年提交的）。以这些专利为基础，美国专利与商标局拒绝了古列尔莫·马可尼 1900 年的申请。该局引用特斯拉之前的申请："据有案可查的 645 576 号和 649 621 号的特斯拉专利，许多申请是无法得到专利的，想要推翻上述参考以及马可尼假装对'特斯拉振荡器'的性质不知情都是荒谬可笑的……'特斯拉振荡器'一词已经成了大洋两岸（欧洲和北美洲）家喻户晓的术语。"

　　然而后来，因为一些神秘和未知的原因（据猜测，很有可能因为马可尼更雄厚的财力背景），1904 年，美国专利与商标局推翻了先前的决定，将无线电的专利授予了马可尼。特斯拉为此受到很大的打击。1943 年特斯拉去世几个月之后，美国最高法院又否决了美国专利与商标局的那次决定，重新将专利权判给了特斯拉。除了上面提到的那些发明，特斯拉还推出了激光、早期的机器人、改进的 X 射线装置以及许多别的发明和创新。无论是数量上还是影响力上，特斯拉对科学的贡献都可以媲美他的那些发明创造。对电力工程师来说，他的著作《尼古拉·特斯拉的发明、研究和写作》是名副其实的《圣经》。这本书解释了交流电发动机、旋转磁场、旋转磁场变压器、多相系统以及别的科学发现。但是，出于对其学术成就的嫉妒，特斯拉的同行们向公众隐瞒了他们的工作成果是建立在特斯拉贡献的基础之上这一事实，让特斯拉当了无名英雄。例如查尔斯·施泰因梅茨（Charles Steinmetz）在他 1897 年出版的《交流电现象的理论和计算》一书中，对特斯拉的贡献只字未提，尽管特斯拉是这一领域毋庸置疑的奠基者。施泰因梅茨在前言中这样解释：“这本书中的许多发现适用于与感应发动机、发电机、同步发电机等有关的多相系统电路（有关章节）……这本书有部分是原创，剩下的部分出自别的发现者的出版物……然而，我将书面参考一并省略了，因为我认为提供不完整的参考文献比不提供参考文献还要糟糕，但由于时间所限，我实在无法提供完整的参考文献……我相信读者……更感兴趣的是有关这个现象的信息，而非谁第一个发现了这个现象。”施泰因梅茨在 1902 年出版的第二本书《电气工程的理论要素》中，故技重演。因为后来出版的相关书籍都是以施泰因梅茨的这两本早期出版的书籍为基础撰写的，这就意味着几代工程师都是在对特斯拉一无所知的情况下，接受了他们的专业训练。

特斯拉的交流电多相电系统、感应发动机以及无线通信设计都产生了巨大的经济效益，但特斯拉本人却几乎一无所获。他从未富有过，更令人失望的是，他始终也未能得到足够的资金来完成沃登克里弗塔（Wardenclyff Tower）。这座高 600 英尺的无线传输塔位于纽约长岛的肖勒姆。特斯拉建造这座塔的初衷是建立全球无线电话通信系统。1917年，因为管理不善，再加上运气实在不好，这座投资巨大的塔还没建成，就被特斯拉欠了 19 000 美元的债主给拆除了。

许多关于特斯拉的故事都提到他终身都是一个独身主义者。尽管有谣言称他也许是一个未出柜的同性恋，但大部分研究特斯拉生平的专家都称，他保持独身很可能是一种自我牺牲的表现——为了崇高的使命保存精力。有一次，当有人问他时，他回答道："我认为发明家就不应该结婚，因为他通常生性紧张，带有疯狂和激情的特质，与相爱的女人结合意味着他会全身心地奉献自己，那样的话就没有任何精力从事他喜欢的工作了……你会发现没有什么伟大发明是有家室的人做出来的。"的确，性欲的升华会帮助保持创造力已经成为一个共识。西格蒙德·弗洛伊德（Sigmund Freud）（与特斯拉相识）就是这个思想的拥护者，而且从 40 岁壮年起，他自己也一直保持独身。艾萨克·牛顿爵士（Sir Isaac Newton）据说也是终身独身。

特斯拉一生都饱受神经系统紊乱的困扰。例如，有一次，他写道："感觉我的大脑着火了。我看到了一束光。（就好像）我的大脑里有一个小太阳，而整个晚上，我都用冷压法来控制我那痛苦不堪的脑袋。"他还经常能感受到有光闪过，特别是恐惧和激动的时候。这些感受在他大约 25 岁的时候达到顶峰，在那之后也从未完全消失。1919 年，他在自传里写道："当我的头脑中出现一个新点子时，这些发光的现象还会时不时地出现。"特斯拉的视力和听力非常好。每当感觉压力大的时候，他的听觉和对震动的感觉非常敏锐，他会感到巨大的不适。这些都说明他很有可能患有多巴胺失调症。这些症状也许同时激发了他的创造力，使他对各种刺激非常敏感，还会引发躁狂症发作。显而易见，躁狂症和强迫症伴随了特斯拉一生。他经常通宵达旦地工作——实际上他经常选择晚上工作，以免被别的事情分散精力。即使会上床睡觉，他也是从凌晨 3 点工作到深夜 11 点才去休息。他自控和自我牺牲到了极致。他饭量很小，成年后的体重一直保持在 142 磅（尽管他的身高有 6 英尺）。他有细菌恐惧症，对圆形的物体非常厌恶，而且他对数字 3 很痴迷。实际上，他晚年经常会计算盘子中食物的体积，如果得出的数字不能被 3 整除，他会连饭都吃不下去。在绕着建筑物走 3 圈之前，他是绝对不会进入其中的。

特斯拉将疏离感和自我效能展现到了极致。他还是一个典型的理想主义者（本书第四章会涉及）。他的成就也和其生活的时代有密切的关系（本书第六章会涉及）。然而，最重要的是，特斯拉的故事提示我们，天才和躁狂症之间有强大的互动关系，而这两个特点在突破性创新者身上很常见。

智力因素有多重要？

一个人不必是天才也可以非常有创造性，同理，不是所有的天才都善于创造，但是天才和创造性这两个特点并不是完全孤立的。例如，在世界上最重要的创新者名单上，很难找到一个智力平平的人。在我详细研究过的创新者中，他们无一例外地多次被传记作家和其他人形容为"天才"。例如史蒂夫·乔布斯在上小学四年级时，就接受了相当于高中水平的智商测试，结果显示他的智商可能是 160，位列人群中智商分布的前 0.01%。爱因斯坦的智商也是一个传奇。据多方推测，他的智商应该在 160 到 190 之间。每一位玛丽·居里的传记作家都称她智力超群——是个"天才"。而居里夫人无与伦比的决心可以与她出众的智力并驾齐驱。埃隆·马斯克很小的时候，家人就骄傲地称他为"天才少年"。如今他身边的人形容他"异常聪慧"。凯文·沃森（Kevin Watson）是太空探索技术公司的研发工程师之一，他记述了马斯克公司里众人对老板的看法：

　　他什么都知道，什么都明白。如果他问你一个问题，很快，你就明白了不要本能地回答他的问题。他需要的是触及物理学最基本概念的答案。他对物理学中关于火箭的部分非常熟悉，这方面无人可比。他头脑中思考的东西太疯狂了。他会和你讨论卫星发射，我们是否可以建设合适的运行轨道，同时将"龙"号飞船送上天，并实时解出所有的方程式。他头脑中经年储备的知识总量太惊人了。我可不想成为埃隆的竞争对手。与其那样，还不如找点别的乐子。因为他会在各个方面碾压你，无论是思考能力还是执行能力，你都别想赢。

　　本杰明·富兰克林也是一个智力出众的创新者。他的科学贡献用任何标准衡量都是无与伦比的，而且令人惊奇的是，这些贡献跨越多个领域。例如有一次他哥哥约翰得了重病，不能排尿，于是富兰克林亲自做出了美国历史上第一个排尿管。通过观察和简易实验，他命名了墨西哥湾暖流的名称，并绘制出相关图表，为航行者提供了新的有用信息，缩短了他们在大西洋航行的时间。

托马斯·爱迪生也是一个绝好的例子。学校的三个月就是他所接受的全部教育。后来老师暗示家长他不够聪明，他只好离开学校，全靠妈妈在家辅导学习。尽管如此，他的早慧还是很快就显现了出来。爱迪生从小就开始主动阅读。读起书来，他如饥似渴，尤其是图书馆里的科学书籍。12 岁的时候，他提出的物理问题就难倒父母和周围人了。

智力和创新力之间存在很多种可能的关系。智力超群可以使一个人更快更轻易地掌握广泛的知识，为有创意的思想提供更多的养料，如果他有此爱好的话。智力超群还可以帮助有创造力的人去落实想法和劝说别人接受他的思想。我将在下面的章节中说明，创造力、工作记忆、执行控制力和神经递质的综合研究会提供另一种可能性：一些使创新者智力超群的某些生物机制同样可能导致创造力的产生，如果一个人有别的特点或经历来帮助他产生和追求与众不同的想法的话。

创造力的生物过程

最早的心理学和创造力领域的研究都强调"初级过程思维"这种无结构的视觉思维活动的重要性。正是由于缺乏结构这个特性，初级过程思维会将没有明显关联的想法连接起来，引发所谓的"远隔联想"和"发散性思维"。西格蒙德·弗洛伊德认为人在睡着前、打盹或做白日梦时，最容易进行初级过程思维。还有人发现在因为运动、听音乐或别的事情而注意力无法集中的时刻，也会发生初级过程思维。例如，当有人问埃隆·马斯克他的新点子是怎么来的，他这样回答："听起来像是陈词滥调，但这些点子很多是在我冲澡的时候想到的。我也不知道为什么会这样……"爱因斯坦拉小提琴来帮助自己思考，他说："莫扎特的音乐非常纯净、美妙，我认为它们就是宇宙自身内在美的一种反映……当然，和所有伟大的美一样，他的音乐纯粹简约。"他的儿子汉斯·阿尔伯特说："他会沉浸在音乐中，这样就可以解决所有的难题了。"爱因斯坦的一个朋友也称："夜晚时分，他经常在自家厨房拉小提琴，都是些即兴创作的旋律，同时头脑中会思考一些复杂的问题。突然，他会激动地喊道'我明白了'，似乎是灵感来袭。在音乐声中，问题的答案自动降临了。"

其他的心理学家则基于这些想法推断，有些人更倾向于初级过程思维，或能更好地控制这种思维过程。例如，著名的创造力研究专家迪恩·西蒙顿（Dean Simonton）认为，有些富有创造力的人的大脑可能更容易进行随机联想。随后他们的头脑还会整理这些联想，挑出其中最好的，再进行进一步的思考。还有研究也证明，具有高度创造力的人能更多或更好地运用初级过程思维。比起常人，他们有更多幻想，对做过的梦记得更清楚，也更容易被催眠。然而，许多这样的研究发现都认为，创造力是一个随机联想的过程，而后续的研究（包括我自己的关于认知洞察力的研究）都表明，还有另外一种与智力直接相关的解释：长路径联想。我的研究将认知洞察力视作一种网络分析模式，它显示出，对那些有更大可能或更强能力通过头脑中的联想网络来搜寻更长联想路径的人来说，他们可以将别人根本想不到或觉得奇怪的两个想法或事实联系起来。看起来随机，事实可能根本就不是这样——只是别人没能看到其中的联系罢了，因为他们的思维跟不上那么长的联想链。马赛厄斯·贝内德克（Mathias Benedek）和奥尤查·纽鲍尔 （Aljoscha Neubauer）教授的研究发现与我的结论不谋而合。他们也发现在通常情况下，创造力极强的人和普通人的联想途径是一样的，但前者联想的速度很快。用不了多久，常人能想到的，他们都已经想过了。这样一来，他们就可以比别人更快地开始不那么常见的联想。贝内德克和纽鲍尔的研究认为，他们的联想之所以速度快，是因为他们拥有超常的工作记忆和执行控制力。换句话说，他们有能力在头脑中思考，同时有效调遣许多事情，这样就可以快速进行多种可能的联想了。

特斯拉和马斯克就是两个典型的例子。他们都拥有非同寻常的认知能力，可以在脑中几乎瞬间进行长路径计算，看起来就像变魔术。但他们的计算过程是有迹可寻的，只是他们沿着那条路径思考的速度太快，别人根本跟不上。有些事情，对他们来说是显而易见的，但对那些还未搞清步骤、没能考虑清楚的人来说，这些事情却会显得牵强。例如，当马斯克宣布他想制造可重复利用的火箭并征服火星的时候，许多人都认为那不过是又一个向往太空、有钱没处花的牛仔男孩为了自我满足而痴人说梦罢了。然而，马斯克知道如果做不到移民太空，人类的灭亡是迟早的事情。他还知道太空旅行最大的障碍是花费太过高昂，而降低花费的关键是造出可重复利用的火箭。他正确地推论出火箭是可以重复利用的，其花费也会随之骤减，这样一来星际旅行就会变得非常可行。虽然那时他还未开始学习火箭科学知识，但这一点，对他来说是显而易见的

事情。结果他也成功地证明了这一点。特斯拉的故事中也有许多类似的
例子。其中最有代表性的是他本能地认为去除换向器，会更高效地产生
电力。尽管第一次有这个念头的时候，他根本不知道具体的步骤，而且
那时的书本里说这是不可能的事情，但他还是成功推导出来并坚持下来，
几年之后证明了自己的想法是正确的。

　　尽管关于智力，还有许多有待我们去发掘的方面，但有一点很明确，
那就是智力中很重要的因素是记忆力。记忆力通常分为（至少）两种独
立的类型：工作记忆和长期记忆。工作记忆是指可立即存取和使用的暂
时性记忆。这其中包括决定何种信息会得到关注的执行力。例如，在做
算数题时，工作记忆可以使你记住这道题的部分结果。但工作记忆的容
量有限，而且一个人能存储在工作记忆中的信息"块"的数量因人而异，
并和这些"块"的性质有关。通常，单词比数字更难存储在短时记忆中，
而长单词又比短单词更难存储，以此类推。然而，一个人可以通过学习
将这些"记忆块"组合成更高一级的记忆块，这样他就会对许多信息产
生深刻印象。这就是长期记忆的由来。进入工作记忆里的信息子集会被
编码成长期记忆，无限期地储存下来。大脑决定了什么是需要储存的重
要信息，而人可以通过联想来影响大脑的这一过程。例如，通过反复练
习来记住二次方程。尽管长期记忆中可以储存大量信息，但一次可以激
活（想到）的长期记忆的量受到了工作记忆的限制。并且，长期记忆可
以通过创造"拆分"规则来影响工作记忆的容量。例如，想要记住 1-8-
5-6-1-9-4-3 这一列随机数非常难，但是如果了解特斯拉的生平，将这些
数字组合成两大记忆块：1856 和 1943，就很容易记住了，因为这是特

斯拉出生和去世的年份。出色的长期记忆可以提升工作记忆的容量和效率，而超常的工作记忆可以快速提取更多的长期记忆。对工作记忆的检测可以更好地预知智力的方方面面。这一点，长期记忆是做不到的。但这两种记忆类型对了解智力是互相补充的。

很多报道显示出许多连续突破性创新者都记忆力惊人。爱迪生可以清楚地记得几年前只有一面之缘的人的名字和个人信息。居里夫人只听几遍，就可以轻松地记住大段诗歌或篇章。如前文所述，有大量证据显示特斯拉具有非常清晰的记忆力，可以分毫不差地回忆起一闪而过的图像和声音。马斯克也记忆力超常。他的这种能力在孩童时代就让家人和同学刮目相看。他可以记住百科全书上的大量信息。后来他回忆道，自己可以在头脑中将物体清晰地视觉化并操纵它们。马斯克说："这就像通常被用来进行视觉处理的那部分大脑，也就是用来处理出现在我眼前图像的那部分大脑，被内部的思维过程取代了。"马斯克还说："我现在不能经常这样做了，因为需要关注的事情太多了，但小的时候，这种事情经常发生。你大脑中的很大一部分本该用来处理摄入的图像信息，如今已习惯使用内部思维了……对图像和数字，我可以找出它们之间的相互关系和算法关系……加速度、动量、动能等将如何被物体影响，在我的头脑中会非常生动地显现出来。"传记作家阿什利·万斯（Ashley Vance）说，马斯克出类拔萃的智力和记忆力使他能够"几乎完美无缺地摄入大量信息"。

工作记忆将创造力和智力以一种很有趣的方式联系起来。出色的工作记忆和执行控制力对一般认知功能非常重要。工作记忆与理解力、解决问题的能力以及智力的基本面高度相关。如果工作记忆有助于远隔联想，且与智力的基本面相关，那就部分解释了，为什么经常有研究显示出智力和创造力之间存在关联。虽然这并不意味着所有智力超群的人都具有创新力，但这肯定意味着创造力惊人的人普遍智力出众。

人格因素："开放性"

大量有关人格的研究显示，存在一个叫作"大五人格特质（Big Five Personality Traits）"的主要分类体系。它们分别是神经质、宜人性、外倾性、尽责性和开放性。这些特质实际上是广泛意义上的人格分类，各自还包含许多别的具体特征。五大维度相似的不同人的人格特征高度相关，并且他们的实际表现相近，而这五类特质自身是相互独立、互不交叠的。其中，开放性和创造力的关系最为密切。

开放性体现了一个人在活跃的想象力、审美（如对艺术和文学的欣赏）、情感关注、多样性偏好和求知欲方面的实际应用能力。一个人在这方面的能力，可以通过其赞同或反对一系列问题的程度来评估。例如"我想象力丰富""我喜欢别人的新点子""我词汇量丰富""我很少探究事物的深层意义"（反对）"我喜欢参观艺术博物馆""我尽量避免哲学上的讨论"（反对）以及"我喜欢胡思乱想"。一般而言，开放性得分高的人，求知欲也很旺盛。他们对不同寻常的想法感兴趣，而且愿意尝试新事物。相比一般人，他们对复杂性和不确定性容忍度更高。而在这方面得分低的人，一般比较保守，对新奇、复杂和不明确的事物比较排斥。

　　大量研究表明，开放性和发散性思维以及创造力有关系。当然，拥有广泛兴趣和丰富经历的人更容易有不同寻常的联想。而且一个人对复杂性和不确定性容忍度高，会促进这个人思维不拘常规以及产生更复杂的抽象概念。然而，在本书中提到的这些创新者身上，这种特质比较复杂。爱因斯坦肯定表现出了对美的敏锐感知。他自己说过："就我个人而言，接触艺术品给予了我极大的愉悦。我从中得到的幸福感是其他任何事都比不上的。" 特斯拉也以热爱诗歌和文学出名。他可以仅靠记忆背诵歌德、莎士比亚和伏尔泰的作品。并且就是在背诵歌德的《浮士德》时，他彻底搞明白了如何实现交流电力。大部分突破性创新者都热爱阅读，而且是无书不读，其中有些堪称博学之士，在众多领域都有建树（如富兰克林）。然而，他们中的一部分也因全情投入，力争实现自己的目标，而导致生活维度很有限。例如特斯拉的工作消耗了他所有的时间和精力，因此他很少去探索外部世界或进行各种冒险活动。居里夫人同样只埋头工作，对去新地方旅游不感兴趣，只是偶尔为之。乔布斯的精神追求和旅行与"开放性"的典型描述是一致的。但这种"开放性"在爱迪生、卡门或马斯克疯狂的工作习惯中很难找到踪影。看来追求不同智力观点的开放性与追求真实世界经历的多样性不是一回事。可能的解释是，尽管"开放性"有助于创造力，但要使出众的创新力开花结果，还需要高度集中的注意力。这些特点不同寻常的组合也许是了解那些杰出的突破性创新者的关键所在。

　　比起这些创新者的兴趣范围，更值得注意的是他们身上体现出的探索世界基本原则的动力，无论是在物理、数学、美德还是社会进步方面。例如，爱因斯坦有强大的动力去找寻宇宙力学的基本原则，并进一步对重力和光展开了研究，为他的理论寻找广义的解决方案（那些解释力强、适用范围广的理论，如广义相对论）："在这个领域，我很快学会如何筛选出能指引我找到最基本原理的东西，还学会了屏蔽头脑中那些无关紧要的思绪，直奔主题。"同样，特斯拉一心想在宏观上理解和利用波和振荡的基本动力原理。从明白如何进行无线通信的那一刻起，他就不再满足于在城市间或国家间进行无线信号传输了。他的理想是实现全球甚至更大范围内的无线传输。实际上，他曾投入大量的时间尝试与火星建立联系。同样，自从演示了无线传输电力的方法，他便开始构想星际间的无线能量传输。很大程度上，正是他这种即刻提取现象背后基本原理的偏好，以及思考如何将其扩大规模的构思能力，导致他遭到大众和投资人的怀疑——这些人很难跟上他跳跃的思维。更有甚者，他的观念因为太过先进，令人生畏，而常被认为荒唐至极。这种对基本原理的追寻，在乔布斯身上体现为希望在禅中找到真理，他将计算机比作"为大脑设计的自行车"；在富兰克林身上体现为对一个高效的、提升福利的社会组织方式的不懈追求；在居里夫人身上体现为寻找元素的基本特征（放射性）。

非典型的大脑化学

长久以来，智力、记忆力和"开放性"这些特点被认为与创造性天才的产生有关系，但是突破性创新者——尤其是特斯拉——体现了创造性天才身上一个更不寻常、更鲜为人知的因素：非典型的大脑化学反应。随着神经学家有能力探究大脑更为详细的活动，他们开始更多地关注神经递质系统和创造力之间的关系。越来越多的证据显示，多巴胺和 / 或谷氨酸盐与发散性思维有关。有证据显示，多巴胺可以减少潜伏抑制——一种自动前意识过程，通过这种抑制，被认为不相关的刺激将受到阻隔，从而无法被意识觉察到。在一系列的相关研究中，心理学家已经发现富有创造力的人通常潜伏抑制水平比较低，所以他们会对那些别人忽视的刺激有所反应。这些人通常对生理刺激非常敏感，例如听觉、音调、电击或光。这些在特斯拉身上都有极端的表现。特斯拉在自传中写到了他在神经紧张时的各种感受：

隔着几个房间，我都可以听到钟表的嘀嗒声。苍蝇落到桌子上的声音，在我听来犹如闷声重击。几英里之外马车经过的声音都能使我全身发抖。20 或 30 英里之外火车头发出的鸣响引起我座椅的震动，都能使我痛苦难当。脚下的地板不停地颤动……时隐时现的太阳光像是在重击我的大脑，使我晕眩。

多巴胺水平升高还会使人去注意和记住那些被别人忽略掉的认知刺激。多巴胺水平小幅高于正常水平会带来散焦注意（defocused attention）和不同寻常的联想，从而产生创造力。一些研究发现左旋多巴（L-DOPA）这种能提高机体多巴胺水平，常用来治疗帕金森病的药物，有时会唤醒和增强一个人的创造力。在这方面出现了有意思的证据。

研究人员起初以为是帕金森病以某种机制引发了创造力的大幅飙升。茨皮·萨伊什（Tsipi Shaish）的传奇故事就是一个例子。此人是保险公司雇员，一直过着平淡无奇的生活，直到 2006 年，被诊断患有帕金森病。之前她从未学过艺术，对此也无特殊爱好，但确诊和开始治疗后，她开始感觉到一股"难以抑制的渴望"，想在帆布上进行抽象画创作。截至 2011 年，她已经分别在巴黎和纽约举行过大型画展。有评论称她的画作展现出了"惊人的象征主义""用色大胆，蜡笔画有令人愉悦的混乱感"。萨伊什也不明白自己怎么会这样。她相信是帕金森病使她变得更有创造力。现在，研究人员明白了对帕金森病的治疗可以开启一个人身上创造力的大门。接受治疗之前，帕金森病人大脑中的多巴胺会持续减少生成——这种病症会导致大脑中生成多巴胺的细胞死亡。病人会开始感觉越来越缺乏热情、不爱说话、不爱动。多巴胺是大脑里最重要的激励成分，没有了它，生活中的许多方面都会黯然失色。此外，由于多巴胺是运动功能的核心要素，病人也许会移动困难，即"运动功能减退"。服用左旋多巴可以使病人重新燃起生活的愿望，对周边的事情有更多的意识和兴趣，而且能更多地活动。左旋多巴在体内到达峰值时，病人甚至可能会运动过度——出现紧张不安或痉挛，也就是"运动障碍"。

多巴胺适度升高也许对发散性思维和维持认知刺激有帮助，但多巴胺太高也许会使病人彻底屏蔽任何刺激。这样一来，他们就很难准确地感知周围的世界，看起来像神经错乱，而非创造力爆发。毫不奇怪，大量研究提到了精神分裂症患者的多巴胺和多巴胺受体异常，一些抗精神病药也是通过阻断多巴胺受体来生效的。许多心理学家称，精神分裂症

（精神分析学说将其形容为初级过程状态）似乎与创造力有很大关系。首先，精神分裂症病人家族中出现创造力高的人比例很高，这说明其中有遗传关系。第二，在一系列创造力测试中，精神分裂症患者和创造力高的人分数相当，而且创造力高的人在精神病测试中的得分也非常高。

过度活跃的多巴胺系统（或由于用药导致的多巴胺升高或生效）也会导致一些类似躁狂症的症状。躁狂症指情绪异常高涨或烦躁，（心理学上的）唤醒升高，精力充沛。它一般伴随着伟大的感觉，睡眠需求减少（而且会出现夜间多动症的症状），沉溺于虽然有快感但会带来不良后果的行为，并可能出现幻觉或令人担忧的思想。躁狂症和多巴胺升高都与越来越明显的上瘾行为有关联。如前文提到的，多巴胺是大脑中最重要的激励成分之一，可卡因和安非他命通过人工引发多巴胺"快感"而起效，而且多巴胺水平升高的人（例如多巴胺自然升高的人和接受左旋多巴治疗的帕金森病患者）会放大赌博、性交和运动等带来的"快感"。所有这些症状在特斯拉身上都反复出现过。他年轻的时候，就出现过幻觉，大学时期赌博成瘾。他头脑中各种点子层出不穷，使他疯狂地工作，不能停息。他睡眠很少，每晚平均睡不到 2 小时，而且经常通宵达旦地工作。最后，他追求那些不切实际，被他人斥为白日梦的目标。这种目标，就算基于他此前非同凡响的成功来看，也显得十分遥远。

"轻度躁狂"（轻微躁狂症）也许是由多巴胺水平适度升高引起的。很多研究人员认为它与创造力有关。所以很自然地，许多最高产的创新者都展示出一定程度上的躁狂症症状。我们看到的几乎所有创新者都拥有超高的自我效能，也就是高度自信，觉得自己能完成别人眼中的不可完成之事。许多（尽管不是所有）突破性创新者对睡眠的需求也很低。居里在一封写给堂妹的信中提到她一晚上只睡 5 小时。爱迪生 1921 年写道："我一天睡 4 到 5 小时就足够了。" 许多关于他的记述都提到，他一晚上只睡 3 到 4 小时，而且通常是睡在实验室的桌子上。富兰克林在自传中称他每晚睡 5 小时。乔布斯也以睡眠不规律和常常熬夜著称。卡门告诉记者他每晚睡 3 到 4 小时。马斯克也称他每晚睡 6 到 6 个半小时。2009 年的一项有关学习习惯的国际研究发现，美国人平均每晚睡 8.5 小时。在日本（发达国家中平均睡眠时间最少的国家），人们一般睡 7 小时 14 分钟。这样看来，除了爱因斯坦外，文中提到的所有创新者的睡眠时间都低于目前的人均水平，其中几位睡眠时间尤其少。

多巴胺水平异常或波动也许为研究工作记忆、创造力、躁狂症、强迫性或成瘾性行为以及精神分裂症之间的关系提供了重要的线索。神经科学研究表明去甲肾上腺素和多巴胺这样的神经递质会直接影响工作记忆和认知功能。例如，去甲肾上腺素升高会提高神经活性，导致大脑突然活跃，一连串的画面不断涌现。这也许能解释为什么特斯拉的脑中会有异常清晰的图像。研究还发现大脑前额皮质的多巴胺活动和个性特征中的"开放性"以及追求新奇的行为是正相关的。

总而言之，如果多巴胺和去甲肾上腺素的适度升高可以提高创造力，而它们的过度升高会导致精神病，那么传说中的（也是引发争议的）关于天才都是疯子的说法是有道理的。天才不需要发疯，发疯也并不意味着天才，但因为这两者都受到相同神经递质的影响，所以长久以来人们会很自然地认为它们之间相互关联。这也能说明为什么运动、音乐或像咖啡这样的温和兴奋剂可能有助于提高创造性思维，即通过适度提高多巴胺，减少潜伏抑制，也可能会提高工作记忆，帮助一个人进行不同寻常的联想。这样一来，像多巴胺和去甲肾上腺素这样的神经递质有助于将高度创造性个体的有关研究思路串联起来。我们一旦更加了解大脑的化学和生理学过程，就会发现，创造力研究中那些看似互不相关的部分——个性、智力、联想模式、病理因素，很有可能紧密相连。

我当时并不觉得特斯拉电动汽车会成功，我觉得我们很可能会失败。但如果一件事情非常重要，那就算明知希望渺茫，也要去尝试。

——埃隆·马斯克，
接受斯科特·派莱伊的采访时
2014 年 3 月 30 日

成为公墓里最富有的人对我来说没有任何意义……在入睡前能够对自己说"我们做了件好事"才是意义所在。

——史蒂夫·乔布斯，
接受 CNN 财经频道采访时
1993 年

第四章

志存高远

一旦认识到正确方向，她就毫不妥协地走下去……

不言自明，创新者因解决了重大难题才获得了巨大成功，然而有一点也很重要：他们解决问题凭借的是超出常人的热情和持之以恒的毅力。他们没日没夜地工作，为此常常忽视了家庭、朋友和健康。他们经常要承受怀疑者的严厉批评，却依然不忘初心。是什么让他们对自己的事业拥有超人般的献身精神呢？本章研究的所有创新者——除了爱迪生——都展现出坚定的理想主义，专注于追求远大目标。这种极强的使命感对他们的行为产生了深刻影响。

理想主义者有着崇高的信念和目标，更看重理想和价值，而非现状。他们专注于自己理想中的世界，而非当下的世界。理想主义促使创新者追求更重要的目标，即使这样做需要他们打破既定规范，或带来巨大的个人代价或风险，本杰明·富兰克林就是如此。

富兰克林小时候非常聪明，他酷爱阅读，求知若渴。他出生于一个虔诚的宗教家庭，家里所有的书籍都是关于清教和形而上学的思想的。

他很小就开始进行认真的道德推理，树立远大理想。实际上，他的父亲注意到了儿子的灵性，起初打算让他当牧师。他最终没有走上这条路，部分原因是家里难以负担教育费用。尽管如此，他仍然对道德哲学保有强烈兴趣，并在之后继续发展，形成了偏离清教徒正统观念的信仰和理想。这些信仰和理想对他的性格形成至关重要，促使他积极执着地投入毕生精力来解决社会问题。

富兰克林于 1706 年 1 月 17 日出生在波士顿一个工匠人家。"富兰克林"这个名字本身是本杰明·富兰克林理想中的中产阶级的象征，该词源自盎格鲁－法语（Anglo-Franco，中世纪诺曼人征服英格兰之后，由古英语和法语融合而成）中的"fraunclein"，意为一个自由但非贵族出身的地主。由此可知，"富兰克林"代表的既不是农奴，也不是乡绅。富兰克林家族几代人都以热爱阅读、信奉清教、不循常规而闻名，他们既敢挑战权威，又始终能遵从公民义务。本杰明的祖父托马斯·富兰克林二世（Thomas Franklin II）乐于交际，擅长修修补补，做过几次生意，从事过多个职业，例如铁匠、修枪匠和外科医生。本杰明的父亲乔赛亚·富兰克林（Josiah Franklin），于 1682 年带着妻子和最大的三个孩子一起移民到美国，定居在波士顿。他开了一家蜡烛铺，用动物脂肪制作肥皂和蜡烛。作为清教徒，他最喜欢的一句话是一句所罗门箴言，肯定了勤奋和平等主义的重要性："你看见办事殷勤的人吗？他必站在君王面前。"他去世后，"办事殷勤"四个字甚至刻在了他的墓碑上。乔赛亚在生儿育女方面也很勤奋：他是 17 个孩子的父亲（7 个为第一任妻子所生，10个为第二任妻子所生）。本杰明是倒数第三个孩子，也是最小的儿子。

　　乔赛亚原本计划让本杰明未来从事神职工作，于是在本杰明 8 岁时将他送到波士顿拉丁学校念书。一年后，为了节省开支，又将他转到另一所学校学习写作和数学。本杰明在自传中回忆，当时的他擅长写作，但算术不及格，所以在 10 岁的时候，父亲就让他辍学回家，在蜡烛铺帮忙，并开始替他打听工作。从此之后，本杰明读遍所有可得之书，以继续自己的教育。这些书大多来自父亲的藏书，还有一些是借来的，涉及范围很广，让他得以接触很多发人深思的作品，包括普鲁塔克（Plutarch）的《传记集》，科顿·马瑟（Cotton Mather）的《论行善》，洛克（Locke）的《人类理解论》，阿尔诺（Arnauld）和尼古拉（Nicole）的《逻辑，或思维的艺术》。

　　由于本杰明对书的挚爱有目共睹，乔赛亚认为他应当成为一名印刷工，于是让他（在 12 岁时）和他当印刷商的哥哥詹姆斯签劳动合同。本杰明擅长做生意，也展现了写作的天赋。受到所读哲学、修辞学和逻辑学的伟大著作的推动，他开始磨炼自己的写作、演说和辩论技巧。正如他在自传中所言：

　　我努力提高自己的语言水平，当时，我看过一本英语语法书，书的作者大概是格林伍德吧。这本书的末尾简要介绍了修辞和逻辑学。作者在介绍逻辑学临近末尾时，举了一个用苏格拉底问答法辩论的例子。不久，我又读到了色诺芬（Xonophon）写的《回忆苏格拉底》，书中列举了许多运用这种问答法的例子。我迷上了苏格拉底问答法，并开始加以运用。我不再像以往那样生硬地反驳、进行正面论证了，而是谦逊地询问和质疑。我就是在那时读了沙夫茨伯里（Shaftesbury）和科林斯（Collins）的文章，对许多宗教教义产生了怀疑，成为一个真正的怀疑论者。我发现苏格拉底问答法既可以让自己毫无破绽，又能令对手陷入尴尬的境地。因此，我很乐意运用这种方法。我不断练习，愈发擅长巧妙、老练地将人们甚至那些知识渊博的人引入陷阱，让他们无法脱身，而不得不做出出乎预料的让步。最终，我甚至能够取得胜利，单凭我自己或单凭我不够充分的论据。之后的几年我一直沿用这一方法，不过再后来就逐渐丢弃了它，仅保留了温和、保守的表达习惯。我在提出任何可能存在争议的事情时，从不使用"肯定""无疑"等确凿的字眼，而是说"我认为是这样""我这么理解""在我看来""由于……的原因，我这么认为"……当我有机会向人们灌输我的观点，劝说人们接受我倡导的某些举措时，这个习惯让我获益匪浅……

富兰克林富有感染力的写作和演说技巧在日后起到了重要作用——他成了一名外交官，并且成功说服人们参与他发起的社会创新项目，如街道的照明与清扫、志愿消防队以及美国第一座公共图书馆。

然而，富兰克林具有反抗精神的一面在学徒阶段也愈加明显。哥哥詹姆斯出版的《新英格兰报》刊登过富兰克林用笔名"沉默的行善者"所写的信件，信中透露了他对自己的一些认识："我是……专制政府和无限权力的死敌。我天生便极力维护祖国的权利和自由；对这些宝贵权利的哪怕一丁点侵犯都会令我血脉偾张。"他还引用丹尼尔·笛福（Daniel Defoe）在1719年所著《论妇女教育》一文中的片段来表达对教育和平等主义的信仰（尽管他并不知道笛福，而把这段文字视为出自"一个天才作家"）：

　　（他写道）我经常认为，剥夺女性的受教育权是文明的基督教国家最野蛮的传统之一。我们总是责备她们愚蠢和鲁莽，但我清楚，她们若也享有和我们一样的教育优势，则不会比我们差。人们很想知道女性为何如此健谈，毕竟她们只了解日常生活中的知识。年轻女孩学习更多的是缝纫、针织，或是制作小饰品，即使她们被要求学习也多是为了学会写自己的名字而已。但这就是妇女的全部教育。对于那些骨子里轻视女性的人，我不免要问，一个人（我这里说的是一位绅士）所受的教育若也止于此，那么他将能有什么过人之处？如果知识与理解对女性无足轻重，那么全能的上帝绝不会赐予她们学习的能力，因上帝从不创造无用之物。女性究竟为什么失去了受教育的权利？她的傲慢和无礼害了我们？如果学习可以让她更加聪慧，那我们为什么不让她学习呢？我们凭什么指责女性愚蠢？她们既然缺乏学习的机会，又怎么可能更加智慧呢？

　　富兰克林开始厌恶他哥哥的苛刻和强势。17岁时，他成功地逃脱了学徒生活，先逃到纽约，然后到了费城，开始找工作。富兰克林乐于交际，富有魅力，很快就找到了印刷工作，几年后他开了自己的印刷厂。勤奋为他带来了印刷事业的成功和社会的赞美。当地一个著名的商人甚至指出："富兰克林的工厂是我见过的最好的；当我从俱乐部回家时，我看到他还在工作，而当邻居们还在睡梦中时，他已经开始了新一天的工作。"很快，富兰克林创办了自己的报纸——《宾夕法尼亚报》，该报之后成了美国最著名的报纸之一，持续出版到1800年（富兰克林去世十年后）才停刊。

　　在这个时期，富兰克林继续阅读和思考宗教。他抛弃了童年时接受的清教教义。尽管一直接受长老会的教育，但他对有组织的宗教兴趣不大。他形容自己为自然神论者，认为通过推理和观察自然世界，便足以确定神圣造物主的存在；但同时，他也拒绝将权威视为宗教知识的来源。他写了一系列宗教文章，既为了树立属于自己的道德准则，也为了影响他人。最终他定下了13条美德：

1. 节制。食不过饱，饮酒勿醉。

2. 寡言。不说无益之话，不讲闲言碎语。

3. 有序。物归其位，事有其时。

4. 决心。事情当做必做；既做则坚持到底。

5. 节俭。花钱须于人于己有益，即不浪费。

6. 勤勉。不虚度光阴，只做有用之事，不做无用之举。

7. 真诚。不恶意相欺，思想纯洁公正，言必有据。

8. 正直。不做害人之事，谨记履行利他之义务。

9. 中庸。不走极端，以德报怨。

10. 整洁。保持住所、着装、身体干净清洁。

11. 平和。心态平和，不因琐事烦，不因常事乱，不因必然恼。

12. 节欲。少行房事，除非为身体健康或延续子嗣，勿使房事伤身，更不可损害自己或他人的安宁和名誉。

13. 谦逊。以耶稣和苏格拉底为楷模。

富兰克林按照这些美德要求自己，努力达到"道德完美"。他提出，人是惯性生物，这使得人们改变自己的行为和坚持每一种美德都非常困难。为此他制定了一个策略，即每周专注于掌握一种美德。他认为，在集中精力坚持一周之后，这项美德很大程度上已经扎根于习惯之中，之后就更容易坚持下去。他把这些美德列在表里，按一周中的每一天隔开，每天都检查是否做到，发现违反就立志改正。表格记录了他的进步，使他确信自己正变得越来越高尚。

他在节俭和节制方面已经做得很好了。例如，作为一个18岁的年轻人，他已经意识到把钱花在啤酒上是浪费。在自传中他讲述了这样一个例子：

有个酒馆的伙计总是来印刷厂给工人们送酒。我有个工作搭档，他每天早饭前喝一品脱酒，吃早餐时就着面包和奶酪喝一品脱，在早餐和午餐之间喝一品脱，午餐时喝一品脱，下午六点左右喝一品脱，做完一天工作再喝一品脱。我觉得这是个恶习，但他却觉得，只有喝烈性啤酒自己才会足够强壮，才能做体力工作。我试图让他相信，啤酒所供应的体力仅与制作啤酒的水中所溶解的谷物或面粉含量成正比，一便士的面包比一便士的啤酒含有更多的面粉，如果他就着一品脱水吃一便士的面包，会比喝一夸脱啤酒体力更加旺盛。然而，他仍然继续喝酒，每周六晚拿出四五先令薪资来买那让人眩晕的啤酒，而我就不必花这笔钱。为了喝酒，这群可怜的人总是入不敷出。

真诚这一美德促使富兰克林拒绝刊登所有他认为是诽谤或辱骂的文章。当作者以新闻自由的名义要求发表这种文章时，他回应道，这些文章他们想印多少份都可以，但要发就他们自己去发，他绝不散布诽谤言论。他说："我和我的订户签了协议，要向他们提供可能有用或有趣的东西。我不能在他们订阅的报纸上刊登私人争论。"

最能体现富兰克林性格和成就了他一生的美德是勤勉。富兰克林深信努力工作的价值，也相信勤勉是品格良好的标志。因此他不仅努力做到勤勉，还尽量让众人认可他的勤勉：

我为了维护商人的良好声誉，勤勉工作，生活节俭，处处小心谨慎，避免败坏自己的名声。我衣着朴素，从不出现在娱乐场所，也从不去钓鱼或是打猎。事实上，我有时会因为看书而耽误工作，不过人们很少发现此事，也就没什么损坏我声誉的传闻了。有时，为了表明对工作的认同，我特意从店里买来纸，放在独轮手推车上，然后沿街推回家。人们由此认为我是一个勤勉上进的年轻人。此外，我还恪守信用，从不拖欠应付的款项。进口文具店的店主们恳求我的光顾，还有一些商家表示要为我提供书籍。我的生意一帆风顺。

富兰克林最初只列了 12 项美德，但是一位贵格会朋友提醒他：大家普遍认为他比较自大。于是他增加了最后一项——谦逊。富兰克林为实现最后一项美德颇费一番力气。他克制自己不去纠正别人的错误，学着避免发表武断的言论，但始终认为自己并未真正战胜自大。正如他在自传中自嘲："在现实中，或许没有哪种天性比骄傲更难征服的了。我们掩盖它，与它斗争，打败它，扼杀它，竭尽所能地抑制它，它依然存在，不时现身耀武扬威一番。或许，你在这本自传中也会看到它的身影，因为就算我自认为完全征服了它，我很可能又因为这自封的谦逊而自大了。"

富兰克林有着与生俱来的社交能力，这种天分在其他伟大的创新者身上似乎都难觅其踪。1727 年，他成立了名为"共读社（Junto）"的俱乐部，会集了许多志同道合、有进取心的年轻人。"Junto"一词改自西班牙语"Joined（加入）"。17 世纪开始该词用于表示一群人为了共同目的聚集到一起。富兰克林和朋友们租了个房子，用于讨论时事、辩论哲学、研究自我提升和民生改善项目。成员们设计出一种方法，将各自的书汇集到一处，形成一个公共图书馆，于是产生了美国最初几家可供会员借阅的图书馆。随后，富兰克林利用共读社组建了一支志愿消防队、一支夜间守卫队（以补充费城的警力），以及宾夕法尼亚州的民兵联盟（一支独立于宾夕法尼亚政府的民间军队）。

18 世纪 40 年代，富兰克林开始将注意力转向科学探索。长期以来，他热衷于研究自然，分析月球运转规律、天气和水流。作为一名成功的印刷商，这时的他有了足够的钱，可以更自由地沉浸在科学兴趣之中，满怀热情地开展科学研究。尽管他只接受了两年的正规教育，但他的科学贡献非常了不起。例如，在仔细思索了热传导和对流原理之后，他发明了一种燃烧木柴的火炉（最初叫宾夕法尼亚壁炉，后来被称为富兰克林炉），用作壁炉可以极大增加产热量，同时降低烟量，避免冷风钻入。他原本可以为这种炉子申请专利并从中获利，但他没有这么做。他选择将这种壁炉设计方案无偿分享给大众，让所有人都能免费使用并从中受益，同样，他的其他发明成果也是如此，这遵从了他为上帝和人类服务的理想。正如他在自传中所说："由于我们极大地从他人的发明中受益，因此也应该为自己有机会用发明为他人服务感到高兴，而且应该无偿地服务他人。"如前一章所提到的，他的哥哥约翰病重时，排尿出现障碍，富兰克林发明出了美国第一个排尿管。1747 年，富兰克林开始学习电学知识，鼓捣玻璃管来产生静电，设计实验以更好地理解静电的特性。最终，他得出结论：每产生一个正电荷必然会产生相对应的一个负电荷，这引出了电荷守恒原则和电的单流体理论。这是一项里程碑式的科学突破，后来的科学家这样形容它："它与牛顿的动量守恒定律同等重要，为物理科学奠定了基础。"

富兰克林通过观测发现，闪电与电流相似，于是他做了平生最著名的实验之一——利用顶部装有金属杆的风筝从闪电中收集电荷，他也由此研究出生平最重要的发明之一——避雷针，用于保护建筑物免遭闪电破坏。很快，整个欧洲和殖民地的建筑都安装了避雷针。为了表彰他的成就，哈佛大学和耶鲁大学于 1753 年授予富兰克林荣誉学位。（之后，圣安德鲁斯大学和牛津大学为他授予了荣誉博士学位。）

富兰克林还对当时的人口增长进行了研究，并于 1755 年发表了名为《对人口增长的观察》的论文，这是一项有关人口增长和资源经济学的深刻且基础的研究，它极大影响了亚当·斯密（Adam Smith）和托马斯·马尔萨斯（Thomas Malthus），尽管马尔萨斯和富兰克林对于人口增长的影响有不同的结论。马尔萨斯在 1798 年的著作《人口原理：人口对未来社会进步的影响》中提出警示，除非主动减少人口，否则人口将持续增长，直到可用的资源不足以支撑其需求。随着食物及其他生存资料的产量得到提高，人口会以更快的速度增长，使人均生存资料的产量不断降低，这很可能会带来潜在的灾难。他认为，人类倾向于毫无节制地使用资源以提高生活水平；而人口则会持续增长，直到人们开始挨饿或陷入其他灾难之中。这个观点就是著名的"马尔萨斯陷阱"。富兰克林则对人口增长持乐观态度。他认为美国的土地是一项未得到充分利用的资源。英国应该积极努力地增加美国的人口，因为这将使英国的财富增长，权力扩大。富兰克林发表这篇文章时还没有预料到美国殖民地会想办法挣脱英国的统治和税收。

富兰克林相信，对勤奋的年轻人而言，接受实用的无宗派教育比就读于当时的精英大学（哈佛大学、耶鲁大学、威廉与玛丽学院、普林斯顿大学）更好。因此，1751 年，他创办了一所学校，也就是后来的宾夕法尼亚大学。同年，他当选为宾夕法尼亚殖民地议会的议员，坚信拥有政治地位能让他为世界做更多善事：他的首批项目之一是建立街道清扫和照明系统。他在项目中依然体现了贯穿他一生的特质，不放过其中最微小的细节。他甚至设计了新的油灯，可以将烟排出，从而保持更持久的清洁和发光时间。

在此值得一提的是，富兰克林的绝大部分创新——公共借阅图书馆、志愿消防队、无宗派大学以及街道清扫和照明系统——都没有直接为自己谋利（至少是获益比公众还少）。他虽是一个精明务实的商人，在印刷业和后来的政治职位中，通过努力实现了经济上的成功，但显然，经济收益并不是他创新的主要动机。他投入了大量的精力和金钱在更加理想主义的社会福利上。

　　1753年，英国人任命他为殖民地的邮政局局长，当时的富兰克林越来越频繁地现身政界。他强烈地感觉到各个殖民地应该统一成一个国家。1754年，富兰克林发表了著名的漫画，画中一条蛇被切成数段，配文"要么联合，要么死亡"，以此表明他的论点，即若要阻止法国殖民北美，各个殖民地需联合起来。尽管当时法国的殖民地在数量上远远超过英国，但法国人仍与北美原住民结盟，试图夺取阿巴拉契亚山脉西部的土地控制权。起初，富兰克林效忠于英王，他设想北美永远是大英帝国的一部分，北美公民能享有英国公民的所有权利和自由。然而，他最终意识到，英国政府无意在北美殖民地实现这种平等。事实上，英国人极力压制北美制造业的发展，以防止北美经济独立。富兰克林最终被迫在效忠英国和造福北美人民之间做出选择。

　　这是一个艰难而充满了不确定的时期。英国人想要控制殖民地并征税；法国人想要扩大美洲殖民地的版图；北美原住民希望进一步限制殖民地扩张，得到更好的特许条款；而各殖民地不愿联合。除此之外，尽管富兰克林在宾夕法尼亚议会中拥有相当大的影响力，但他与佩恩家族（获得英王特许而统管宾夕法尼亚的"领主"）之间的分歧越来越大。由于他与佩恩家族的斗争愈演愈烈，他常常丧失精心维持的冷静和宽容。

1765 年，英国通过《印花税条例》，开始对殖民地的报纸、书、合法文件和扑克牌征收印花税，从而引发了一系列事件。各个殖民地最终团结了起来，但不是富兰克林起初希望的那样忠于大英帝国。在接下来的十年里，因税收和进口关税上的频繁冲突，殖民地的居民和领主与英国之间的紧张关系加剧。富兰克林为殖民地争取权利和自由，使他与英国的领导人，以及他与儿子威廉之间都产生了分歧。威廉是英国的忠实拥护者，曾在新泽西担任过皇家总督。富兰克林最终选择了忠于自己的理想——建立自由平等的北美，而与儿子的主张对立，导致父子关系再也无法挽回。

富兰克林在担任宾夕法尼亚议会驻英国代理人期间，有一次受命前往枢密院。在那里，英国副检察长亚历山大·韦德伯恩指控他是煽动反英政府行动的"主要领导者"，认为他非法获取和泄露马萨诸塞州州长托马斯·哈钦森（Thomas Hutchinson）的信件，这些信件的内容都是建议通过限制自由来镇压美国人民。韦德伯恩在一群面露嘲色的英国精英面前，对富兰克林进行了长达一小时的辱骂攻击，而富兰克林一直安静坦然地站着。这起指控导致富兰克林失去了邮政局局长的职位，并面临遭到逮捕的威胁。随着英国政府对北美叛乱日感焦虑，富兰克林成为众矢之的，大多数人都认为他会很快离开英国，但是他没有，更没有离开公众视野。相反，他继续写着尖锐的讽刺文章，用批判的眼光看待英国处理对美关系所采取的措施。这段时期，他树敌甚多，这些人在媒体上公开嘲笑或诽谤他，有时甚至指控他行为不端或为人好色。但是富兰克林决心面对这些困难，他知道，自己是在履行为上帝和人民服务的职责，这使他立于道德的制高点，帮助他承受这些公开攻击。

随着美国独立战争爆发，富兰克林作为战略思想家和外交家的非凡能力开始彰显。他意识到有望说服法国帮助北美获得独立，于是他既迎合法国人的理想主义也呼吁实用主义，巧妙争取到了法国领导人和人民的支持。富兰克林将北美描绘成一个对抗暴政、富有美德的年轻国家，赢得了法国人民和领导人的心；他承诺，法国和北美结盟将会打击英国利益，令法国在贸易活动中受益，这些承诺帮助美国赢得了法国的精神和物质支持。富兰克林在法国极其受人尊重，当他的马车经过凡尔赛宫的大门时，人群甚至会聚集在一起，高喊"富兰克林万岁"。有了法国的金钱支持，富兰克林便能为北美与英国的作战募集军需物资；有了法国的政治支持，他便能敦促英国承认北美的独立。

在政治工作不忙的间隙，富兰克林又将精力转向了科学探索。他的观察能力和推理能力极其惊人，是他首次提出感冒等病在人和人之间具有传染性（而不是来自寒冷空气），首次提出铅是有毒的，首次提出船舶在深水中航行得更快。作为小提琴、竖琴和吉他演奏者，他对音乐有着极大的热情，并于 1761 年发明了一种叫作玻璃琴的乐器。1784 年，由于看书和看远处物体需要不断切换眼镜，他感到极为麻烦，于是发明了双焦眼镜。

在富兰克林的一生中，平等主义、宽容、勤奋、节制和慈善的理想始终引导和推动着他。一旦意识到问题存在，即使解决这些问题并不能为他带来个人利益，他依然有十足的动力去寻找解决方法。这一点也体现在富兰克林与奴隶制度的复杂关系上。比如，在 1787 年，他虽然依然拥有奴隶，但意识到平等主义必须适用于所有人，于是他成了宾夕法尼亚促进废除奴隶制协会的会长。但他实际上并不支持立即废除，因为担心如果在未经教育且缺乏就业机会的情况下，贸然让所有奴隶涌入社会将会带来灾难。他相信，废除奴隶制度需要一定时间，需要前前后后的深思熟虑。因此在去世前一年，即1789年，他起草了一份详细的文件，名为《改善自由黑人生活状况的计划书（1789）》，该计划呼吁委员会为释放的奴隶提供建议并帮助他们获得教育和就业机会。在1790年富兰克林去世时，他立下遗嘱，嘱咐将他的奴隶释放（而没有按照当时的习俗，由他的家庭继承这些奴隶）。

富兰克林早年接触到的清教哲学，促使他探求人类生存的意义，并在后来追求"道德完美"。但是，如果认为富兰克林的理想主义是严格遵循某一特定宗教的结果，那就大错特错了。他并没有热切拥护正统基督教的任何分支宗教，而是以高尚生活的评判标准为核心，自创了更为合适的原则。富兰克林的理想着眼于建立一个更好、更人性化的社会，因为道德行为可以服务于公共事业。他认为，宗教也很有价值，它帮助人们追求高尚的生活，如果没有宗教，人们可能不会这么做。他在给托马斯·潘恩（Thomas Paine）的信中写道：

对你自己而言，可能觉得没有宗教的帮助，也可以很容易拥有高尚生活；因为你思想透彻，知有美德之利，明无美德之弊，你意志坚定，足以抵抗大多数诱惑。但想想看吧，世上还有那么多成年男女意志薄弱、蒙昧无知，有那么多男孩女孩缺乏阅历、年少轻狂。他们需要宗教提供动机，来约束自己，不做无德之事，鼓励自己培养美德，并支撑自己在实践中保有美德，直到美德成为习惯。只有当美德成为习惯，它才能经久不衰……既然人类拥有了宗教，还如此作恶多端，那么倘若没有宗教，他们会坏成什么样呢？

在富兰克林去世前，耶鲁大学信奉加尔文主义的校长埃兹拉·斯泰尔斯（Ezra Stiles）写信问他是否会澄清自己的宗教立场。富兰克林是这样答复的：

我的信条是这样的：我只相信一个神，那就是宇宙创造者。他以天意统领宇宙，我们应当敬奉他。而供奉他最好的方式，就是对他的子民行善。人的灵魂不朽，来世境遇如何，会由现世累积的善行公正决定……至于拿撒勒的耶稣……我认为他流传下来的道德与宗教体系举世无双……但我……对他的神性存疑；他是否具有神性我不敢妄下判断，毕竟我从未仔细探究过，现在也觉得没必要费力探究，只愿以后有机会轻松得知真相。

富兰克林一直工作到去世，享年 84 岁。在他的一生中，人们视他为美国最伟大的作家、科学家和外交家。

富兰克林的故事表明，在创新者追求自身理念的过程中，理想主义能起到多种作用。其中最重要的是，理想主义能提供强大的内在动力，促使创新者为了解决问题而付出非凡的努力，即使从中得不到明显好处。如前所述，富兰克林投入大量精力的许多项目都是为了造福社会——他没有得到任何显著收益，或许只有更高的声望这一种回报。他甚至把自己的技术发明（比如富兰克林炉、避雷针、双焦眼镜）无偿献给了公众，而不是试图从中谋取私利。

尽管许多书籍和文章都将理想主义视为哲学概念，但对于理想主义在人类动机中所起到的作用却鲜有人研究。心理学家史蒂文·赖斯（Steven Reiss）是个例外，他的研究对人们理解内在动机（及其他研究主题）做出了影响深远的贡献。他进行了一次大型实验，得出了内在动机多样性的理论。这次实验是针对内在动机领域的第一批大规模、跨文化的实验研究之一，赖斯评估了来自四大洲的 6000 人的调查反馈，确定了人性深处的 16 种基本心理需求。每个人都有这 16 种需求（或者欲望），但是不同人对这 16 种需求的优先排序有所不同。其中有一种需求是理想，赖斯将其定义为"对社会正义的需要以及对帮助他人或改善社会的欲望"。

赖斯认为，个人动机是寻求一个"设定值"，也就是亚里士多德所说的"中庸"，即大多数人追求的是适度的地位、适度的社交圈子、适度的理想主义等。然而，人们对不同需求的设定值有很大的不同，有些动机对某些人而言比其他动机重要得多。例如，对理想主义设定值特别高的人与设定值低的人相比，可能会更频繁、更努力地追求理想目标。他们极有可能会加大投入精力，去满足这个动机。他们耗费的时间和精力如此巨量，以至于会使他们轻视其他人更看重的动机，比如与家人互动的欲望、平静与闲适的欲望等。富兰克林在追求理想的同时，就倾向于忽视家庭，忽视个人舒适，甚至忽视自己的健康。他多次长时间远离家人居住在外，甚至在80多岁时，一面饱受痛风和肾结石的折磨，一面仍为了国家多次踏上艰苦的旅程。

迪恩·卡门的事迹也能很好地说明理想主义是一种内在驱力。他坚持不懈地进行有利于社会福利的研发创新，即使这些创新不太可能赢利。卡门发明了一种新型斯特林发动机，可以利用任何热源（比如燃烧牛粪中的甲烷）来发电。卡门还将这种发动机用来带动他的另一个发明——名为弹弓的净水系统，它可以将任何液体净化成干净的饮用水。然而，尽管这两种机器都已经证明可用，但卡门仍未找到商业伙伴进行批量生产。他说："大公司早就知道，这世界上没有水没有电的人同样没有钱。"卡门还说："算一算我们在斯特林发动机项目以及净水系统上的所有投入，约有5000万美元，这对我这个小公司而言是笔不小的费用。但我相信它，就是纯粹相信它，虽然可能失败，但必须要试试。看看现在的世界吧……简直一团糟，可万一我们能改善它呢？"

理想主义还能帮助创新者持续专注于长期目标，帮助他们在争相博得重视的各种需求中做出选择。这种长期目标能形成一种组织架构，帮助创新者对未来保持清晰的愿景，并加倍付出努力。对个人而言，目标往往比任何个人利益更重要，这解释了为什么有些人为了追求目标甘愿牺牲时间、金钱和安逸。例如，埃隆·马斯克所有看似毫不相干的投资创业其实都是围绕着他更高层次的目标：解决地球资源有限的问题，让人类能够在不同星球上生活。他在 2007 年接受采访时说道："我在大学期间就思考过什么是最能影响人类的事，我的答案是互联网、面向可持续能源经济的转化和空间探索这三个领域。于是我在成立了几家互联网公司之后，就基本将注意力转向了另两个领域，并决定让自己重点关注太空探索这个话题，花钱雇其他人帮忙解决特斯拉和太阳城的可持续能源问题。"本书第二章讲述了马斯克自掏 1 亿美元创立太空探索技术公司，以及面对几次火箭发射的重大失败依然自费为公司注资的事迹。即使濒临破产、陷入艰难的离婚官司、处于神经崩溃的边缘，他依然坚持不懈地追求事业。他考虑到上市公司的董事会绝对会迫使他做出变革，提高公司盈利能力而降低登陆火星的概率，于是拒绝了让太空探索技术公司上市的建议，尽管上市能大量收回他的个人财富。他在给该公司员工的信中写道："研发出火星移民技术一直都是太空探索技术公司的根本目标，如果公司上市降低了实现目标的可能性，那么在安全到达火星之前，我们就不应该上市。"

所有认为马斯克的根本目标是挣钱的人都不了解他，就像马斯克的母亲所说："他只是信念坚定，想把事情做得更好。"有好多次，马斯克都以身家冒险，追求他的目标，这是大多数逐利的企业家连梦都不会去做的。就如马斯克所说："对我而言，为人类解决未来问题根本就不是钱的事情，但大多数人就算赚很多钱也不愿冒这个险。"在 2014 年的一次采访中，他解释了自己动机的来源："我更倾向于问'如何将事情做得更好'。我的很多动力都来自内心，当我看到一些不好的事情，就会伤感地设想未来会如何。如果这些事情会带来一个不悦的未来，我也会因此而不开心。这也让我想要解决这个问题。这真的就是我的动力。"

崇高的目标给了创新者动力，让创新者心无旁骛，不为其他有趣的事情分心。在许多教科书中，典型的创造者被描述成对几乎所有问题都感兴趣，并且勇于尝试更多项目、拓宽兴趣，而不在意最终是否能完成项目。但其实，像卡门这样的创新者非常成功，某种程度上是由于他们对某一特定事业的极度投入。正如卡门所说："如果一个项目不能大幅改善许多人的生活，那我绝不会做……我可不想浪费任何时间。如果你不是在做要紧事，那你就是在浪费时间。"卡门希望积极改变残疾人的生活。受这个愿望的激励，他研究出了名为 iBot 的特殊轮椅，其中开创的技术也在之后用于赛格威平衡车上。iBot 轮椅不仅可以爬楼梯，还可以用两轮保持平衡，升高座位让乘坐者和站立的人能平视交谈。他解释道："人们不了解……当一个人失去行走能力，他失去的不仅仅是移动能力，他还会在遇到台阶和路肩时，丧失尊严，不受尊重，失去登上去的能力。而现在，iBot 可以爬楼梯、过路肩，能让你直视其他人的眼睛——这真的意义非凡。"当人们说他每天都穿同样的衣服时，他回应道："工作时我就都穿工作服，而我只要醒着，就在工作。"这么说来，卡门自 14 岁以后就再没休过假的传闻，也就不足为奇了。

即使是富兰克林，虽然他有着广泛的兴趣和多方面的才能，也得到过很多机会从事新的行业，但他总是会回归到他一生的重点：如何竭尽全力地为建设一个繁荣平等的国家做出贡献。值得注意的是，本书中研究的创新者中，最缺乏理想主义的是爱迪生，他也正是因为缺乏专注而闻名。兰德尔·斯特罗斯（Randall Stross）这样描述他："（由于）性格急躁，他总是从一个项目跳到另一项目，大多数项目缺乏野心然后半途而废。他在研发电报设备时就是如此。他观察到一个无关紧要的现象，就偏离了原项目，偶然发明了留声机。他并没有将自己圈定在最初的目标里，而是会顺着主要路径向前走，追随自己的兴趣，在路上发现岔路就沿着岔路走，接着再沿着岔路的岔路走。"斯特罗斯认为，这是爱迪生没能成功地将留声机——他最重要的发明之一——商业化的原因。

　　理想主义这种极度专注的做法偶尔也会给创新者带来不利影响。特斯拉的远大目标，一个是设计出一种机械来替代所有体力劳动，这样人类就可以在创造性工作中投入更多时间，另一个是发明全球无线通信系统，他相信这样就可以结束战争。因为他认为，当所有人都可以畅通交谈，人们就会以破坏性小一些的方式解决分歧。可是，特斯拉的项目需要大量资金，如果他在创新过程中更具战略性，将自己更易于商业化的发明（比如多种照明系统、遥控应用技术等）推向市场，带来的收入将有助于实现他的远大目标。但是，特斯拉不愿意为金融等"细节"分心。他如同一只猎犬，一旦嗅到了大步迈向远大目标的气息，就勇往直前，谁也无法阻挡。一个很好的例子是特斯拉在 1901 年和 J. P. 摩根的交易。摩根是 19 世纪及 20 世纪初最富有、最权威的金融家之一，他体形魁梧，威风凛凛，目光敏锐，因酒糟鼻症，泛着紫红色的鼻子显得很怪异。单看外表，他就让人局促不安，何况他性格直接、粗暴，对愚人无半点忍耐，更不与人闲聊或听人奉承。尽管摩根对特斯拉"梦想家"（这在 20 世纪初期并不是赞美之辞）的声誉心存警惕，但还是同意为特斯拉投资

15 万美元，修建 90 英尺高的塔，用以实现跨大西洋信号传输，还买下了超过半数的特斯拉照明专利的控制权。摩根希望在游艇比赛中，这座塔能够向即将到来的轮船发出信号，通报比赛情况，并向英格兰发出莫尔斯电码信息；他也看到了照明技术的更为明显的商业潜力。特斯拉在纽约长岛肖勒姆镇的沃登克里弗度假胜地购买了 200 英亩土地，用来建造这座塔。这座主要为木制结构的塔地面以上的部分预计高达 186 英尺，地面以下部分深达 120 英尺，此外还有一个重达 55 吨的钢制穹顶，使整座塔看起来像个巨大的未来主义蘑菇。塔的基座是砖房实验室。

　　但是，特斯拉为了实现自己的真正抱负——发展全球无线电通信、实现国际和平、击败无线电通信领域的竞争者古列尔莫·马可尼（只拥有少量技术），需要建造一座比摩根投资规划的塔高大得多的塔。他没有征询摩根的意见，自行放弃了原有的中型发射塔计划，着手设计了一座高达 600 英尺的塔，能够在全球范围内进行无线信号和能量的传输。特斯拉设想的这个新项目预计需要 45 万美元，远远超过摩根约定的投资额。特斯拉相信，这里最终将以这座塔为核心，形成"世界电报中心"，有房屋、商店和大厦，能容纳大约 2500 名相关工作人员。他在接受报纸采访时说："沃登克里弗塔将是世界上最大的无线电发射塔。"几个月后，特斯拉向摩根请求更多的资金来完成这座更大的塔。他开场便要求塔的发射半径要大一倍，成本也要增加一倍，但收益是 12 倍。摩根问特斯拉，是否成立了照明公司，特斯拉说还没有。接着，他又问，是不是尚未建成发射塔就已经用光了所有资金，特斯拉承认了。摩根火冒三丈，提高了嗓门，闷声吼道："滚出去，特斯拉先生！"摩根骂脏话是出了名的，他怒不可遏，骂声不绝。特斯拉不知所措，只得赶快从办公室溜了出来。如前所述，尽管特斯拉自己也投入了数十万美元，但最终发射塔还是因为资金短缺而终止建造，最后由于特斯拉欠下 1.9 万美元的外债，这座塔被债主拆除。

居里夫人清楚地知道，对于狂热的理想主义者而言，一面追求科学，一面还要关注财务等现实问题是多么困难。她对物质财富和小康生活不怎么感兴趣；她将奖金退回，认为这笔钱应留给他人；她第一次得诺贝尔奖的奖金也大都分给了朋友、家人、学生和研究伙伴，她没有为镭的提纯工艺申请专利，因为这样科学界才能在此基础上自由推进它的研究。她告诉丈夫皮埃尔："物理学家总是完全公开他们的研究成果，如果我们的发现有商业潜力，我们决不能从中谋利。镭对于治疗疾病会很有用……我绝对不可能利用它获取好处。"她还坚持认为，金钱馈赠应该赠予她所在的科研机构，她不能以个人名义接受。她和皮埃尔经常拒绝颁发给他们的奖金和奖章，爱因斯坦这么形容她："玛丽·居里是所有名人当中唯一一个没有为盛名所累的人。"她在自传中这样写道："人类……当然需要注重实际利益的人，他们努力工作，谋求自身的利益，这与人类的普遍利益并不矛盾。但是，人类也需要具有理想主义的人，他们追求大公无私的崇高境界，无心顾及自身的物质利益。"

理想主义的另一个强大作用是增强自我防御能力，帮助创新者即使面对多数人难以忍受的尖刻批评，仍能不屈不挠坚持下去。理想主义创新者坚信，自己追求的目标至关重要、值得敬仰、价值无量，所以他们更能够撇开尖刻的评价，忍受惨痛的失败。富兰克林能忍受韦德伯恩的辱骂攻击，不惧入狱的危险，坦然面对媒体的诽谤，就是一个有力例证。爱因斯坦的故事也是一个很好的例证。爱因斯坦曾遭受严重的歧视：上大学时，他的教授不喜欢他（因此在他毕业之后没有帮助他找到一份学术研究的工作）；在社会上，当时欧洲社会反犹主义盛行，而他正是一名犹太人；在学术界，他提出的相对论最初也遭到忽视。但是，爱因斯坦并没有退却。虽然没有学术研究职位，但他依然继续撰写具有开创性的物理学文章，最终找到了证据佐证其论点。他写道："为我照亮道路并不断给我新的勇气积极面对生活的理想，是真、善和美。要是没有与人类这个族群的同袍之谊，或是没有对客观世界的全情关注，没有那个在艺术和科研领域中永远无法企及的对象，对我而言，生活就会是空虚的。我总觉得，人们所努力追求的平庸目标——财产、虚荣、奢侈的生活，都是可鄙的。"

乔布斯深信，计算机精准美观的设计、可靠性以及易用性非常重要，而他身边许多人更看重计算机的成本、与其他操作系统的兼容性以及其他实用性能，为此他们时常发生争执。但正是出于这些坚定信念，乔布斯才如此狂热地追求卓越的设计和直观的用户界面，最终使苹果的产品不同凡响，为苹果公司赢得了粉丝的青睐和拥趸。乔布斯将计算机比喻成"大脑的自行车"，从中我们可以了解他的心路：

　　我记得我大概12岁的时候读过一篇文章，应该是刊在《科学美国人》上面的，里面测量了地球上所有物种的运动效能，也就是从 A 点移动到 B 点各自所消耗的卡路里是多少。秃鹰是其中效能最高的动物，超过了其他所有物种，人类大概排在榜单1/3 的位置，作为万物之王，表现不算太突出。但有人想到要试试人类骑上自行车之后的效能。结果发现骑自行车的人运动效能远远超过了秃鹰，高高占据榜首的位置。这给我留下了特别深刻的印象，也就是说人类是工具制造者，我们可以使用工具把这些天生的能力放大到惊人的量级。所以对于我来说，计算机一直都是思维的自行车，让我们的天生能力大幅提升。

　　乔布斯对复杂而笨重的计算机不感兴趣，在他眼里，这些只是工程师专用的机器，他要做的计算机应当是人人能用的美观、直观的机器。他的目标是创造出有别于普通工具的计算机，这将是一场改变人们思考方式的革命。正如他所说："我们之所以待在苹果，是因为它能够创造出改变世界的产品。"史蒂夫·沃兹尼亚克希望为麦金托什电脑额外增加外接端口（他之前在第二代苹果机 Apple II 上就这么做了），以便用户可以接入其他设备或引入其他性能，个性化使用电脑。乔布斯非常生气，和他发生了激烈争执。乔布斯认为，外接端口会影响计算机的整体性和可靠性。后来，苹果公司的 CEO 约翰·斯卡利（John Scully）和其他人提议将 Mac 操作系统授权给其他制造商时——就像微软公司利用 Windows 系统那样，乔布斯愤怒地拒绝了：其他公司不值得信任，麦金托什电脑要提供的那种"无与伦比"的使用体验，他们绝对创造不出来。

　　乔布斯甚至坚持将工厂漆成纯白色。苹果公司生产部主管戴比·科尔曼抗议道："工厂不能漆成纯白色，总会有灰尘和各种杂物。"但是，乔布斯并没有退让，强调工厂的审美十分重要，工厂审美会影响一个公司在工程管理中的纪律意识：

　　我戴上白手套去工厂检查卫生，在机器上、架子上、地板上，到处都有灰尘，于是我就责令戴比清理干净。我告诉她，要达到我们能在地板上吃饭的标准。这下可好，戴比为此非常恼火，她实在不理解这样做的原因，而我当时也解释不清。瞧瞧，我受日本人影响太深了。我十分推崇的其实是团队精神和纪律意识，这是日本工厂里我非常钦佩的一点，也正是我们工厂里缺少的东西。如果我们连保持工厂一尘不染的纪律都没有，那么就更不会有让所有机器都正常运转的纪律。

　　当麦金托什电脑的销售量低于预期目标时，乔布斯变得日益紧张不安，阴晴不定，甚至一度想将责任推卸给周围同事。最终，苹果公司董事会敦促斯卡利，将乔布斯调离麦金托什电脑部门。斯卡利不情愿，但乔布斯直接和他摊牌，明确告诉斯卡利（和其他人），该离开的应该是斯卡利，而自己应当被任命为新的 CEO。然而，董事会站在了斯卡利一边。他们答应留下乔布斯，但只让他从事研究工作，乔布斯悲愤交加，气冲冲地离开了苹果公司。在接受《花花公子》采访时，他说："那感觉像是有人在我肚子上狠狠打了一拳，让我无法呼吸。我刚刚 30 岁，还希望能继续创造产品。我知道，我脑海中已经有了至少一个新的伟大计算机构想，但苹果公司不会再给我机会了。"

　　乔布斯被亲手创建的公司扫地出门后，那种众叛亲离的感觉，那种耻辱感深深地刺痛着他，但他并未放弃他的理想信念，相信自己能创造出卓越的计算机或任何周边产品。本书第七章将会详细讲述，他依然怀揣着那份对伟大计算机的激情，成立了 NeXT 电脑公司。尽管由于成本高昂、缺乏兼容的软件，公司的硬件无法在市场上广泛使用，但 NeXTSTEP 操作系统在 1996 年绝对是一大亮点，使得苹果公司当时的 CEO 吉尔·阿梅利奥（Gil Amelio）决定停止为 Mac 开发下一代操作系统，转而收购 NeXT，并聘请乔布斯担任苹果公司的兼职顾问。之后，乔布斯很快复职，担任苹果公司 CEO，并带领全公司迎来有史以来最引人注目的巅峰时期之一。

　　乔布斯认为，成功的关键秘诀是充满激情："我坚信成功的企业家之所以成功，有一半原因在于他们能纯粹地坚持下去……如果没有很多激情，你无法生存下来。你只会想着放弃。所以，你得找到自己的激情所在，去实践想法、解决问题、纠正错误，否则你会没有毅力坚持下去。"

　　居里夫人、爱因斯坦、富兰克林、乔布斯、马斯克和特斯拉都经历了非常困难的时期，面对尽人皆知的失败、人们的嘲讽和歧视。但是，尽管自我怀疑偶尔会出现，他们依然专注于更远大的目标，从而用完全异于常规的标准来衡量自己的成功。因此，他们勇往直前。

　　创新者的理想主义目标可以来源于许多主张，比如唯灵论或民族主义。例如，富兰克林的理想主义就是基于责任感和美德意识，这种意识起源于他自小接受的清教熏陶，并随着他日后愈发练达的哲学推理而不断发展。乔布斯热切追随佛教禅宗，他的饮食、生活环境、使命感和产品设计理念无不渗透着禅宗理念。禅宗教义强调专注、直觉和排除干扰，乔布斯将其运用在产品设计上，坚持产品要简单、直观，不要任何多余的组件。乔布斯大学期间的朋友，也是苹果公司首批员工之一的丹尼尔·科特克（Daniel Kottke）记得："史蒂夫是十足的禅宗教徒……禅宗对他影响深刻，你能从他的整体思路中看到纯粹、极简主义美学和高度专注。"

居里夫人的故事将在本书第六章中详述。某种程度上讲，这是理想主义源于民族主义的典范。玛丽·居里出生于波兰，当时波兰正受到沙俄的残酷压迫，沙皇代理政府试图抹去波兰的文学、语言乃至历史等文化遗存。为了拯救波兰的文化认同，波兰哲学家发起了著名的"波兰实证主义"运动，让国人通过对科学、技术和经济进步做出贡献，来保留波兰的文化认同。因此在当时，教育是波兰爱国主义的关键。此外，波兰实证主义强调社会各成员相互平等，强烈主张增加女性、犹太人、农民等群体接受教育的机会。波兰著名实证主义者艾利查·奥热什科娃（Eliza Orzeszkowa）写道："在人性发展的基础之上，女人和男人一样有权利去学习，去获取知识……"波兰实证主义核心中的理想主义为居里夫人后来的成就奠定了非常重要的基础。

玛丽·居里的家人积极自学，并秘密教育他人要保留波兰的民族主义和文化。当时人们普遍认为，女性的身体和脑力不适合从事家庭之外的工作，但是波兰年轻女性受到实证主义鼓舞，骄傲地挑战"女人只属于家庭"的观念：她们有权利，也有义务接受高等教育。玛丽·居里正是由于对波兰实证主义和社会变革兴趣强烈，才进入了"飞行大学"读书，"飞行大学"是一所为波兰女性秘密授课的大学，时常更换上课地点。她加倍努力地自学，同时教授他人知识，种种努力最终激励她克服艰难险阻，远赴巴黎接受高等教育。居里夫人在职业生涯后期写道："我仍然相信这些激励了我们的（实证主义）观念，如今，这些观念也是实现社会进步的唯一途径。"

$\longrightarrow\!\!\circ\!\!\longleftarrow$

　　理想主义虽能给人以成就感，但也会让人付出许多代价。一方面，理想主义者通过坚持和追求理想，能够体验到巨大的满足感，与超越自身的事物产生联结感；另一方面，追求理想也往往要求他们牺牲生活中其他重要之事。本书研究的许多突破性创新者，每天都工作极长时间，睡眠时间很短，无暇和家人、朋友相处。众所周知，居里夫人将全部精力都放在了工作上，经常晕倒在实验室工作台前，最终因辐射过量而亡。罗恩里奇博物馆（Roerich Museum）举行的居里夫人追悼会上，爱因斯坦说："她的坚强、她的意志、她的纯洁、她的律己之严、她的客观、她的公正不阿的判断——所有这一切都罕见地集中在一个人的身上……一旦认识到正确方向，她就会毫不妥协并且不屈不挠地走下去。"

　　居里夫人的顽强和拒绝妥协的精神，也使得她几乎将所有照顾孩子的责任都交给了公公。居里夫人的女儿夏娃在追忆母亲的传记中，表达了对母亲的尊敬和钦佩。然而，字里行间也透露着悲伤和渴望——反映出她由于母亲的陪伴太少，而感到痛苦不已，失落感伤。比如，夏娃的祖父在抚养夏娃和姐姐艾琳长大的过程中，付出了大量心血，在描述他时，夏娃写道："要是没有这位蓝眼睛的老人，孩子们的童年肯定会在悲哀和压抑中度过。他是她们的玩耍伙伴，也是她们的好老师，远超母亲。母亲总是不在家，总是待在那个什么实验室里，实验室的名字没完没了地出现在耳旁，都要把它们磨出老茧了。"她接着写道：

　　艾琳能控制自己的悲痛心情，我就不行。尽管母亲努力帮助我，可我童年时期过得并不幸福……我并不是没有努力在玛丽·居里最早接触我们时去理解启发了她的原则。但我担心这会让人以为，她是个充满偏见的教条主义者。事实并非如此。这个人想让我们变得坚强，可她自己的性格却太脆弱、太柔和，似乎天生就是来受苦的。她想让我们不露感情，然而，尽管她自己不愿承认，她却显然希望我们多拥抱她，多对她甜言蜜语。她希望我们不要太过敏感，可她自己稍稍受人怠慢便会陷入悲哀。

　　理想主义者普遍还有一个特点，就是自制。乔布斯在一生中追求理想的许多阶段，都极其严格地控制饮食（经常只吃水果）。富兰克林和爱因斯坦为了更贴近自己的道德原则，在人生的各个阶段都努力坚持吃素，尽管由于当时社会缺乏对素食主义的支持，他们颇费心力才得以坚持下去。爱因斯坦在 1930 年给赫尔曼·胡特（Hermann Huth）的信中这样写道："虽然外界环境一直阻止我遵循严格的素食主义，但我长久以来基本上一直是素食主义的追随者。我认同素食主义目标，不仅仅是出于审美和道德原因，还因为我认为，吃素的生活方式会净化身体，从而影响人的性情。这种生活方式将会对人类命运产生最有利的影响。"

所有这些都会让人不禁想问：我们是否想在自己和他人身上培养理想主义？虽然理想主义在这些创新者的伟大成就中扮演了重要的角色，但也应当清楚，其作用并非都是积极的。很多人因为专注于理想，让自己和周围的人过着艰苦的生活。还有一点很重要，那就是理想主义还会带来一些风险，只不过本章讲述的这些创新者并未展现。这种风险在于，远大目标可能会导致追求者做出为世人所不齿之事，甚至做出危害他人之事。历史上最暴虐无道的行为有许多是由理想主义者犯下的，他们真心实意地认为自己在遵循道德理想行事。民族主义激发的战争、恐怖主义甚至大屠杀的实例不胜枚举。古往今来，宗教分歧常常被用来维护镇压、迫害甚至屠杀的正当性，但实际上，史实表明所谓的圣战可能是最残酷和最血腥的战争。"普通战争"（引自罗伊·鲍迈斯特，他撰文全面分析了恶行的成因）通常会有一些实用主义考量，比方说，如果攻占一座城市之后，城中居民能继续生活和工作，那么这座城市会更有经济价值；而在圣战中，人们为了追求更纯粹的理想，对这种实用主义考量全然置之不理。阿道夫·希特勒的种族主义导致了至少 550 万犹太人和上百万他眼中的劣等人遭到屠杀。红色高棉的共产主义理想和对农业社会优越性的信仰导致了柬埔寨大屠杀，据估计，当时死亡人数约为200万到300万。因此，我们应当明白，理想主义非常强大，但如同许多强大之物一样，既可用于行善，也可用来作恶。其实，许多人会认为，是善是恶，各人评判标准不同。但不管怎样，如若真要培养理想主义，必须加倍小心。

第五章

发奋工作

工作将这个世界变为我的天堂

理想成就了本杰明·富兰克林、尼古拉·特斯拉、埃隆·马斯克、玛丽·居里等有突破性成就的创新者，心中的理想不断地激励着他们不懈地努力。然而，对于托马斯·爱迪生而言，没有明显的迹象表明，他曾有过任何崇高的理想。当被一家报业的记者问到"什么是生活"，他这样回答："我并不是很擅长思辨，但我很实际。做实验的时候，我的头脑中只想着如何发明有用的东西，如何让电为我们所用。我没有什么崇高的理想，只是比较实际罢了。当然，生活里也有一些问题困扰着我，但是，我不会去研究它们。虽然研究这些问题非常必要，有人擅长做这些，但那不是我的专长。"在传记作家兰德尔·斯特罗斯看来，爱迪生工作的目的不是"服务于全人类的伟大理想"，而是为了"明确的商业回报"。

尽管没有什么理想追求，爱迪生工作时的拼命程度，令周围的人难以想象。他的实验助手，弗朗西斯·厄普顿（Francis Upton。爱迪生曾经亲热地称他为"文化人",因为他喜欢内省反思,在钢琴演奏方面也颇有造诣)这样评论爱迪生:"我一向认为爱迪生先生根本无从理解他人的工作极限,他似乎有想不完的问题,有用不尽的力量。"爱迪生在工作中的这种拼劲与坚韧不拔来自不同的动力:成就感和工作本身带给他的快乐——米哈伊·奇克森特米哈伊为之为"心流"的某种因素,关于这个概念,后面的章节会详细介绍。爱迪生喜欢忘我地工作。他苦心钻研各种难题,直到满意为止。他从不向问题低头,对他而言,最惬意的事情就是挑战各种难题,直到将它们彻底解决。

托马斯·阿尔瓦·爱迪生(小的时候,大家都叫他阿尔)于1847年2月11日出生在俄亥俄州的米兰。他的母亲南希是个很有魅力的女人,受过良好的教育,婚前在高中教过书。他的父亲塞缪尔在加拿大开了一家客栈,曾经支持反安大略地方政府的起义,起义失败后,不得不逃亡到美国。在爱迪生出生两个月前,塞缪尔来到了美国运河河畔的米兰。他生来带有不安分的性格,尝试过各种行业:木材面板制造、土地买卖、商品蔬菜栽培。随着当地运河贸易的发达,他的生意也红火了起来;但是,随着后来的铁路贸易抢占了运河贸易,他赔了个倾家荡产。1854年,塞缪尔把家搬到了密歇根的休伦港,以伐木、投资地产、做木匠活为生。

爱迪生家有七个孩子,但他只有三个哥姐活过了6岁,他是家中的老幺,身体羸弱多病,"长着一个超大号的脑袋,尽管形状正常",令医生担心他可能患有某种脑部疾病。起初,因身体瘦弱,父母并没有让他上学,直到他7岁时才送他去了一家文法学校。在学校,他倒是很活跃,但老是走神。一天,爱迪生听到老师说他"脑子坏掉了"(意思是说他思维混乱），伤心得泪如雨下。她的母亲知道后，气势汹汹地来学校找那位老师，说自己的儿子"比他更有头脑"。之后，她领着爱迪生离开了学校，结束了爱迪生为期三个月的正统教育。她不缺雄心，也有爱心和能力，此后一直在家中教育爱迪生。

南希摒弃了文法学校里强迫学生绝对服从、死记硬背的教育观念，从兴趣出发，引导爱迪生阅读大量书籍。她注意到他对物理现象的强烈兴趣，就把 R. G. 帕克（R. G. Parker）的《自然哲学流派》（*School of Natural Philosophy*）交到爱迪生手上。书中详尽描写了在家中做化学实验的方法。爱迪生从此对这本书爱不释手。后来，据他回忆，这本书让学习变得妙趣横生，书中介绍的每一个实验，他都亲手做过。爱迪生的父亲也鼓励他阅读经典，每完成一本书，爱迪生就可以从他那里拿到 10 美分的奖励。童年的他嗜书如命。12 岁的时候，在母亲的帮助下读完了吉本的《罗马帝国衰亡史》、休谟的《英国史》、西尔斯的《世界史》、伯顿的《忧郁的解剖》和《科学辞典》。他的记忆力超群，对于自己感兴趣的知识点，他甚至可以说出它们在书中的具体位置。他不断追问父亲世间万物的运行原理，直到父亲精疲力尽。尽管当时有人认为，他的这种不断发问，可能是低能儿的表现，他母亲却不这样想。爱迪生后来回忆："母亲造就了今天的我。她是如此的真实，对我是如此的深信不疑；她让我的生活有了目标，我暗下决心，一定不能辜负她。"

爱迪生迷上了化学。他不屑和同龄孩子一起玩耍，而在自家的地下室建了个实验室，在那里度过了童年的全部时光。他愿意把父母给的零花钱全花在化学试剂上（实验室的架子上摆着至少 200 种瓶瓶罐罐）。

他在书中读到的各种发现，都要亲自做实验来验证一番。为了有更多的钱来做实验（和购买更为前沿的书来读），12 岁的爱迪生做了一名报童。他说服母亲同意自己在连接休伦和底特律的铁路大干线上卖报纸和糖果。

很小的时候，爱迪生就发现了自己的企业家特质。敏锐的商业嗅觉令他发现自己可以在底特律以低价购入农产品，之后到休伦港以高价卖出。12 岁时，他已经雇用了两个男孩为自己的两家小店卖货：一家卖报刊，一家卖土特产。15 岁时，他开始独立发行名为《每周先驱报》的报纸。这份报纸是他在从休伦到底特律 63 英里的旅程中，用一台此前打印旅馆账单的小型印刷机，在火车的行李车厢里完成的。不仅如此，他还开始在行李车厢做化学实验。有一次，一管磷的翻倒引发了车上的火灾。结果，爱迪生连同他的报纸和化学实验室，一同被气急败坏的售票员扔下了火车。

1862 年的夏天，当火车停靠在芒特克莱门斯站的时候，爱迪生看到火车站站长时年 3 岁的儿子在铁轨上玩耍，迎面正有一列货运火车驶来。他及时冲过去救出了小男孩。他与危险擦身而过，实际上，爱迪生的后脚跟已经被火车刮着了，而他将小男孩扑倒在地时，他俩的脸部和手部都被地面的碎石道砟划破了。站长十分感激，主动教爱迪生莫尔斯电码，后来，凭着这项技能，爱迪生成了西联公司的一名电报员，这一切都发生在他不到 16 岁的时候。

在随后的几年里，爱迪生在电报公司的不同职位上工作过。这期间，闲暇的时候，他就摆弄各种电报设备，还做了一些类似的与电相关的项目。1869 年，在他 22 岁的时候，爱迪生申请获批了他人生中的第一项发明专利——一台电子投票记录仪的专利，能够对加快各州立法的投票进程有所帮助。立法委员可以拨动仪器上的开关完成投票，开关可以通过电流把信息传输到记录仪的主机上。投票结束后，工作人员可以放入一张经过化学处理的纸条，纸条上可以打印出投票结果。这项专利肯定使年轻的爱迪生备受鼓舞。自那以后，他一发不可收，疯狂申请了1093 项美国的国家级专利，1200 多项国际级专利。这项纪录一直保持到 2003 年被日本的山崎舜平（Shunpei Yamazaki）打破，而山崎的纪录又于 2008 年被澳大利亚的基亚·希尔弗布鲁克（Kia Silverbrook）打破。

　　投票记录仪在商业意义上不会是一个成功案例，这一点后来被证实。计票效率的提高并非政治家们期盼的改进，这种"高效"的投票方式大大减少了用政治活动改变立法委员投票意向的时间。但是，这项专利却是爱迪生人生中的一次重要转折点。本就喜欢做实验和琢磨各种仪器设备的他意识到，自己如果将发明做好，从此可以自立门户。这在当时对于一个追求个人奋斗的年轻人来说太有吸引力了。同年，他辞去了电报公司的工作，成为一名专业发明家。起初，他只是想拥有一家自己的店铺，赚足够的钱来资助自己的发明项目。在后来的几年里，他从一项投资转向另一项投资，辗转于波士顿、纽约和纽瓦克。每到一个地方，他都能够找到当地的合伙人资助他开发和小批量生产电报仪器。1870 年，他创建了美国电报产品公司（American Telegraph Works）。当时，他写信给父母开玩笑说自己已经变成了"肥胖的东部工厂主"。

　　早期创业的成功对爱迪生既有利也有弊。24 岁时，他的头发就已经灰白了，在他自己看来，是过度劳累和还账的压力导致的。同时，他养成了在实验室忘我地工作至深夜的习惯，一辈子也没改掉。1871 年，他与 16 岁的公司员工玛丽·史迪威（Mary Stilwell）结婚。婚礼当天，一位朋友发现他趴在实验室的书桌上睡着了。朋友叫醒他，告诉他已经是后半夜了，他回答道："朋友，我必须回家，我今天结婚。"尽管因为实验室的工作，爱迪生时不时会把玛丽一个人留在家中好几天，玛丽却从来没有公开抱怨过。实际上，玛丽曾以第三人称的方式表达了自己的感受："当她的丈夫将自己关在门洛帕克（Menlo Park）实验室里做实验、搞发明的时候，她从没感到被冷落，只是静静地等待丈夫从他潜心投入的发明中返回，尽力准备好他的餐食。"

19 世纪 70 年代，爱迪生公司的主营业务是开发电报系统，为金融行业的商家提供资讯。尽管公司有获利的时候，但是现金回流很困难，因为当时的经济很不稳定。1873 年的那次经济波动令爱迪生险些破产，他被迫卖掉了自家房产。从那以后，他开始考虑多样化经营，着眼于更为广阔的消费市场。1874 年，他与合伙人约瑟夫·默里（Joseph Murray）发明了一台诱导电击的装置，他们称之为感应器。该产品的广告称，该感应器应家家必备，"既是治疗风湿的针对性手段，又是不知疲倦的欢乐源泉"。这个产品受到市场的追捧，刺激了爱迪生，让他将目光投向了研发可供大众消费的商品。

爱迪生更倾向于深度参与产品的开发，而不是从事产品的制造，而且他更喜欢独立工作。因此，1876 年，他将办公地点搬到了新泽西的乡下，距离纽约 30 英里的门洛帕克。在那里，他以较合理的资金投入，建了一所更大的实验室。在那里的两三年间，他与助手研制了各种电子产品——电钻、电动羊毛剪和一些电动玩具，这些产品全部由美国创新公司（American Novelty Company）经销，这是一家爱迪生独立拥有的公司。同年，一位来自波士顿大学、名叫亚历山大·格雷厄姆·贝尔（Alexander Graham Bell）的声学教授发明了"一部可以传递语音或其他声音的装置"，并获得了这项发明的专利。这虽然只是一台短距离电话机，却激发了爱迪生和另一位电气工程师伊莱沙·格雷（Elisha Gray）的斗志，他们与贝尔竞相研发更好的远距离电话机。

早期电话传递的语音不是很清晰，因而它更适合传递音乐。因此，贝尔、爱迪生、伊莱沙三人纷纷举办音乐会，向公众展示他们的产品如何能够将清晰悦耳的音乐从数英里外传送过来。竞争越来越激烈，甚至到了白热化的程度，各家报纸纷纷报道。刊载在 1877 年《纽瓦克每日广告》（Newark Daily Advertiser）上的一篇文章这样描述当时的爱迪生："爱迪生先生常常受到嘲弄，这对他唯一的影响就是激发他愈加发奋苦干。"随后，这篇报道用调侃的口气说，如果爱迪生成功地发明了语音传输设备，"在远方暴怒的丈母娘手中握着的，双唇对着的，该是怎样一部折磨人的机器啊"。《纽约时报》的报道，言辞更为强烈尖锐："今日傍晚，爱迪生教授公开展示了他的电话，播放出的乐器声远不如芝加哥大学格雷教授的机器……"最终，亚历山大·格雷厄姆·贝尔获胜，拿到了最有价值的几项专利。但是，爱迪生发明的碳粒送话器大大提高了电话的性能。他的一项更为重要的研究成果——运用膜片捕捉和转播声波，为后来留声机的诞生做出了不可磨灭的贡献，在留声机的发明领域，爱迪生的重要地位是毋庸置疑的。

　　爱迪生希望助手们的工作时长像他一样，而这意味着他们得在实验室熬通宵。此后，他一直都有午夜时分为留下的工作人员订晚餐的习惯，这也是他唯一允许自己放松的时刻。助手们很喜欢这种聚餐，大家彼此说笑逗乐，直到爱迪生起身示意该干活了。1877 年 7 月 18 日的那晚，爱迪生和助手们一直在尝试找到一种可以充当膜片的材料，这种材料在接收到声波时会发生振动。午夜聚餐刚刚结束，桌上一片狼藉，还未来得及收拾，爱迪生正在玩弄着一种膜片材料，他朝着膜片的一侧讲话的同时，在另一侧感受着膜片的振动。他随意地对自己的得力助手查尔斯·巴彻勒说："巴彻勒，如果我们能在这上面放一个点，并且使用某种能够让我们之后拉动同一个点的材料，那么，我们就可以把这段话记录下来。"这简直是天才的假设！大家兴奋地纷纷动手验证这一假设。不到一个小时的时间，他们就证明了爱迪生的推断是正确的。正如爱迪生本人后来描述的：

　　通过电话实验，我了解到膜片捕捉声音振动的威力……因此我得出结论，如果能够精确记录膜片的振动，就有办法重现语音留在膜片上的振动，从而可以成功地记录和播放语音。我使用的不是圆盘，而是圆筒，圆筒的表面嵌有沟槽，沟槽上面附有一层可以接收记录膜片振动的锡箔材料。目前设计草图已经完成，草图上标有售价，一台 18 美元……拿到草图的制作人员是约翰·克鲁齐（John Kruesi）。我还不确定这个产品是否能成功，只是想得到一些反馈，为后续设计提供更多的成功可能。

克鲁齐在产品即将完成制作的时刻问我，这个产品是做什么用的。我告诉他，这是用来记录并播放谈话内容的装置。尽管他认为这个设计念头怪怪的，但还是把它做好了，锡箔也安上了；我对着机器喊了句"玛丽有只小羊羔"，还有些别的话。之后，调试了一下播放器，播放器把我喊话的内容完美地再现了出来。我顷刻间愣住了，在场的每一个人都被惊呆了。每当完成一项发明之时，最令我担心的就是产品的首次测试。长期的经验表明，在正式投入市场之前，产品总是有很多问题需要解决和改善；但是，这次不同，这个产品顺利地通过了第一次测试，没有出现任何问题。

1877 年，《科学美国人》10 月至 12 月的季刊，以《会说话的留声机》为标题报道了爱迪生的这项发明，爱迪生因此声名大噪。该报道从技术层面详细介绍了留声机的工作原理，并给出了如下评语：

一个人，无论对现代机械包括其性能与工作原理有多熟悉、多清楚，在听到这台机器发出的人语时，都会不禁怀疑自己的感官是否出了问题。我们听过类似的机器发声。比如，法贝尔（Faber）的设计，体积大得像摆在客厅里的管风琴，里面装有一个键盘和橡胶材料制成的仿真装置——喉与唇，还有很多其他的发声装置，这么庞大复杂的机器发出的只是单一的风琴音符。爱迪生的这项发明，只有少量的金属装置，被安装在一个占地仅一平方英尺的铁架上，尽管目前设备还不够完善，播出的很多词语还分辨不清，但是，毫无疑问，从这台机器传出来的是人的语音而不是音符。

　　在那个时代，人们还无法理解这样的一台机器能记录语音，而且能在不同地点、不同时间播放语音。有人担心这台机器传出的可能是亡灵的声音（如果他们的声音在死前被这部机器捕获的话）。记者和来访者接连不断地涌入门洛帕克的实验室参观，迫切地想见识一下这个"巫师"和他的发明。《纽约太阳报》（New York Sun）称爱迪生为"发明界的拿破仑"。在当时，留声机的商业价值似乎潜力无限，爱迪生本人也为此造势，畅想这个产品的各项应用：可以用来录制著名歌手的歌曲，公司总裁可以对着机器口述信件，人们可以用它来录制有声书，还可以将它安装到政客办公室的墙上窃听政客的秘密。同时，他还提到即将完成的其他发明——一个会说话的雾角和一个助听器，以此来激起公众对这些产品的好奇心和热情。

　　奇怪的是，尽管爱迪生过去常喜欢将尚未完善的电报发明公布于众，而将最后的调试工作留给专家，这次，他却迟迟不肯将留声机的发明公开，因为他认为产品还不够完善。公众不得不耐心地等待。这意味着要等很长时间，因为爱迪生的精力会被其他项目和友善的实验室参观者所分散。尽管不断地有人吹捧他说，产品很快就会投放市场，但是，没有人可以左右爱迪生，他具有强烈的自主意识，这早在他童年时期就表现出来了。那时候，他就不自觉地质疑书本上的知识，一定要亲手验证书本知识的真实性，这一点表明，没有人可以影响他的决定和行动。正如兰德尔·斯特罗斯在那本备受关注的爱迪生传记中写道："无论是在技术、策略，还是在生意方面，爱迪生不会接受任何人的引导。"与本书里介绍的大多数发明家一样，爱迪生固执，以自我为中心，从来不肯接受别人的指引，对他施压只会激起他更多反抗。

　　由于小时候失去了近一半的听力（大部分是因猩红热导致的），爱迪生尽量避免在公共场合讲话。在社交场合，他往往感到无所适从，在他看来，耳聋使他有更多时间和精力"琢磨自己的问题"。爱迪生通过宣讲新发明的各种好处来激发公众对其产品的热情，但同时，公众的要求对他而言也是负担。尽管"巫师"的身份让他闻名遐迩，但是他并不喜欢被关注。在向国家科学院展示留声机的招待会上，他留给大家的印象是"羞涩和回避他人"，他向记者坦承自己不喜欢在人群中的感觉，不喜欢科学院主席的欢迎词，他一个词也没听进去。

　　爱迪生几乎与家庭生活完全隔绝，很少和妻儿待在一起，大部分时间都在实验室度过。据他的助手爱德华·约翰逊（Edward Johnson）回忆，1868 至 1878 年的十年间，爱迪生平均每天的办公时间是 18 小时，常常连续几天不回家。他的首席助手查尔斯·巴彻勒说，一旦迷上什么，"即使有人把饭菜摆到面前，爱迪生也不会停止手中的工作"。另一位门洛帕克实验室的助手耶赫尔先生这样描述爱迪生忘我的工作状态："工作到凌晨三四点对爱迪生来说是家常便饭，他常常就势躺在实验室的桌子上，头枕几本书入睡。他认为这对他更有好处，柔软舒适的床只会惯坏他。"实验室的另一位工作人员厄普顿先生回忆："只要愿意，他可以连续工作很长时间，需要的时候就睡一觉。他总是倒下就睡，并且睡得很沉，很解乏。他从来不做梦。"持续长时间地工作、睡办公桌，这已经成为爱迪生的终生习惯。

1878 年年末，爱迪生感兴趣的不再是研发可在大众市场售卖的留声机了，而是如何完善一种白炽灯泡，使它的灯丝相较铂灯丝能燃烧更长时间。找到一种能够燃烧数小时的灯丝材料十分困难，但是，爱迪生就好像一条在路上追踪的侦探猎犬，不放过任何蛛丝马迹。有关这一探索的许多细节被记录在由爱迪生授权的一本传记的文件中，这个文件在爱迪生的口述基础上整理完成。传记的两位作者：弗兰克·刘易斯·戴尔（Frank Lewis Dyer）是一位专利律师，同时也是爱迪生的私人律师；T. C. 马丁是一名电气工程师和《电世界》的编辑。他们在传记中写道："爱迪生的实验室，二十四小时全天运转。他疯狂地做各种实验，没日没夜，废寝忘食，睡眠严重不足。"1879 年，他得出结论，这种灯丝材料是碳。从此，他开始尝试碳化各种材料：餐巾纸、硬纸板、浸满柏油的纸、棉线、钓鱼线、煤油灯芯、麻线、赛璐珞、黄杨木、椰子毛、云杉、山核桃木、月桂木、雪松、枫树、黄檀木、朽木、软木、亚麻、禾草、甘蔗，不胜枚举。

1880 年，他终于成功地向公众展示了能够长时间燃烧的、灯芯材料为碳的白炽灯，这种灯的光感柔和，适合在室内使用（早期投入使用的弧光灯的光感太强，不适合室内照明），爱迪生因此获批了美国专利，专利号 223，898。这项专利囊括了各种用于碳灯芯的材料，拿到这项专利后不久，爱迪生和他的团队宣布，他们又发现了一种可以燃烧 1200 小时的竹灯芯。爱迪生向他（1910 年版）的传记作者戴尔和马丁这样描述这个阶段的研究：

可以毫不夸张地说，我建构了 3000 多种有关电的光学理论，每一种理论都看似合理、真实。但是，仅有两种理论的真实性被实验验证。你们也许知道，项目的攻关难点就是制造某种碳灯芯，这种材料的白炽光能成为照明的来源。为此，我的委托人几乎找遍了世界的每一个角落，尝试过各种新奇的材料，最后我们决定采用目前正在使用的竹条灯芯作为材料。甚至现在——几乎每一天，我所做的研究还是照明器。最近又找到一种新方法。这种方法可以让 1 马力的电量带动 15 盏灯。此前 1 马力的电量为 10 盏灯供电已经是极限了。

33 岁那年，爱迪生实现了照明领域的革命，成为世界上该领域最著名的发明家。随着灯泡技术的成熟，爱迪生转向在曼哈顿投资建立中心发电厂。毕竟，灯泡的投入使用需要供电。于是，各家公司开始比拼着要占领电气化市场的领先地位。在爱迪生开始铺设地下直流电线的时候，另一位生于俄亥俄州的发明家查尔斯·布拉什（Charles Brush）已经领先铺设了地下交流电（尼古拉·特斯拉的发明）的电线，为他在曼哈顿几个城区的弧光灯系统供电。尽管有人主动向爱迪生提供很多机会，为指定商家建立独立的照明系统，但他回绝了大部分的邀请，集中开发中央供电系统。该系统的目标是为整个曼哈顿提供电力。

1882 年，爱迪生成功开始为曼哈顿城区提供照明，但是城内城外的安装进度比他预期的要慢，35 岁的"门洛帕克巫师"对此失去了兴趣和耐心。虽然不能放弃自己对爱迪生电厂（Edison Electric）的管理权，但他还是开始找寻新的能够激发自己兴趣的智力挑战。有朋友鼓励他重返留声机的研发，可是他认为这项工作已经无足轻重，干起来不够刺激。直到新的竞争威胁向他逼近——美国留声机公司（American Graphophone）将他的竞争对手贝尔发明的产品投放到了市场，他的斗志才被激发了出来，他决定重新回到留声机的研发领域。

　　爱迪生在《纽约论坛报》（New York Tribune）的一次采访中展露出自己的好胜个性："我在乎的不是财富，而是走在别人前面。"一想到贝尔的留声机可能成为众人瞩目的中心，爱迪生就气愤至极，他将留声机这项发明视为他的孩子。不幸的是，耳聋意味着他不可能用普通消费者的眼光看待留声机。在爱迪生看来，留声机的最大价值是录制人类的声音（比如用于录制语音，用作商业口述记录仪）；他未曾预见留声机录制音乐的功能会成为一种大众趋之若鹜的娱乐形式。这可能是他耳聋的缘故。据爱迪生的女儿马德琳描述，他常常使牙齿接触钢琴，近乎用牙咬着钢琴才能通过头盖骨来感受钢琴发声时的振动，以此来听钢琴曲。今天，在佛罗里达州的迈尔斯堡，爱迪生博物馆内展出的留声机上还可以找到他当时留下的齿印。不幸的是，因为留声机回放的可识别语音很有限，多数早期的产品都被废弃了。几年后，爱迪生才推出了改良版的留声机，并在他的实验室新址，今日的新泽西州奥兰治（Orange）附近建立了留声机和录音圆筒的生产车间。

　　这期间，爱迪生的个人生活遭遇了意料之外的转折。他的妻子，三个孩子的母亲玛丽的健康出了问题——头痛频发、恐慌、乏力。这种

病状在当时的医学界还没有合理的解释。玛丽于 1884 年过世，时年 29
岁，死因不明，但是在她的死亡证明上写着死于"脑充血"，而这种死
因当时多见于描述吗啡过量导致的死亡（当时吗啡不是限制药品，无须
医生的处方就可购买，被广泛用于治疗多种疼痛）。爱迪生为此心烦意
乱，在痛苦中短暂地挣扎了一会儿。不久后，1885 年的夏天，他迷恋上
了 19 岁的米娜·米勒（Mina Miller），并于次年，与她完婚。不同于玛
丽，米娜家境殷实，接受过良好的教育，很有教养。玛丽长期被爱迪生
冷落，米娜却熟谙管理爱迪生的日常生活（她甚至自称"家庭主管"），
并在肖托夸协会（Chautauqua Association）和革命之女（Daughters of the
Revolution）两个组织中担任负责人。爱迪生对米娜宠爱有加，她也令爱
迪生生活舒适，帮助他度过了后来的艰难岁月。

当时，公众关于该支持交流电还是直流电的问题，争持不下。交流
电的优点是可以传输更多的电到更远的地方，因而成本低。相比之下，
直流电更加安全，这一点被爱迪生反复强调，他通过比较二者电击狗致
死的时长来证明这一点。但最终低成本占了上风——交流电获胜。因此，
1890 年，爱迪生想把照明产业的原始股份和各种相关产品的制造生意卖
给亨利·维拉德（Henry Villard）为首的投资人团体，这个团体创建了
爱迪生通用电气公司（Edison General Electric Company）。爱迪生手中
持有该公司价值 350 万美元的股票，他渴望尽快将之兑现，以便有更多
的资金投入到实验室的研究。他本以为卖掉股票之后，实验室可以继续
得到爱迪生通用电气的资助。很快他就卖掉了自己 90% 的股份。令他
沮丧的是，没有了他的控股，该公司大幅度削减了实验室的预算，并要

求他研发交流电系统。J. P. 摩根还通过运作把该公司与它的长期对手汤姆逊－休斯敦公司（Thomson-Houston）合并，后者的管理人员几乎占据了新公司的所有领导岗位。这家新公司在1892年摇身变为通用电气公司（General Electric Company），爱迪生的名字被抹去了。

爱迪生感到震惊。这些西装革履的公司管理层设计夺取了他在这个行业中的核心地位，后来，他们故技重演，又把尼古拉·特斯拉排挤出局。爱迪生以一种少有的直率和谦恭承认道："我不是生意人，不适合在电力和照明的生意圈里生存。"

离开了照明行业，爱迪生重拾自己的专长：全身心地投入到创新领域。他坚信自己已经找到了通过磁铁从矿石中提取铁的新方法。纽约州、新泽西州以及宾夕法尼亚州藏有大量的贫铁矿，传统开采方法的成本过于昂贵，不能吸引投资者。爱迪生认为可以开发出一种磁选系统，简化贫铁矿的开采，降低开采成本。他坚称"这将是他做过的最伟大的一件事"，爱迪生全身心地投入到这项新项目。他并没有去享受卖掉公司的钱带给他的舒适和安逸，而把大部分时间都花在了刚刚买下的位于新泽西州北部的奥格登矿山上。那里一片荒凉，他不可能要求米娜一同搬去矿山，因此他每周一乘早班火车到矿山，周六乘末班车返回。他如此往返了五年，伴着空气中充斥的浓尘，经历了严寒和酷暑。尽管条件恶劣，在给妻子的信中，爱迪生却把自己描写成一个开心快乐的家伙。他对工作乐此不疲，即使是在经费用光、同事离他而去的时刻，他依旧沉浸在新技术攻关的快乐里。最后，这项投资没有成功，卖股票换来的钱很快就花光了。有人告诉他，他卖掉的那些通用电气公司的股票，现在已经价值400万美元（这些股票在2017年值1亿800万美元）时，他迟疑片刻，随后说道："这些股票早就不在了，不过花掉这些钱也是值得的。"

　　爱迪生在矿山上忙碌的时候，W. K. L. 迪克森（W. K. L. Dickson）回到爱迪生的实验室研发一台活动电影放映机——当代电影放映机的鼻祖。与留声机的情况相同，爱迪生并没有意识到活动电影放映机在娱乐方面巨大的潜在商业价值，因此，在该产品的推广与促销上，他没有什么作为。但是，有人看到了它的潜力，很快就开始投资研发一种可以通过一个小盒子来看短片的机器。幸运的是，当 C. 弗朗西斯·詹金斯（C. Francis Jenkins）和托马斯·阿尔马特（Thomas Armat）发明了将电影投影到一个大屏幕上的机器时，阿尔马特所找的经销商——当时负责销售爱迪生的活动电影放映机的拉夫－甘蒙公司坚持认为，如果能说服爱迪生借用他的名字冠名他们的产品，产品的销售将从中受益。爱迪生同意授权，这就是为什么人们普遍认为维太放映机（Vitascope）是爱迪生的发明，尽管他与此项发明几乎没有什么关系。从此，爱迪生的公司继续研发，从多个方面改良电影放映机，并大批量生产电影胶片，直到他1918年离开这家公司。

　　1900年，爱迪生接受了矿井研发项目上的失败，并关掉了矿石加工厂，之后，他决定着手发明一种性能更好的蓄电池。当时，汽车刚刚被引入市场，大多数汽车都是靠蒸汽或者电来驱动。电驱动车使用的铅酸蓄电池很重，使用寿命短，因为蓄电池内的酸会侵蚀金属配件。爱迪生坚信可以研发出一种更轻便、造价更低、功率更高的蓄电池。蓄电池是电驱动车项目成败的关键。当时，他对在通用电气公司任职的一位朋友 R. H. 比奇（R. H. Beach）讲道："比奇，大自然不会那么不厚道，让我这么一个真诚的求索者失望，我一定会找到蓄电性能强的电池的。"爱迪生以非凡的热情投入到这款电池的设计研发中，为此做了无数次实验。他的朋友和同事沃尔特·S. 马洛里描绘当时的情景：

他每天早上 7 点或 7 点半来到实验室，仅在午休的时候停下来吃点家里送过来的午餐。晚上 6 点，马车来接他回家吃晚饭。7 点半或 8 点返回实验室。午夜 12 点，马车过来接他回家，但通常都要等到凌晨两三点，有时候还会空车而返，因为爱迪生需要通宵工作。我过去看望他的时候，这种情况已经持续了 5 个多月，一周 7 天，天天如此。我到实验室的时候，他正在一个长约 12 英尺、宽 3 英尺的工作台上工作，上面有由他的化学家和实验员团队设计的数以百计的小型测试单元。据我了解，当时他为了设计出这款新电池，做了 9000 多次实验也没有找到满意的解决方案。看到这么大量的脑力和体力的付出，我的同情心战胜了判断力，问道："付出这么多还没有结果，不可惜吗？"爱迪生突然转向我，面带微笑，回答道："结果！为什么这样说？老兄，我已经得到很多了！通过这些实验，我了解到有几千种方法是行不通的！"

爱迪生一直无法开发出一款经济可靠的汽车蓄电池，尽管亨利·福特为此给他提供了几项贷款。福特视爱迪生为英雄和挚友。他对爱迪生的敬重和深厚情谊从未动摇过，尽管他在自传中把爱迪生描绘成"世界上最糟糕的生意人""对做生意一窍不通"。爱迪生的生意大部分都举步维艰，其他投资人从他的发明项目中所得的利益远远超出了他自己。特斯拉也是这样。但是，爱迪生并没有后悔自己做过这些没能赢利的项目，也没有因此受到打击。他的最大快乐就是研究项目本身。"我从来没想过要退休，"他表示，"工作将这个世界变为我的天堂。"尽管在生意场上不是很如意，爱迪生的名字却不可磨灭地与无数项技术联系在一起。1928 年，据美国国会估计，爱迪生本人对世界的贡献大约价值156 亿美元（相当于 2017 年的 2200 亿美元），爱迪生被国会授予了国会金质奖章。1931 年去世的时候，他的个人资产估值约 1200 万美元（相当于 2017 年的 1 亿 8000 万美元）。

1910 年，弗兰克·戴尔和 T. C. 马丁，这两位非常了解爱迪生的传记作家，经过反复推敲，总结道，爱迪生之所以能够成就创造发明的辉煌一生，是因为他思维清晰、想象力丰富、具有超常的活力和坚韧的性格，此外，他还具备如下性格特质：

他具有强烈的、勇往直前的乐观主义精神，他的脑海中没有失败这两个字，这种绝对自信的乐观主义，在四五十岁以后，转变为一种对成功的十足把握。在攻克各种难题的过程中，他拥有下棋者的智趣，能够调动各种技能与经验去挑战每一个难题。对于在平坦与快乐、没有障碍，且不需要与任何艰难险阻缠斗的道路上前行，他丝毫提不起兴趣。他喜欢挑战难题，就如同一个强悍勇敢的斗士面对狂风巨浪时却跃跃欲试，席卷而来的巨浪越强越猛，他就越是精力充沛、斗志昂扬。

在1921年的一次采访中，爱迪生在阐明自己面对失败的态度时，恰如其分地解释了他的自我效能和不屈不挠：

> 无论发生什么，我都不允许自己丧失勇气和斗志。记得在攻克某一个项目时，我们做了成千上万次的实验也未能得出预期的结果。已经完成的最终实验结果表明，我们失败了。当时，一个同事很气馁，我却欢快地安慰他说，我们还是有收获的——至少可以确定某些方法是行不通的，必须另辟蹊径。如果我们能够全力以赴，投入最好的思索和工作状态，有时候就能从失败中学到很多。

在爱迪生身上我们看到，他不懈地努力工作并非出于富兰克林（或者马斯克、卡门、居里、乔布斯、特斯拉）式的理想主义，而是出于强烈的工作精神，他渴望成功，渴望从工作自身寻求快乐和安慰。他很享受达成成就的过程，天生喜欢竞争、喜欢工作带给他脑力和体力上的愉悦和快乐。

工作精神

笃信勤奋工作的重要性贯穿了本书中提到的所有发明家的人生。比如富兰克林把勤奋视为最重要的典范品行之一。据戴尔和马丁的描述，爱迪生"十分害怕自己表现得懒惰，以致使自己陷入一种不必要的忘我的工作状态"。

这种工作精神常见于发明家的父母身上或者他们父母的家庭教育观

念里。尽管家庭出身使他们衣食无忧，但父母绝不会培养他们自满的心态。这些发明家在年少时就被鼓励走出家门，工作赚钱。例如，富兰克林12岁的时候做了合同工。爱迪生也于12岁便开始工作，同年，拥有了自己的生意。卡门高中还没毕业时，便已经能从自己的发明中每年赚得6万美元。几乎所有发明家的母亲都很勤劳能干。爱迪生和特斯拉都曾表示自己的工作习惯主要来自母亲。爱迪生说："我的母亲成就了今天的我。"特斯拉也认为自己的工作习惯和机械方面的天赋主要来自母亲。他在自传里写道："我的母亲是位顶级发明家，要不是因为远离现代生活及其提供的各种便利，她肯定会创造出很多伟大发明的。她发明并制作了家中的各种工具和装置，还用自己捻的线编织出精美的图案。她自己播种植物，亲手分离植物纤维。她总是不知疲倦地做各种活计，从黎明到深夜，家里穿的、戴的、摆的都出自她那双巧手。"

特斯拉在格拉茨理工大学求学的时候就以母亲为榜样，孜孜不倦地从凌晨3点学习到午夜11点。每周七天，天天如此，成为第一个期末考试时一次通过全部九门课程的人。如前文提到的，特斯拉对学习如此着迷，以至于教授写信提醒他的父亲，长时间学习产生的劳累可能伤及他的身体。因为赌博成瘾，他并没有从那所大学拿到毕业证。但是，自从1887年拿到人生里的第一项专利，他就专注于各种发明，一做就是几十年。传记作家马克·赛费尔认为："特斯拉的工作时间表令周围的人望而却步。很多时候，他夜以继日地工作，很少休息，直到把自己累倒。"他或是独自一人，或是在一两个助手的协助下，在位于纽约格林尼治村南第五大道——现在的拉瓜迪亚街（Laguardia Street）上的实验室辛勤工作，日复一日，周复一周，没有一天休息，而少数停下来的时刻，也只是为了饮食盥洗。这期间，他开发了交流电机的三个完整系统（单相、二相、三相电流），每一套系统都带有发电机、发动机、变压器，还有一些控制这些设备的自动装置。1893 年《纽约先驱报》上的一篇文章这样描述特斯拉："特斯拉先生工作时，如此忘我，哪怕喜欢社交，他也没有时间。"赛费尔对特斯拉还有如下描述："（特斯拉）选择了清心寡欲、粗茶淡饭的一生，唯一的追求就是能够在这个生机勃勃的新时代唱主角，我们的这位'巫师'喜欢通宵达旦地工作，这样可以集中精力、避免分心。"

特斯拉工作如此进取，部分原因是他强烈地渴望拿到电子通信系统的专利优先权，这一动力增强了他对成就感的需求。对成就感的需求是激励特斯拉和其他发明家的一种原动力。它是一种性格特征，具有这种特征的人，强烈地渴望不断树立和达成新目标、攻克新难题。从事早期心理学上动机与性格研究的两位研究人员——亨利·默里（Henry Murray）和戴维·麦克莱兰（David McClelland）发现了人类一系列与成就感相关的心理需求：掌控他人与周围事物的需求、被认同和赞许的需求、以最快最好的方式清除障碍或攻克难题的需求。据麦克莱兰观察，有些人需要拥有高于常人的成就感，这一点主要反映在不断追求各种目标的行为当中。他也注意到儿童在很小的时候（通常是 5 岁左右），对成就感的需求就已经有了明显的区别。

麦克莱兰和其他学者认为，成就感需求高的人，为了更容易获得成功和外界的认可，倾向于选择风险不大的活动和角色。后来的研究推翻了这一论断，认为成就感需求高的人更倾向于选择那些有挑战性、风险高、难以成功的目标；他们在面对负面评价时，不但不会轻易放弃，反而会更加努力。也就是说，负面的反馈与阻碍只会激发他们双倍的努力与坚持。有趣的一点是，在成就感需求高的人看来，任务的难度和风险预示着潜在的回报——这一认识令他们在完成任务的过程中兴奋不已。对他们来说，困难与回报同时存在，这种认识使他们无畏早期创业的艰辛。困难对于他们来说，预示着成功的机遇，而不是失败的威胁。

麦克莱兰还认为，追求高成就感的人强烈地渴望知道奋斗的结果及人们的反馈，也很容易沉浸在工作状态之中。所有的发明家都具备上述所有性格特质，特别是爱迪生。他会因为专利的增多而感到愉悦。比起物质财富的积累，赢得专利能给他更多动力。尽管他并不总能成功地让他的专利市场化，但专利确实成了他创新成果的坚实证明。单凭爱迪生长时间在实验室工作以及他将自己关在奥格登矿山做研究这两个事实，我们似乎可以推断，爱迪生不是很喜欢家庭生活，与妻子的关系也不是很亲密。但是，爱迪生写给米娜的充满浓情蜜意的书信展现出来的却是一个思念着爱妻的爱迪生。在信中，爱迪生毫不掩饰自己的爱意。（例如，信中他称呼自己的妻子为"我最甜蜜的、最可爱的、最惹人怜爱的、亲爱的"，并向她表白——"万里挑一也挑不出像你这么聪明的女子"。）信中还写道，他有时会因她不在身旁而感到忧伤。然而，爱迪生更爱工作。尽管矿山投资的失败已成定局，投入的钱全赔了，在给妻子的信中，他却把自己比喻为"繁花盛开的季节里忙于采蜜的快乐的熊蜂"。

成就感需求的研究有两个焦点：内部回报和外部回报。一方面，成就感需求高的人从自己纯熟的技能、卓越的表现、完成的任务中体验高强度的内部回报；另一方面，他们对外界的赞许和自己的声誉很敏感，可能表现出极度的好胜心。因此，人们往往把成就感需求与认可、赞许、声誉需求联系起来。也就是说，那些渴望完成事情的人，通常有部分动力是来自希望自己的成功被认可、得到旁人的高度评价。本书所研究的发明家都不同程度地展现出外界的认可与赞许的重要性。在有些情况下，同行的认可尤为重要。例如，居里可以坦然面对社会对女性科研人员的歧视。但是，当与保罗·郎之万的婚外情东窗事发之后，她的精神崩溃了，长期饱受抑郁症的折磨。这表明，对这一事件的各种激烈批评令她十分痛苦。同样，特斯拉，一个从任何标准来看都算是特立独行的人，却在他的信和文章中，表明了他相信公众最终能够明白他对未来的预见是正确的，他的努力与技术策略将会得到证明。然而，大多数发明家都明确表示过，他们愿意对抗社会规范，愿意承受奋斗过程中可能遭遇的重大非难。当然对于一些发明家而言——尤其是对乔布斯、爱迪生、马斯克而言——外界的评价毫无意义，因为他们相信，几乎没有人能真正地理解和评判他们的行为。

成就感的需求来源于什么？可以后天培养吗？对此，早期的社会学和哲学研究认为，工作态度和对待成就的态度深深地根植于文化系统和宗教系统当中。马克思·韦伯（Max Weber）早在1904年就提出，勤俭与投资精神受到了新教禁欲主义的某些影响。后来的心理学家戴维·麦克莱兰在这种观点的基础上有所发挥，认为不同文化对成就感的需求不同。对成就感需求的文化差异可以部分地解释为人口和社会经济的差异所致。麦克莱兰（及其他学者）确信宗教、社会等级、童年家庭教育等因素会影响个体对成就感的需求。他还指出，对成就感的需求，某种程度上可以后天培养，这为经济发展提供了重要机遇。他的那本有争议的经典著作，1961 版的《成就社会》（*The Achieving Society*），因其从个体到整个文化、国家及族群中概括观点的方式而备受批评。事实上，经济学家朱利叶斯·鲁宾（Julius Rubin）发表在《经济史期刊》（*Journal of Economic History*）的书评中这样描述这本书："这是我读过的最令我喜恶参半的一本书，是最令我恼火也是最神奇的书之一，是最误导读者也是最有价值的书之一。"尽管如此，麦克莱兰的一项发现似乎经受住了后续几十年研究的检验，即高成就感的个体存在一个比较典型的共性：父母对他们的要求虽高，却不会太过严苛或专制。例如，剥夺了孩子决定权的家长往往无法培养出成就高的孩子。新近的研究，包括奥利弗·舒尔特海斯（Oliver Schultheiss）和约阿希姆·布伦施泰因（Joachim Brunstein）的研究，得出了同样的结论。在三项对成就感尚未流露较高需求的童年期的研究中，他们审查后，得出如下结论：如果家长早早地（但是要适合孩子的年龄）强调孩子的自立和基础技能的掌握，并鼓励孩子独立设定具有挑战性的目标，那么他们的孩子往往对成就感有很高的需求。

能量与"心流"：工作的乐趣

我们已经看到，有重大突破贡献的发明家，他们辛苦工作为的是某些结果性目标：实现理想，追求超常目标，积累成就，赢得外界的认可和赞誉。同时，在许多对人类做出突破性贡献的发明家身上，我们还可以发现另外一种内在的工作动机——工作本身带来的快乐。完全沉浸于脑力或体力工作所带来的极度惬意与满足之中。心理学家米哈伊·奇克森特米哈伊把这种动机描述为"心流"——"一种全身心投入，而使外界的一切都变得无关紧要的心理状态；这种状态自身就足以使人享受，人们甚至会纯粹为了做这件事而付出别的巨大代价。"

　　奇克森特米哈伊于 1934 年出生在匈牙利，二战期间尚是孩童的他，在意大利的监狱待过一段时间。其间，他看尽人间苦难。为了逃避痛苦，他沉浸在下象棋的快乐里，在这一过程中，他渐渐懂得了一种后来他称之为"心流"的心理现象："我发现象棋可以将你带入一个神奇的世界，身处其中，一切都被抛在身后。长达数小时的时间里，你完全沉浸于另一种现实里，那里的目标和规则很明确。"处于"心流"的认知状态，你会全身心地投入到某一事物中，达到忘记自我、忘记时间的程度。奇克森特米哈伊还从身体活动的层面进一步描绘"心流"，例如，跳舞时感受到的喜悦，完全沉浸在音乐节拍里的状态；跑步或做瑜伽时感受到的肌肉发力、伸展到极限的状态。

　　读者们应该会注意到奇克森特米哈伊对心流的分析与戴尔和马丁在 1910 年所描述的爱迪生的工作情形有些相似，当他们说爱迪生"在攻克各种难题的过程中，拥有下棋者的智趣"，或面对难题，"就如同一个强悍勇敢的斗士面对狂风巨浪却跃跃欲试"。在奇克森特米哈伊看来，如果一个人的能力水平与其面临的挑战水平相当，他就更容易进入心流的状态。如果挑战的难度在能力水平之下，他就会失去兴趣；如果在这之上，他就会焦虑。但是，在很多情形下，能力会随着见识的增长而增长，那么挑战的难度也要水涨船高，这样才更容易进入心流的状态。这一观点在金布尔·马斯克对埃隆的描述中得到了证实。埃隆需要不断地向着更为困难和重大的目标前进，比如，把人类送向火星的志向："他的大脑不能有一刻空闲，他所应对的问题需要随着时间变得越来越复杂，这样才能让他不至于无聊。"

　　奇克森特米哈伊发现，在能力水平与挑战水平相当的情况下，个体更容易处于心流的状态。这一发现也让我们能够理解爱迪生和其他类似的人才的另一有趣之处。尽管我们强调发明家的非凡认知能力，爱迪生的生理能量也是非常人可比的。他的同事反复强调，他似乎有着用不完的能量、力量和活力。这可能与生理特性有关。对人类、啮齿动物以及其他物种的研究表明，不同物种每日主动消耗的能量差异显著。例如，研究发现人类对主动活动的选择有很大不同（这主要考虑到个体的不同目标与受到的文化影响），同时，在不自觉的身体活动方面（比如坐立不安），或者更常见的"非运动型活动的产热效应"（non-exercise activity thermogenesis，缩写为"NEAT"）方面的表现有很大不同。NEAT 指的是有机体在睡觉、吃饭、体育运动之外的活动中消耗的能量，包括工作、游戏、打扮、坐卧不安等活动所消耗的能量。尽管生活方式、文化准则导致 NEAT 的显著不同，生理因素诸如能量的新陈代谢和神经递质的模式也可导致 NEAT 的差异。

　　人类不适宜作为能量消耗方面的研究对象，因为人类的生存环境、饮食习惯很难被标准化，研究人员就更难掌控人类的活动动机了（诸如为了挤进一条紧身牛仔裤而锻炼）。老鼠就不会在乎自己穿牛仔裤的样子，因此，老鼠成为能量消耗研究的优选实验对象。一项实验把 35 个3 周大的老鼠（取自同一普通品系下的 10 窝家鼠）关入笼内，并在笼内放置一个转轮、一些鼠食和水。用仪表记录转轮的转数，以此作为老鼠主动跑动的圈数。值得注意的是，老鼠展示了惊人的个体差异。最不好动的老鼠每天平均跑 24 圈；最活跃的老鼠平均每天跑将近 14 000 圈。尽管个体差异明显，但某只特定老鼠在不同时间的主动跑动圈数有一定的稳定性。也就是说，尽管血缘关系很近，且在同样的条件、资源下被饲养，某些老鼠一以贯之地比其他老鼠运动得更多，或是更少。这一发现的真实性被后续的大量实验反复证明。研究发现，同一物种，包括老鼠、田鼠、狗、鱼、鸟、鹿和蜥蜴，在能量消耗方面存在显著的个体差异。大多数研究把主动的能量消耗归因于生理和心理两个方面的因素，包括性格特征的差异，比如某些动物个体具备"鲁莽"或"野心勃勃"的特征。比如，进攻性强、以蟋蟀为食的老鼠表现出较高的主动能量消耗水平。有趣的一点是，持续的坐立不安是 NEAT 的一种表现，也经常与躁狂症、注意力不集中、强迫症等心理疾病联系在一起。此外，高水平的多巴胺分泌（第三章中我们对此有过深度探讨）与创新能力和运动机能亢进（肌肉活动的增多导致超常且过度的身体活动）密切相关。像爱迪生这样智力和体能超群的发明家的表现是否与跑动圈数超常的老鼠有相似之处呢？——换言之，老鼠也好，发明家也好，他们是否都具有基于生理或心理因素的高水平的主动能量消耗？了解爱迪生的人认为，爱迪生胆子大，对一切都无所畏惧，具有超人的精力，对工作往往付出超出常人的努力。目前，我尚未见到把NEAT与创造力结合起来思考的研究，这应该是一个很有意思的研究方向。

在家中养过或仔细观察过边境牧羊犬的人凭借直觉就可以理解本章讲述的观点。边境牧羊犬是人类为了放牧羊群而驯养的犬种，这种犬似乎有着用不完的精力，对于运动和精神上的刺激有着非常高的需求。这种犬的工作驱力非常强，事实上，如果没有足够的活动来消耗它们的体能和脑力的话，它们就变得好斗或惴惴不安。养狗的人士中流行着这样一句话："边境牧羊犬需要工作，如果你没有工作给它，它就会自己去找一些你不会那么喜欢的'工作'。"没有哪个发明家的行为特征比爱迪生更像边境牧羊犬。我们尚不明确，为什么某些个体比其他个体需要消耗的能量更多。但是，我们有充分理由认为，生理和心理两个方面的原因导致了爱迪生式人物所表现出的那种"似乎耗不尽的体能与智能"。

我无比幸运地在合适的时间（这项发明成
形的历史阶段）出现在了合适的地点（硅谷）。

——史蒂夫·乔布斯

接受罗伯特·X.克林吉里采访时

1995 年

第六章

时代的机遇与挑战

60 年代成就了无法无天的心态

时代和环境对形成连续突破性创新者有多重要？简而言之，很重要。但是，仅这两个因素还不足以成就这些人才。它们只是经济学意义上的"必要不充分条件"。技术和文化的变革时代——如工业革命、反主流文化运动、信息技术的兴起——是涌现突破性创新者的大好时机。这种时机对于形成连续突破性创新者至关重要。但是，即使在这样的时代，连续突破性创新者也是凤毛麟角——在这样的多产时代，多数的发明工作者并没有成为享誉世界的重要发明家。在本章和下一章，我们将探讨时代与环境如何影响发明工作者的成与败。本章主要讨论时代的作用——时代提供的机遇与挑战。下一章将集中讨论资源的作用：哪些资源重要，以及为什么重要。时代和资源常常不可避免地交织在一起：可供你使用的资源部分地依赖你所处的时代和环境，正如史蒂夫·乔布斯成长于计算机变革时代的硅谷。

我们很少见到像玛丽·居里这样深刻揭示了时代如何带来机遇与

挑战的案例。在一个正规教育对女性而言极端稀缺的时代，她的父母和她所生长的社会却充满激情地致力于女性的教育。她于 1867 年 11 月 7 日出生在华沙，原名为玛利亚·萨洛米娅·斯克洛多夫斯卡（Maria Salomea Sklodowska）。18 世纪末，俄罗斯侵占了波兰，连续三次分割其领土，在长达 123 年的时间内，波兰失去了领土主权。在沙皇俄国的残酷压迫下，波兰人民处于水深火热中。沙皇扶持的傀儡政府强制推行俄罗斯化，企图灭绝波兰的文学、语言、文化和其他波兰文化遗产。在这种政治背景下，学校禁止讲授波兰历史或文化，禁止使用波兰语教学——在校学生只能学习和使用俄语。很多波兰教育家（如玛丽·居里的父母）和其他有社会影响力的波兰人失去了原有的职务，被排挤到不重要的岗位上。

起初，波兰人奋起反抗，分别于 1830 年 11 月和 1863 年 1 月两次发动起义，但都以失败告终。当时的傀儡政府变本加厉，加快了俄罗斯化的进程，成千上万波兰人被流放或监禁。经历了这两次起义的失败，很多波兰人包括居里的父母——瓦迪斯瓦夫（Wladyslaw）和布罗尼斯瓦娃·斯克洛多夫斯卡（Bronislawa Sklodowska），意识到靠武力无法拯救自己的祖国，只有教育、科学和艰辛的努力才能挽救波兰。居里的父母都出身于波兰的底层贵族，被称为什拉赫塔（*szlachta*）。在法律上，他们属于拥有特权的贵族阶层，但在沙皇的统治下，他们失去了大部分的土地和财富。这一阶层的成员在法律和社会地位上互相平等，没有高低贵贱之分。他们的财富与最富有的什拉赫塔（"大亨"）相差甚远。这个阶层尤其忌讳使用头衔或其他的社会等级标志。相比财产，他们更看重文化成就。

瓦迪斯瓦夫是一位数学和物理教师，他在家中教孩子学习科学知识和被政府禁止的波兰文学。即使后来玛丽·居里移居法国，他仍坚持通过书信教她高等数学。布罗尼斯瓦娃也是一位教员，玛丽出生那年，她在华沙的一所私立女子学校——弗雷塔街小学（Freta Street School）担任校长。

玛丽出生前后，布罗尼斯瓦娃出现了肺结核的症状。从此，全家人的生活都笼罩在阴霾里。为了恢复健康，玛丽4岁那年，布罗尼斯瓦娃开始到山里或气候温和的地方疗养。此后两年的大部分时间里，她都不在家，身边只带着当时只有10岁的大女儿索非娅（Zofia）照料自己。当布罗尼斯瓦娃最终回到家时，6岁的玛丽跑过去要抱她，但是为了玛丽的健康，她制止了女儿。玛丽后来回忆，母女相见时，妈妈的手突然举起来，警告玛丽不要过去，以免被传染。所以，可怜的玛丽没有得到妈妈温暖的拥抱，只能抱着妈妈的腿，可爱地望着妈妈，妈妈也只能小心翼翼地轻抚她的额头。这一肢体接触是玛丽唯一能够从妈妈那里得到的母爱的表达。

玛丽的整个童年期间，她的父母都在努力浇灌她幼小的心灵里波兰民族精神的种子。玛丽9岁那年，妈妈的肺结核恶化，不能坚持在家教育孩子了，玛丽和姐姐赫拉被送入雅德维加·西科尔斯卡（Jadwiga Sikorska）办的学校。她是一位善良智慧的女性，也是一位爱国主义者。西科尔斯卡有两张不同的课表：一个是应付官方的俄罗斯课程表，一个是教授波兰语言和历史的秘密课程表。官方课表上的"国内经济学"对应着秘密课表上的"波兰历史"。学校会定期接受检查，所有学生对铃声十分警觉，铃声一响，必须迅速藏起所有的波兰课本，师生马上开始讲俄语。

玛丽的绝顶聪明在她很小的时候就显露出来了。尽管她在班上的年龄和个头最小，但她也是最聪明、俄语最好的那个。因此，每当可怕的审查官来访的时候，她往往被老师叫起来背诵俄文。她还时常帮助其他同学学习数学和其他科目。斯克洛多夫斯卡家的姊妹都很聪明，但玛丽绝对是其中最聪慧的。

在命运的残酷作弄下，布罗尼斯瓦娃的身体日渐恶化，索非娅和玛丽的另一个姐姐布罗尼亚（Bronia）也染上了斑疹伤寒症。后来，布罗尼亚康复了，可是索非娅却没那么幸运，后者于14岁那年病逝。就像玛丽的姐姐海伦娜（Helena）说的，索非娅的死"实际上摧毁了我们的母亲，她永远都无法接受失去大女儿这个事实"。女儿去世后，布罗尼斯瓦娃艰难维系了两年后，也追随女儿去了另外一个世界。当年的玛丽仅10岁，遭受的打击可想而知。母亲与姐姐的死给她留下了永久的伤痛。就像前面说到的，在这之后，她开始受到反复发作的重度抑郁症的影响，这种折磨伴随了她一生。刚失去两个至亲的时候，她总是躲起来哭泣，但是从来不在家人和同学面前流露出来。为了摆脱伤痛，她着魔般地把注意力集中在学业上；她寡言少语，总是班上的第一名。

尽管玛丽努力克制自己，西科尔斯卡还是注意到了她的痛苦与脆弱。她建议玛丽的父亲让玛丽休学一年——她毕竟比同龄的孩子小一岁。父亲不仅没有让玛丽休学，反而把她送进了更加严格、对学生呵护更少的俄语高中。俄语高中是重点高中，是优等生上大学的唯一出路。对于瓦迪斯瓦夫而言，教育永远是第一位的。玛丽尽管十分厌恶高中的老师和课程，但还是于 15 岁那年以第一名的成绩从这所高中毕业，并拿到了1883 年的优等生金质奖章。

完成了高中学业的玛丽不能再靠埋头苦学来遗忘痛苦，她的精神完全崩溃了。深陷绝望的她躲在黑屋子里，一言不发，茶饭不思。这时候的瓦迪斯瓦夫才意识到女儿的痛苦有多深，于是把她送到乡下的亲戚那里。起初，悲痛欲绝的玛丽什么也做不了，只能静养，后来才渐渐康复。有了大自然和家人的温暖围绕，她逐渐提振了自己的精神。

1883 年秋天，玛丽回到华沙的时候，精神几乎痊愈了。这时，与其他同事一样，她的父亲被减扣了薪水，正在担心自己没有足够的钱供女儿们上大学。但他依旧坚持在家中教育她们。他兴趣广泛，博学多才，不仅精通物理与化学，而且对文学和诗歌保持广泛持久的阅读。他通晓五种语言，每周六晚上用这些语言大声朗读给孩子们听，还常常边读边译。玛丽的女儿夏娃这样描述玛丽的父亲："多亏了外祖父，是他将母亲带入了那个时代的女孩子很少能够接触到的知识殿堂。"

尽管波兰的实证主义强调教育是爱国主义与国家最终独立的主要手段，但当时的波兰大学对女性仍是大门紧闭。正如第一章里提到的，玛丽和姐姐没有足够的资金去国外求学，于是，玛丽开始靠阅读科学、政治、文学和诗歌来自学，并为自己未来的教育事业做了规划。她开始参与飞行大学的活动。这是一所由雅德维加·什切金斯卡－达维多维（Jadwiga Szczasinska-Dawidow）于 1882 年创立的秘密学院，为当时的波兰女性秘密提供大学的教育课程，课程主要在一些支持女性教育的学校里进行。
40 年后，玛丽在一封信里提到了他们的理想："没有个体的提升，我
们不敢奢求建立一个更加美好的世界。为此，我们每一个人向着个人能
达到的最高成就奋斗，同时肩负起自己的社会责任——帮助那些我们能
够帮助的人，对他们而言，我们可以提供最大的帮助。" 这一理想把
教育和爱国的热忱紧密地结合在一起。

　　玛丽用在什丘奇做家庭教师的收入资助了姐姐布罗尼亚去巴黎索邦
学习，希望布罗尼亚完成学业之后，再反过来资助她上学。做家庭教师
期间，玛丽也在寻求用其他方式支持波兰的实证主义运动，这一社会进
步流派认为，作为教育尚未触及的领域，农民可以被教育武装起来。心
怀这样的理想，玛丽以她特有的奉献精神创办了一个波兰农民课堂，利
用课余时间教育 10 个农民的孩子。这在当时是被政府禁止的危险举动。
此时的玛丽已经完全投入到教育兴邦的伟大事业中，视教育为反抗沙俄
压迫的民族主义手段。

　　布罗尼亚完成巴黎的学业后（索邦医学院每 1000 个学生当中仅有
3 个是女生，其中只有 1 个女生可以毕业），终于轮到玛丽到巴黎上大
学。起初，她有些犹豫。尽管她渴望读书，但是，抑郁症和对新环境的
恐惧令她不能果断决定去留。此外，身为女儿，她也深感自己对父亲的
责任，不想把他独自一人留在华沙，于是她暂时决定回华沙陪父亲。幸
运的是，玛丽获准在表哥约瑟夫·博古斯基（Józef Boguski）的博物馆
的化学实验室做实验。约瑟夫当时是华沙农工博物馆的馆长，这家博物
馆是一家深受实证主义影响的私营机构。在那里做实验后不久，她就立

下雄心，要成为一名化学家。她的女儿夏娃后来对此有一段描述："每当纤细灵巧的手指摆弄着试管，玛尼娅（玛丽的昵称）仿佛魔幻般地回到了童年的世界，玻璃柜子里静静摆着父亲的各种物理学实验器皿，那时的她多么想把玩一下这些器材呀！现在，她又把命运之线握在了自己的手里。"1891 年 11 月，24 岁的玛丽最终踏上了开往巴黎的火车，开启了她在索邦的求学生活。

玛丽到巴黎的时候，只携带了几件衣服、一个羽毛床垫、一点食物和水，还有一个凳子。此外，几乎是身无分文的她租下了每月 25 法郎且没有供暖的公寓。冬天的时候，房间会冷得让洗手池里的水结冰。但是，公寓离索邦很近，独来独往的她有更多时间集中在学习上。后来，她把这段清贫的日子描绘成人生最美好的一段时光。

在索邦，教育基本是免费的——仅在参加资格测试和学位考试的时候需要一些很低的费用。学生可以任意选课，自愿选择参加考试。索邦大学在很多方面进一步成就了玛丽独立工作的习惯。针对这一段生活，她写道："来法留学的学生不该一开始就指望找到方向实现实用主义的目标。法国教育体系的主要目的是唤起学生对自己能力的信心，培养运用这些能力的习惯……老师的教学目的是为学生尽可能多地提供自由学习的空间和条件，而不是培养门徒。在这里，必须完成的练习和遵守的学术规范并不是最重要的。"

玛丽是索邦理学院 2000 名学生中仅有的 23 名女生中的一员，她似乎并没有意识到或者根本就不在乎那个时代对女性的歧视。她完全沉浸在学习里，勤奋到了极度疲惫和营养不良的程度，甚至有一次晕倒在图书馆。1893 年，她以班级第一的成绩通过了物理学的硕士学位考试；第二年，又以班级第二的成绩拿到了数学的硕士学位。她的坚韧与才华得到了回报。教过她的一位名叫加布里埃尔·李普曼（Gabriel Lippman）的教授帮助她申请到了一笔奖学金，资助她研究钢的磁性。

由于缺乏先进的设备，玛丽的研究中途受阻；为此，一个朋友把她引荐给 35 岁的物理学家皮埃尔·居里，他购置的大量实验器材可供玛丽使用。那时，皮埃尔已经是一位颇有成就的科学家了。尽管小时候患有诵读困难症，他的数学抽象思维能力却超出常人，他也是在家中接受父母的教育。16 岁就拿到了理学学士学位；在化学和物理之间难以取舍的他同时修了这两个专业——在索邦学物理，在巴黎药学院学化学。毕业时，他已经是索邦大学一位教授的研究助手了。后来，他创立了磁学领域的对称原则，并与自己的兄弟合作发明了当时最先进的象限静电计。如下一章要提到的，这个静电计和皮埃尔的指导在她后来的科学发现过程中起到了关键作用。

皮埃尔通常对女性不是很感兴趣，但自从遇见聪慧的玛丽，他整个人都变了，他完全被她迷住了，开始疯狂地追求她。几年坚持不懈的追求终于有了结果——玛丽接受了他，两个人走进了婚姻的殿堂。婚后不久，女儿艾琳出生了。尽管起初玛丽以自己特有的勤奋努力持家和照顾孩子，但她很快就渴望重返科研领域。于是，1897 年，为了能够专注于科学研究，夫妻二人雇了保姆来照顾女儿，皮埃尔的父亲也搬过来照顾孩子。

1895 年，德国物理学家威廉·康拉德·伦琴（Wilhelm Conrad

Rontgen）发现，某种神秘射线可以穿透各种物质，在一个涂有氰亚铂酸钡的纸板上生成荧光像。运用数学上表示未知数的字母 X，他称这种射线为"X 射线"。第二年，法国物理学家安托万·亨利·贝可勒尔（Antoine Henri Becquerel）发现铀盐也可释放某种射线，该射线可以在照片的底片上生成图像。虽然，大多数公众把注意力转向了 X 射线，因为这种射线不仅更容易生成，还可以产生激动人心的效果。但是，玛丽决定研究"贝可勒尔射线"，这种射线当时还没有引起人们足够的重视，因为这种射线很微弱，需要从铀中提取，铀是一种不太可能找到的材料。贝可勒尔本人曾试图用皮埃尔的静电计测试这些不经意间发现的射线，但是，他不能熟练操作像静电计这样复杂的精密仪器。与他相比，玛丽在这方面更有优势。在皮埃尔苦心研究如何提高这种仪器对电流的敏感性的时候，玛丽一直在场，她从未离开他的左右。皮埃尔把自己发现的压电石英安装到了静电计上，这种石英可以提高静电计对低强度电流的测试精度。他还用了 20 天的时间培训玛丽使用这台极度复杂的仪器来测试贝可勒尔射线。

玛丽用皮埃尔的静电计测试铀粉所释放的电荷，这个测试过程要求她注意力高度集中、双手熟练操作，还要有非凡的毅力。不久，她发现其他物质也可以发出类似的能量射线，于是，她开始测试一系列化合物。结果，她发现沥青铀矿石（一种可以提炼出铀的黑铁矿石）发出的射线强度是纯铂的 4 倍。这些射线的威力令她意识到沥青铀矿石内含有某种未知的化学元素。为了确定这种未知元素，她以一种锲而不舍的精神和强烈的好奇心，一次接一次地做实验。这期间，她完成了题为《放射性理论》的学术论文，提出放射性的测量可以用于发现新元素。这一理论为后来原子科学的诞生铺平了道路。

在皮埃尔的帮助下——他为她提供实验室和沥青铀矿石，将近四年的时间里，玛丽不知疲倦地工作，终日忙于蒸馏和分离各种物质。最终，她分离出一种放射性是铀的 400 倍的物质——钋（"polonium"，名字首字母与她的祖国 Poland 一致，为了纪念祖国，她把这种元素命名为钋）。找到钋的同时，她很快又投入到分离沥青铀矿石中的另外一种元素中，该元素的放射性是铀的 1000 万倍还多。（这种元素被她命名为镭，名字取自拉丁文词语"射线"。）1903 年 6 月，她完成了博士论文答辩，论文题目为《放射性物质研究》，因而成为法国首位女博士。同年，一群科学家（包括此前教过居里的教授加布里埃尔·李普曼）联名提名皮埃尔·居里和亨利·贝可勒尔为 1903 年诺贝尔物理学奖的候选人，提名依据是发现放射性元素，尽管众所周知，这主要是玛丽的发现。毕竟，在那个时代的欧洲，女性 14 岁后仍然在接受教育已经是突破传统，而女性在科学或商业领域有所成就，则几乎是突破想象。皮埃尔表示成就主要是玛丽的，如果玛丽不被一起提名，他将拒绝接受诺贝尔奖。委员会妥协了，将一半的奖金颁发给了贝可勒尔，奖励他在发现自发放射性方面的卓越成绩，而将另外一半奖金颁给了皮埃尔·居里和玛丽·居里，以奖励他们在与贝可勒尔合作研究的过程中所付出的努力。 居里因而成为世界上首位女性诺贝尔奖获得者，直到 32 年后的 1935 年，她的女儿艾琳·约里奥－居里（Irene Joliot-Curie）继其后，成为第二位女性诺贝尔奖得主。镭的发现是她最伟大的科学成就，但是在科学家们看来，她最伟大的成就是以下三大科学发现：放射性是原子的属性、辐射性同位素的分离方法、同位素的各种应用。

在分离钋和镭的过程中，居里夫妇始终没有意识到放射性物质会危害他们的健康。皮埃尔·居里感受到严重的不可名状的骨痛和身体虚弱；玛丽·居里体重骤降，并伴有肺结核的症状，尽管也有开心的时刻——刚刚降临的荣誉带给居里更好的研究职位和更多的研究资源，以及他们的第二个女儿夏娃出生了。随后，悲剧降临了。1906 年的一个雨夜，皮埃尔被一辆马车撞倒后，再也没有醒过来。皮埃尔的离开对玛丽是毁灭性的打击。正如夏娃后来写的："自从听到皮埃尔死了的那一刻，她永远披上了孤独和神秘的外衣。4 月的那天，居里夫人不仅成了一个寡妇，还变成了一个可怜的女人，不可救药地孤独着。"

皮埃尔葬礼的当天，她就回到了实验室工作，在随后的 10 个月里，完成了一本 600 页的关于放射性与地球引力的专著，这是皮埃尔生前没来得及完成的工作。她把自己关在实验室里，疯狂地工作，直到凌晨两三点。她拒绝与社会接触，甚至，在感情上与孩子们也疏离了，幸好还有天性活泼、充满温情的祖父陪伴在孩子们左右。夏娃对母亲最早的印象就是她因过度劳累而晕倒在地板上的样子。在累得无法忍受的时候，她就自己躺在床上，不允许任何人靠近。

没有了皮埃尔的陪伴，居里变得更加容易受到时代的性别歧视带给她的伤害。像她这样受过高等教育的女性本就凤毛麟角，更何况她还拥有这么高的专业地位。作为获得过诺贝尔奖的科学家，她并没有得到应有的尊重。同样情况下，男性科学家便会得到很多同行的崇拜。而她却被科学院拒之门外，仅仅因为她是女性；她的论文只能由他人代为宣读。早年一直崇拜皮埃尔·居里、支持居里夫妇的开尔文勋爵，因与玛丽在地球年龄这一问题上意见相左，开始在报纸上攻击她。他用温度梯度法计算出地球的年龄是 2000 万到 1 亿年之间。他主张地球的初始状态是热熔体，基于这一假设，他把地表温度从初始状态降至当前温度所需要的时间作为地球的年龄。但是，这种假设与达尔文的进化论相矛盾，在达尔文看来，地球的历史应该更久远。为此，科学家之间展开了激烈的争论，争论的焦点落在地球年龄的算法应该基于怎样的假设。开尔文坚持己见，于 1897 年宣布地球的年龄更接近 2000 万年。玛丽·居里对镭的发现暴露出开尔文的逻辑弱点：放射现象说明地球的热量一直在不断地被重新补充。同时，放射性理论为测定岩石的年龄提供了方法，因为岩石的放射性会按着已知的速率衰减，基于这一假设和算法，居里得出地球的年龄至少是开尔文估值的两倍。为了维护尊严，开尔文对玛丽·居里发起攻击。他在 1906 年的《泰晤士报》上发表了一篇公开信，称镭根本就不是什么元素，只是一种氦的化合物。登报这一行为很出乎大家意料，当时，常规的做法是在学术期刊上发表科学论文。看来，开尔文试图当众羞辱居里，以此来削弱她在放射性科研领域的合法地位。居里一如既往地没有登报，而是返回实验室，用三年时间证明了镭的原子量，打消了所有针对她研究方法和结果的质疑。

　　工作成为玛丽·居里的主要庇护和慰藉，她把研究方向转到射线在医学领域的应用。她观察到，相对于健康细胞，射线可以更快地杀死正在形成肿瘤的细胞，而她是唯一掌握分离放射性同位素的知识和技能的人。于是她开始研究如何运用放射性同位素来治疗肿瘤，这在当时是世界首例。居里成为当时女性的楷模，截至 1910 年，已有 20 名女性科学工作者在她的实验室提供无偿服务。正如第四章里提到的，对于居里来说，1911 年是个动荡的年头：她和朋友兼同事保罗·郎之万的婚外情被公之于众，而这恰恰是在她第二次获得诺贝尔奖的时候。这次是化学奖，"以兹奖励她在发现镭元素与钋元素，在分离镭、研究镭的属性及其化合物方面所做的贡献"。作为连续两次在不同领域获得诺贝尔奖的第一人，居里并没有沉浸在获得如此殊荣的喜悦里，而是深陷婚外情丑闻带给她的痛苦之中，承受着舆论对她的恶意攻击。她再一次离开了公众的视野，完全沉浸在自己的工作里。

一战爆发时，当居里了解到受伤的战士因无法确定子弹和弹片的位置而不得不截肢时，她研发出了可移动的 X 射线检查设备，并驱车将设备运到战地医院，在当时 17 岁的女儿艾琳的协助下，亲自安装设备。该设备与其他医疗手段一道，挽救了 100 多万战士的生命。19 岁的时候，艾琳已经在艾迪丝卡维尔医院（Edith Cavell Hospital）培训 X 射线设备的女性操作员。如同才华横溢的母亲一样，她与人合力找到了人工生成射线的方法，并因此获得了诺贝尔奖。

居里为长期持续地暴露在 X 射线和镭的环境下付出了代价。1934 年，因长期辐射导致的恶性贫血及再生障碍性贫血，67 岁的居里去世。夏娃这样描述母亲的死："在完成使命之时，她已精疲力竭。她走了，她的一生，拒绝财富，淡泊荣誉。"

上一章中讨论的很多问题在玛丽·居里身上得到了验证。她打破传统，对社交生活不感兴趣，完全生活在自我封闭的状态下。她把自己的一生奉献给了伟大的追求，并为之顽强奋斗。遇到阻碍和挑战时，她从不动摇，绝不让步，而是越发努力地拼搏。皮埃尔及其发明的静电计在玛丽的发现之旅中的重要作用，向我们表明资源对于科学研究的重要性。我们将在下一章中重点讨论这一话题。但是，居里的故事最主要的是向我们说明时代的机遇与挑战对于突破创新的重要性。

一方面，居里的故事说明，在 20 世纪末和 21 世纪初以前，女性在科学研究领域面临着各种挑战。科研和商业领域没有妇女的一席之地，欧洲的许多大学拒绝接受女性。居里以她不懈的努力和超人的智慧完成了自己的高等教育。即使她的聪明才智得到了公认，她的卓越成就无可否认，可就因为她是女性，科学院仍然拒绝接受她，诺贝尔奖差一点与她擦肩而过。为了成功，她需要做出对很多女性来说都很艰难的抉择：她几乎放弃了所有照顾子女的职责。这位杰出的女性创新者的故事充分向我们说明，为什么杰出创新者的名单上，女性的名字寥寥无几。

另一方面，她的故事向我们表明，时代为创新者的成长提供了各种机遇，对其成长有着诸多积极的影响。首先，居里出生的时代正是波兰进步分子通过地下教育保护本族文化遗产的时期，这意味着玛丽不仅有机会接受教育，她还把地下教育视为一种爱国行为。她参加"飞行大学"的运动，有幸结识了华沙最有才华、最勇敢的女性。身处知识界，她接触到了女性也应该勇敢热情地追求知识与科学进步的社会思潮。这期间，波兰实证主义的兴起体现了上述的这些要素：它完全推翻了限制妇女接受教育的思想，强调勤奋与务实地工作才是波兰的未来。

　　时代为居里的个人发展所提供的重大机遇不仅仅体现在了波兰当时重大的历史变革中。19 世纪初的欧洲，女性还被大学拒之门外。到了 19 世纪中期，这种情况发生了转变。19 世纪初，几所美国大学开始接受女性入学，紧随其后，欧洲女性于 19 世纪中期强烈要求被大学接纳。1865 年，苏黎世大学成为欧洲首例接受女子入学的高等学府，随后，1867 年巴黎大学（索邦）也开始招收女大学生。截至 19 世纪 60 年代末 70 年代初，许多其他的欧洲大学也纷纷效仿。1878 年，伦敦大学成为英国第一所允许女性获得学位的高等学府。（牛津和剑桥允许女子上课，但是不授予学位。这种情况在牛津持续到 1920 年，在剑桥持续到 1947 年。）玛丽·居里于 1891 年开始了索邦的求学；如果她提前 30 年出生，即使再聪明、再有毅力，她也不可能在科学领域大展拳脚。

　　波兰的实证主义运动和欧洲高等教育为女性敞开了大门，这两个历史事件为玛丽和布罗尼亚的明智计划准备了条件：二人先后去索邦求学，资助对方接受高等教育。这对于两个没有经济基础的波兰小女生来讲是一个大胆的、不太可行却很聪明的计划。事实是，她们实现了自己的目标，姊妹二人都拿到了大学的学历，这是一个多么精彩的结局！当家庭教师期间，曾经有那么一些时刻，玛丽觉得不太可能有足够的钱来完成大学学业，因此很沮丧。她当时对生活的愿景与后来实施的聪明计划有天壤之别："我对未来没有什么伟大的计划：目前，我只想有一个角落可容我和父亲安顿下来一起生活——我想在华沙安家，得到一所女子学校的某个职位，靠教书补贴一些家用。这就是我想要的全部生活。此外，不值得为生活担忧什么了。"

最后，我们一定不能忽视这一点，皮埃尔·居里前期研究钢的磁性以及发明静电计，伦琴与贝可勒尔发现的神秘射线，共同促成了玛丽·居里后来发现镭元素和放射现象。以居里的智力水平和拼劲，我们可以认为，即使没有上述的天时、地利与人和，她也会有一些作为，但是，她是否可以成就后来的伟大事业，是否能够成为人们心目中历史上最伟大的发明家，那可就不得而知了。

在技术与经济重大变革的时代，如果有人响应时代的召唤，就会出现发明创新的繁荣景象，从而涌现出一批创新者。个人电脑和互联网的兴起就是最好的例子。信息技术革命为各类群体和机构提供了大量的发展新机遇，从而掀起了发明创新的高潮。计算机和互联网不仅带来计算机和软件领域的创新，还激发了几乎覆盖了所有产业的革命，催生了新的产品和新的生产方法。药物可以被计算机自动扫描，自动化进程能被应用到工业机械中，课本可以被数字化、模块化或被定制，产品的营销和交易可以通过互联网来实现。现在几乎找不到信息技术影响不到的行业。自 20 世纪 70 年代末（首台个人电脑出现）到 90 年代中期（互联网面世），这期间涌现了大批创新者，包括史蒂夫·乔布斯、比尔·盖茨（他与保罗·艾伦共同创立了微软）、利努斯·托瓦尔兹（Linux 的创始人）、蒂姆·伯纳斯－李（因发明了超文本标记语言和超文本传输协议而被推为万维网创始人）、杰夫·贝佐斯（亚马逊的创始人）、马克·安德森（网景创始人）、拉里·佩奇和谢尔盖·布林（二人联手创建了谷歌）。

那些与科技没有直接联系的冲击也能够孕育创新。这些冲击通过改变规则的限制、资源的获取手段和经济发展孰先孰后的考量来间接促进创新。例如，1973 年，石油输出国组织（OPEC）宣布石油禁运，导致石油价格增长了 4 倍，带来了世界性的石油危机。政客们纷纷呼吁实行石油配给制，尼克松总统要求加油站主动限制周六、周日的汽油销售，结果导致加油站排起了长队。很多州甚至要求州内公民放弃圣诞节挂灯，更有甚者，俄勒冈干脆严令禁止在圣诞节挂灯。尽管石油禁运在几个月以后被废除，但石油危机冲击了各国的政府、产业和消费者，因而给世界带来了深远的影响。例如，美国的汽车制造业开始专注于研发更为节能的车型，消费者选车时会将节能作为首要考虑因素。无论公司还是个人纷纷开发起诸如太阳能、水力发电等可再生能源。创新的快速发展使太阳能发电的成本由原来的每瓦 100 美元降至每瓦 20 美元，一夜之间，从电子手表到偏远地区的家用照明，太阳能电池得到了广泛应用。颇具讽刺意义的是，石油公司居然也开始使用太阳能电池为海上钻井设备供电。

社会运动在刺激创新方面也起到了一定的作用，社会运动可以改变社会的优先选项或者行为准则。比如，史蒂夫·乔布斯的事业发展和生活轨迹就深受技术冲击和他对 20 世纪 60 年代反主流文化运动的强烈认同的影响。20 世纪 60 年代，对越战和不断加剧的种族与性别歧视的抵制引发了一系列反战示威和社会运动，如民权运动、言论自由运动、女性解放运动等。这些运动主要采取和平手段，得到了学生中激进分子的支持与推动，达到了前所未有的高度。他们反对现有体制的权威性，倡导建立和平、平等、思想自由的社会。这些运动拥有同一个宗旨——努力推翻旧有的社会范式，因而被统称为"反主流文化运动"。

反主流文化运动的理念在乔布斯的信仰里起到了很大的作用，他抵制权威、反对社会规约的束缚。在这种理念的驱动下，乔布斯视计算机为表达和解放个人思想的工具，以及社会变革的方法。乔布斯的朋友、音乐家博诺这样解释反主流文化运动中的嬉皮士与个人电脑的关系："吸大麻、穿凉鞋的嬉皮士创造了 21 世纪，和乔布斯一样，他们来自西岸，对世界有着迥然不同的认知……而美国东岸、英国、德国和日本的等级体系并不鼓励这种另类的认知世界的方式。20 世纪 60 年代培养了一种无政府主义的思维方式，这非常有利于人们构想一个尚不存在的世界。"

战争对于创新也起到了一定的作用，尽管战争的影响是把双刃剑。一方面，它让创新人士不得不放弃科学研究和工业生产，穿上军装走上战场，阻断他们的科研追求。战争还带来了大面积的资源破坏，除了有形资产，还包括对创新至关重要的创造性人才。另一方面，战争可以促进革新，因为它可以激发人们内心的紧迫感和理想主义，促使他们追求更伟大的目标。这种情况下，人们会冲破传统的角色束缚，打破常规的羁绊，发挥自己最大的创新潜力。战争还可以使原本因为性别、种族、社会阶层等因素没有交集的人群展开交流。例如，二战期间，妇女在工业领域上的角色转变。在 1940 年至 1945 年间，劳动大军中女性人数的占比激增，至 1945 年达到了 37%，因为她们填补了前赴战场的男性劳动力的空缺。美国政府掀起了征女兵入伍参与弹药制造的运动，这一运动的代言人就是展露自己肌肉的铆工露丝（Rosie the Riveter），她因此成为女性力量、独立和爱国主义的象征。原本对女性紧闭大门的行业，如航空业，则在战争期间不得不欢迎她们的加入。1943 年，航空业的女性职工占 65%，而战前只有 1%。成百上千的女性被雇用，成为"计算机"——她们用计算器计算各种繁复的方程式，求出战场上炮火瞄准所需的数据。女数学家还参与了电子数值积分器计算机——被广泛认为是世界上第一台通用计算机——的开发与编程。因为战争，妇女地位获得了前所未有的提升，她们步入了科技领域，科技也走到了妇女中间，广泛扩大了知识人才和创新者的队伍，这些都是技术革新所必需的。

格雷丝·霍珀是这方面最好的例子。她出生于 1906 年的纽约。她的母亲是一位资深数学家，父亲是人寿保险公司的总经理。格雷丝遗传了妈妈的专长，酷爱数学，1934 年成为耶鲁大学的第一位女数学博士。霍珀后来描述这段经历："我当时本来想当一名工程师——父亲总是在做这做那，我很对他做的那些东西的工作原理感到着迷。但是，在我高中毕业的 1928 年，工程领域没有女性的一席之地。"霍珀于 1940 年接受了瓦瑟大学的一个教授职位，成为那里一名深受学生喜爱和尊重的教师。

在那个时代，教授被认为是仅有的几个适合女性的职位。这个职位让她生活得很安逸。直到 1941 年日本空袭珍珠港改变了这一切。不到六个月，格雷丝的丈夫、兄弟、表兄弟和朋友纷纷应征入伍。罗斯福总统于 1942 年签署了《海军女兵预备队法案》，允许女性入伍到后勤工作，霍珀下定决心参军。36 岁的她，体重 105 磅，尽管按官方标准，她的年纪过大，身材过于矮小，本不适合在海军服役，但由于战时对数学教授的需求，她能够免受这些条件的限制。因为有数学背景，她被安排到开发部门，开发一种能够快速计算复杂运算的机器，比如运算地雷阵的布阵方案。战后，一些主要的技术公司（包括 IBM、霍尼韦尔公司、埃克特－莫奇利计算机公司）都向她抛出橄榄枝。虽然当时的科技界和商界都不欢迎女性，她的军衔（她本可以最终做到海军上将）和科学实验报告弱化了常规状态下人们对她的性别歧视，使她可以发挥更大的作用。她继续搞开发，发展出了第一套计算机程序语言，颇具讽刺意味的是，她被数据处理管理协会推选为"年度人物（Man of the Year）"。为了纪念她，1997 年美国海军将最新的载有导弹的驱逐舰命名为霍珀号驱逐舰。

战争期间，政府和机构大幅增加在通信、交通、军需品技术上的投入。这些方面的投入可以带来大量的有形资产和专业技术，这些资产和技术即使在战时需求削减的情况下，也可以进一步推动创新的发展。尽管雷达的开发可以追溯到 19 世纪末的电磁科学，但是雷达得以广泛应用还要归功于二战期间巨大的技术进步。当时，德国、日本、美国、英国、苏联、荷兰、法国、意大利等国的政府都在大力开发能够探测和追踪飞机的雷达系统。英国在这方面取得了主要进展，但是缺乏资金和其他产业资源。因此，1940 年 6 月，法国沦陷后，丘吉尔担心英国会步法国后尘，成为纳粹攻占的下一个目标，于是决定向美国求救。他以与美国分享雷达技术为条件，换取了美国对英国的雷达在生产和资金两方面上的援助。

由亨利·蒂泽德（Henry Tizard）带队的英国研发小组发明了一种磁控
电子管，它的效力比当时美国最好的信号发射机的威力大 1000 多倍。
磁控管被秘密从海上送往美国，这次秘密行动被称为"蒂泽德任务"。
贝尔电话实验室旋即把这种新型信号发射机投入生产。

　　包括约翰·巴丁（John Bardeen）、威廉·肖克利（William Shockley）、
沃尔特·布拉顿（Walter Brattain）三人在内的贝尔实验室团队研发的是，
可以应用于雷达系统的纯锗晶体二极管。二极管的研发带动了 1947 年
晶体管的发明。（布拉顿和肖克利因此获得了 1956 年的诺贝尔物理学
奖。）1956 年，为了照顾病中的母亲，肖克利从新泽西（贝尔实验室所
在地）搬到了加州的山景城（Mountain View），并在那里建立了肖克利
半导体实验室。虽然肖克利的聪明无可否认，但是他的心理有问题，他
是优生学的拥护者，还是一个（委婉地讲）很难与之共事的人。不出意
料，一年以后，他的八位高级研究员一同离开了实验室，另立门户，成
立了飞兆半导体公司（Fairchild，又名仙童半导体）。随后的 20 年里，
从飞兆走出的人才建立了几十家公司，为后来硅谷的诞生打下了基础。

　　让我们在此先回顾一下这期间都发生了什么：丘吉尔担心英国落入
纳粹的魔掌，将世界领先的雷达技术拱手送给美国。贝尔实验室拿到了
雷达项目的合同，开发出了晶体管。为了照顾病中的母亲，肖克利将晶
体管技术带到了山景城。但是，因为他的心理问题，他的研究团队另立
门户，建立了飞兆公司。从那里走出的人才又纷纷建立了几十家公司，
成为硅谷的雏形。这是一个理想的"路径依赖"范例，一旦路径依赖
的情景产生，结果往往受到事件发生的先后顺序的显著影响。如果丘吉

尔没有把英国的磁控电子管送交美国，或者"蒂泽德任务"中途受阻，会发生什么？如果肖克利没有去山景城照顾病中的母亲，那又会发生什么？这一系列事件中的任何一个环节发生改变，都会带来截然不同的结果，都不会有硅谷的出现。如果硅谷没有出现，那现在的美国将是怎样的？哪些科技公司根本就不会存在？取而代之，又会有哪些新的公司和技术出现？又会有谁知道史蒂夫·乔布斯是何许人也？

我们还可以回顾一下大多数发明家经历的相似的成功路径：爱迪生因为挽救了一个孩子的生命而得到了一份电报局的工作。如果他没有去救那个孩子，他就不会得到那份工作，那么他的事业发展轨迹就会彻底改变。爱迪生对化学有着浓厚的兴趣，很可能依旧会成为一名科学家或者发明家，但不一定是在电学领域里成为名家了。爱迪生（还有特斯拉）诞生的时代为电方面的发明准备了条件。而汉斯·克里斯蒂安·厄斯泰兹（Hans Christian Orsted）、安德烈·马利·安培（Andrè Marie Ampére）、詹姆斯·克拉克·麦克斯韦（James Clerk Maxwell）在电磁领域做的前期工作，迈克尔·法拉第（Michael Faraday）研发的电动机，格奥尔格·欧姆（Georg Ohm）在电流方面做出的贡献，已经为后期的爱迪生、特斯拉、贝尔、开尔文、威斯汀豪斯的科学发现奠定了基础。因为时机成熟，所以我们看到的并非零星的电力产品的发明，而是不断涌现的日新月异的电力产品，这个阶段的发明驱动了第二次工业革命，彻底改变了人类的生活方式。如果特斯拉和爱迪生成长的时代发生改变，或者他们选择的不是电力行业，也许他们仍旧会成为发明家，也可能会更加名噪一时，但是他们不会像如今这般享誉世界，甚至他们的名字有可能被后人遗忘。

　　天时与地利对于连续突破性创新者至关重要，但仅有天时和地利还远不够。19 世纪，电力业和电器业的从业者成千上万，但只有少数几个人可以像爱迪生和特斯拉那样，一辈子都在源源不断地带来突破性创新，给世界带来巨大冲击。同理，尽管有成千上万人为计算机行业做出过突出贡献，但没人可以像乔布斯那样创造出颠覆人类生活的非凡产品。伦琴和贝可勒尔先于居里发现了射线，但是他们缺乏后者的执着和坚持不懈，因此没有成为她那样不朽的科学家。尽管时代的机遇对每一项创新发明都很重要，但是它不足以解释这些连续突破性创新者的出现。这些创新者自身的特点和动机很大程度上帮助他们抓住了这种机遇，取得了他人无法取得的成就。

第七章

如何运用资源

创新的关键不是资金，而是人才、
你被领导的方式和领悟力……

上一章我们谈到了时机——技术、政治或文化冲击有时会激发创造发明的热潮，比如晶体管的发明如何给计算机领域带来了革命。但是，时机不是影响创新的唯一环境因素。"天时地利"带来的另一大好处是，创新者更容易接触到资源。

商业和经济学领域的研究人员在研究一个国家和地区在创新领域的成败问题时，往往集中考虑资金和教育两个方面的因素。这很能说明问题：当然了，拥有足够资金并将之合理地投入创新企业和人才培训中的重要性已被证实。此外，强劲的资本市场——健康的投资和贷方市场、强大的金融标准体系、专业的金融分析团队和有效的合同法，对于创新和效率也很重要。另一个无须多言的观点是，教育可以为个人发展提供机会，从而促进经济的发展。但是，资金和教育到底能在多大程度上影响突破性创新者的出现呢？

这个问题的答案比问题本身更出人意料，也更耐人寻味。本书涉及的每一个创新者都受益于良性经济条件下的生存环境和工作环境，良性经济提供了充足的资金和接受过良好教育的人才。问题在于，这些发明家本人的经济条件和所接受的正规教育水平并不是很突出。实际上，大多数发明家在创业之初，基本上没有得到资金支持。本杰明·富兰克林初次来到纽约时，身上的钱只够买两个面包，接受的正规教育几乎为零。同样，托马斯·爱迪生几乎没有接受什么正规教育，从卖报童起家，最后拥有了自己的实验室。埃隆·马斯克创业之初也是两手空空。他移民加拿大时，还是个懵懂少年，靠打零工维系生活。因此，拥有充足的资金来源并非成为突破性创新者的必要条件。事实上，也许资金的匮乏反而有益于创新者，一无所有让他们无须顾忌损失，也确保了他们强大的工作信念。正如马斯克在 2013 年的一次采访中的简短回复："不赚钱我就得饿死。"此外，几乎每一个发明家的故事都表明了别的资源（特别是技术和知识）的重要性。史蒂夫·乔布斯的经历是这方面最好的例证。

乔布斯于 1955 年 2 月 24 日出生在旧金山。他的亲生父母是威斯康星州立大学的研究生。父亲阿卜杜拉法塔赫·约翰·钱德里（Abdulfattal "John" Jandali）是叙利亚移民，当时是政治学系的在读博士和助教。母亲乔安妮·席贝尔（Joanne Schieble）当时正在学习语言病理学。当两个 23 岁的年轻学生意识到有了孩子，计划结婚时，却受到保守的乔安妮父亲的阻拦。他威胁道，如果女儿与钱德里这个穆斯林结婚，他就与她断绝父女关系。乔安妮只好到旧金山，秘密生下孩子并交给他人抚养。起初，她选择了一个富有的天主教家庭收养孩子，夫妻都受过良好的教育。但是，在最后时刻，这对夫妇决定收养一个女孩。孩子最终被保罗和克拉拉·乔布斯夫妇收养，他们给他起名：史蒂夫·保罗·乔布斯。

乔安妮对此很不满，将保罗和克拉拉·乔布斯夫妇告上法庭。虽然在他们同意送乔布斯上大学的条件下，她最后撤回了起诉，但是这次的收养风波令乔布斯夫妇在收养这个孩子的最初一段时间里一直惴惴不安。史蒂夫·乔布斯的第一任女友克丽丝安·布伦南后来回忆，少年时的她和乔布斯刚开始约会的时候，有一天克拉拉突然向她坦白道："收养乔布斯后的前六个月因为过度恐惧，我几乎无法爱他……我每天都在担心他被领走，尽管最后赢了官司。乔布斯是一个很难带的孩子，在他两岁的时候，我甚至怀疑收养他是个错误。当时想过把他送还给他的亲生父母。" 据很多人描述，亲生父母的遗弃在乔布斯的内心留下了挥之不去的阴影，令他终生痛苦不堪。

乔布斯一家住在旧金山山景城郊外的一栋小房子里。他们所在的社区，后来发展成为硅谷的中心。养父保罗没有完成高中学业，二战期间曾在海岸警卫队服役，后来当了一名发动机修理工。他勤劳能干，每天总是忙个不停。闲暇时间就买些旧车，把它们翻新后再卖掉。他的车库里存放着数百种修车工具，摆放有序，挂在配挂板上，他还用黑色的马克笔做了各种标记。史蒂夫的房间也是有条不紊：每一件物品的用处、价值和占用空间都是反复斟酌之后才被安置到某一特定的位置——这一习惯在他后来的计算机设计理念中得到了体现。心地善良的养母克拉拉是个图书管理员。为了逃离当年亚美尼亚的土耳其人的迫害，克拉拉的父母才移民到了美国。

很小的时候，史蒂夫就表现出绝顶聪明。在学校，他总是很反叛，容易招惹麻烦，他对上学向来提不起精神。四年级的时候，他的智商已经达到了十年级水平，学校建议他跳两级。养父母明智地安排他跳了一级，并把他转到硅谷洛斯阿尔托斯社区的一家更好的学校。

下班后或周末，保罗会教史蒂夫如何修理汽车，父子二人常常到废车场搜罗修车配件。这期间，史蒂夫学会了如何在科技跳蚤市场搜罗自己所需要的东西。养父还教会了他如何鉴别设计精品，从产品的内部结构到背面，这些都是被普通用户忽略的地方，而产品的精湛工艺恰恰体现于此。后来，这项技能在史蒂夫的工作中派上了用场：苹果公司插件板上的各个部件必须依次摆放，计算机机箱内部的摆放也要反复斟酌至极致地步。保罗有时对史蒂夫很严厉，据克丽丝安·布伦南描述，他时常批评、非难史蒂夫，而史蒂夫总是回以"伤感的微笑和隐忍的耐心"。他知道养父母在他身上倾注了心血，为此，他深深地爱着他们。

因 Heathkits 公司给他提供了自己动手组装无线电收音机和电视的机会，其生产的产品令少年乔布斯十分着迷。熟悉那些装备使他后来在面对各种电子产品及其组装时信心十足。正如他自己所说："在Heathkits 的产品中，你可以找到各种插件板和带有颜色编码的零部件，在使用手册上可以找到产品使用的原理和说明……看到这些，你就会觉得自己可以组装任何产品。一旦组装了两三台收音机，你就会去看着产品目录里的电视说明对自己说'我也可以组装电视'，即使你并没有那么做。我很幸运，因为在我还是个孩子的时候，父亲和 Heathkits 让我觉得自己可以创造一切。"

这个我们所熟知的连续突破性创新者——史蒂夫·乔布斯可能出

现在任何地方，但是旧金山独有的技术和知识资源大大提高了他成为突破性创新者的概率。20 世纪 60 年代，硅谷已经发展成世界上最大、最重要的信息技术聚集地。这个聚集地诞生于 20 世纪早期，当时这里是美国海军技术研发的重要基地，拥有发明制造无线电通信系统的联邦电报公司（Federal Telegraph Corporation）和研发航空航天应用的洛克希德公司（Lockheed）。1933 年，这里的森尼韦尔（Sunnyvale）空军基地先是成为美国海军航空站莫菲特机场（Naval Air Station Moffett Field）所在地，后来变为美国国家航空咨询委员会（National Advisory Committee for Aeronautics）所在地。硅谷是早期高科技电子技术的摇篮。在 20 世纪 40 年代到 50 年代，斯坦福大学工程学院的院长弗雷德里克·特曼（Frederick Terman）开始鼓励斯坦福的院系师生创业。他还把校园周边的土地出租给高科技公司，以租金收入来资助学校发展。很快，斯坦福成为日新月异的高科技中心，这里有前面提到的惠普公司、瓦里安联合公司和英特尔公司，还有肖克利半导体公司和飞兆半导体公司。乔布斯所在社区几乎每户家庭都与电子工程或多或少有些联系。当众多技术公司在一个区域涌现时，集群的优势就体现出来了。经济地理学几十年的研究表明，技术集群地带需要大量的高科技员工，这里的就业机会也因此猛增。不同公司的职员住在同一个社区，加入同一个俱乐部，他们的子女也会去同一所学校。在此基础上，一个人际关系网得以形成，它将各个组织紧密地联系起来，使知识得以快速传播。专门著述描写这种集群的著名经济学家艾尔弗雷德·马歇尔（Alfred Marshall）这样描述："在集群内部，做生意不再有秘密可言，就好像这个秘密已经散布在了空气中，无处不在。"在这样的环境下长大的少年，无疑有更多机会进入到信息技术产业，对于绝顶聪明又有创业精神的乔布斯来说，这是一项极其宝贵、不可多得的资源。

父亲和近在咫尺的电子专业公司对于乔布斯的未来都有深远的影响。在 1990 年的一次采访中，他这样描述早期生活对他的影响：

12 岁那年，我看到了人生中的第一台计算机。那是我家附近 NASA 研究中心的一台计算机终端，它与某处的一台大型计算机相连，我立刻迷上了这台机器，在上面注册了一个分时账号。几年以后，我又目睹了人生里的第二台计算机，那是历史上的第一款台式机，由休利特·帕卡德（Hewlett Packard）制造，被命名为 9100-A。这台计算机使用 BASIC 语言，体积很大，显示器是一个小小的阴极射线管。1968 年，也许是 1969 年，我有幸被允许使用这台计算机。我节省出所有的时间在上面编写程序。我对它十分着迷。大概我是相当幸运的。

乔布斯一家所在社区的一位工程师弗朗西斯·沃兹尼亚克（Francis Wozniak）当时是洛克希德公司的著名火箭科学家，他教自己的儿子史蒂夫工程原理，朋友们更喜欢称呼他的儿子为"沃兹（Woz）"。沃兹对此回忆："我父亲为了讲解什么是电阻器，可以一直追溯到原子和电子的知识。我在二年级的时候，他就向我讲电阻器，还不用数学等式，只是让我根据他的描述去联想。"沃兹人很聪明，但是书呆子气十足，不是很招人喜欢——相比人，他更愿意与插件板和晶体管打交道。但是当他与史蒂夫·乔布斯相见后，却一见如故，二人很快成了好朋友。他们对恶作剧、电子和音乐有着共同的热情。沃兹后来回忆："我们有着如此多的共同点。我很难向人们讲清楚自己的设计，但是乔布斯很容易就能够理解我说的是什么。我喜欢他。他长得瘦长结实，充满活力。"两人的相遇对彼此都是意外的惊喜：共同点令两个人走到了一起，差异又使他们可以彼此相互协作。乔布斯是个有远见、有野心的梦想家；沃兹是个技术天才，可以实现乔布斯的抱负和野心。乔布斯的本性中有着很强烈的掌控意识，他雄辩机智，强势逼人，很难与人相处；沃兹则谦逊、不张扬、性情温和，能格外包容乔布斯难以相处的个性和有时会伤人的行为。不久，两人就一起搜寻鲍勃·迪伦的盗版唱片，一同恶作剧。其中的一次恶作剧为他们赚得了第一桶金，就像前面提到的，他们发明的蓝盒子骗过了美国电话电报公司，可以用来免费拨打长途电话。

1972 年，乔布斯高中毕业后，养父母根据其生母的要求，送他上了自己选定的大学。乔布斯选择的是学费昂贵的艺术类院校，俄勒冈的里德学院（Reed College）。同其他许多美国大学一样，里德学院的学生们正在忙于从 60 年代的激进主义走向 70 年代的个性表达。乔布斯越来越热衷于冥想、佛教的禅宗和迷幻剂，这些爱好反过来使他更加看重直觉和极简主义。极简主义的设计和直观的界面后来成为他产品的标志性特征。

乔布斯不愿遵循里德学院的课程计划，同时，为自己上大学带给父母的经济负担深感内疚。于是，他决定申请退学，但仍留在学校旁听一些自己感兴趣的课程。他后来对此描述道："我当时不知道自己要做什么，也不知道大学对我有什么帮助。可我却在花着父母的终生积蓄。于是，我决定放弃大学，并且我深信自己这样做是对的。"里德学院学生工作的负责人杰克·达德曼（Jack Dudman）批准了乔布斯的申请，在他看来"乔布斯有着强烈的求知欲，这一点是很吸引人的……他拒绝不经思考就接受真理，他需要亲自验证一切"。乔布斯租了一间每月租金20美元的车库公寓，靠回收苏打水瓶养活自己，回收一个瓶子可以赚到5美分。每个周日晚上，他要走上7英里路，穿过整个镇子，去印度教的克利须那派（Hare Krishna）的寺院吃晚饭。他很享受这种流浪汉式的生活方式，对物质商品没有什么需求。1974年2月，在里德学院度过了18个月后，他感到是时候回归正常生活了。

他回到家与父母同住，并且在雅达利找到了一份工作。这期间，他重新开始与沃兹合作。雅达利的创始人诺兰·布什内尔挑战乔布斯，要求他开发一款单人版碰碰弹子台游戏：如果设计使用的芯片少于50个，所省下的每一个芯片，都会为他赢得一份奖金。乔布斯邀请沃兹加入了设计，作为工程师沃兹更有实力。沃兹负责设计，乔布斯负责落实。二人花了4天的工夫，仅用了45个芯片就完成了任务。这次成功的经历进一步向两个年轻人肯定了几年前蓝盒子的合作经验：乔布斯的野心和设计让他与拥有工程师天赋的沃兹尼亚克成了一对实力雄厚的天才搭档。乔布斯胆子大、有想法，而沃兹尼亚克超凡的知识与技术水平为实现乔布斯的野心提供了基础。他们为捕捉下一个更伟大的机遇做好了准备，而这个机遇，他们无须等太久。

1975 年 1 月，《大众机械》（*Popular Mechanics*）的封面刊载了第一台个人电脑——牵牛星（Altair），由计算机工程师亨利·爱德华·埃德·罗伯茨发明制造。这位工程师原本是制造并售卖火箭模型和计算器配件的。即使牵牛星不过是由系列转换开关组成的机器，按一定的顺序被打开之后形成一个由灯组成的图案，它也已经是那些业余的计算机爱好者和未来程序员盼望已久的东西。1975 年之前，除非你在大公司当过计算机工程师，否则你是没有机会接触计算机的。牵牛星尽管结构和功能简单，但它已接近一台计算机的规模，而且每台只要 500 美元。这款计算机于同年 1 月开始发行，罗伯茨的微仪系统家用电子公司（Micro Instrumentation and Telemetry System）收到的订单如潮水涌来，第一个月就卖掉了几千台。牵牛星大大鼓舞了乔布斯和沃兹尼亚克。沃兹尼亚克知道自己可以比罗伯茨做得更好。牵牛星用的是英特尔 8080 微处理器，售价 180 美元，这在乔布斯和沃兹看来成本过高。他们找到了只要 20 美元的 MOS 技术处理器 MOS 6502，这款处理器几乎与 360 美元的摩托罗拉 6800 具备相同的性能。沃兹立刻着手在这款处理器的基础上组装一台计算机，并为它编写程序，几个月后，他完成了一台样机。在这台样机上的键盘上，他可以输入语言，并让其在显示器上显示出来，从而开辟了计算机历史上的新篇章。乔布斯给英特尔打了几个电话就得到了一些免费的可以动态随机存取的存储芯片。乔布斯陪沃兹去了斯坦福的自组计算机俱乐部（Homebrew Computing Club）——很多个人电脑先驱的诞生地。沃兹的直觉是将他的电路图免费送人："我从来没想过要卖计算机。但是，史蒂夫提出要卖几台看看。"没有任何商业计划，也没有寻找投资人，没有租用的办公室，没有生产厂房，也没有公司的徽标——没有任何现代企业家认为创业时需要的重要商业手段，两个年轻人在乔布斯家的车库里，仅凭沃兹的计算器和乔布斯的大众汽车换来的1300美元，开启了他们的计算机组装生产线。

　　他们的 Apple I 电脑小有成就——卖了几百台，这款电脑只不过是花几小时在一块插件板上组装而成的产品。乔布斯很快就意识到没有人愿意自己组装计算机："我很清楚，在每一个愿意组装计算机的硬件爱好者看来，上千人不会组装计算机，他们只想在计算机上玩编程……这很像10岁时候的我……我梦想着 Apple Ⅱ 是世上售卖的第一款组装好的整装电脑……为此，我坐卧不安，脑子里整日想着一台装在塑料盒子里的计算机。"1976年9月，沃兹尼亚克和乔布斯开始研发 Apple Ⅱ，他们将机器放入一个精致的塑料盒子里，使这款电脑看起来舒服、美观。它不再像一件普通的工业产品，而像一款顶级厨房器具。乔布斯坚持要为这台电脑安装一个不需要风扇的供电装置，在他看来，风扇的噪音太没有禅意了。但是，这些设计需要钱，这正是他们二人所缺乏的。他们还需要专业的管理人才来帮助打理正在不断成长的公司。幸运的是公司位于硅谷中心，这里拥有稠密的信息技术公司网络和投资商网络，在这里很容易找到投资人和专业管理人才。乔布斯先找到了自己原来的老板，雅达利的诺兰·布什内尔。诺兰并没有接受乔布斯的合作请求——投资5万美元并拥有公司三分之一的原始股（布什内尔后来回忆道："在我不哭泣的时候，想想这件事还是挺有趣的。"），他把乔布斯引荐给了唐·瓦伦丁（Don Valentine），他是门洛帕克的风险投资公司红杉资本

（Sequoia Capital）的创始人。他也拒绝了乔布斯，但把乔布斯推荐到飞兆半导体公司和英特尔公司的前任市场营销经理小迈克·马尔库拉（Mike Markkula Jr.）那里。马尔库拉 33 岁时就退休了，拥有数百万的股票期权。他同意合作并投资。1977 年，乔布斯和马尔库拉合作发行了 Apple Ⅱ 电脑，每台售价 1298 美元。这款电脑去掉包装盒子就可以直接使用。马尔库拉在飞兆和英特尔的经历，使他深谙科技产品的定价、营销与分配。他还在这个行业拥有广阔的人脉，有助于乔布斯和沃兹尼亚克接触到他们所需要的人力、技术和资金。在后来的 20 年里，他证明了自己是苹果公司和乔布斯本人难得的资源。

Apple Ⅱ 得到了前所未有的成功：截至 1978 年年底，苹果的销售额约为 1500 万美元，而这仅仅是个开始。Apple Ⅱ 还只是业余爱好者手中的玩具。1979 年的苹果公司在一个更为广阔的市场实现了突破，这一年，丹尼尔·布里克林（Daniel Bricklin）和鲍勃·弗兰克斯顿（Bob Frankston）向市场投放了 Visicalc（可视计算器）软件，个人电脑时代的第一个"杀手级"的电脑应用软件。它可以瞬间完成人类会计师花费数小时、使用计算器和账簿才能完成的计算，将个人电脑变身为一台重要的商务工具。这是一款在苹果电脑上诞生，且专为苹果电脑设计的软件，这对乔布斯和沃兹实属一大幸事。

1980 年，苹果公司的年收益超过了 1 亿美元，拥有 1000 多名员工。成立仅 3 年，苹果电脑公司就上市了。上市的第一天，股票的交易额达 18 亿美元——超过了自 1956 年福特公司上市以来，任何一家刚上市公司的交易额。顷刻间，IBM、惠普和其他公司意识到自己严重低估了个人电脑潜在的强大功能。尤其受到震撼的是IBM，这个几十年来一直占据着计算机行业老大地位的头牌公司。人们对IBM的仰慕近乎崇拜。一个众所周知的商业智慧就是，"购买IBM的电脑肯定没错"。IBM的执行官杰克·萨姆斯（Jack Sams）回忆道："令我们担心的是，我们正在流失用户和人才——订单数量直线下降，'给我一款机器让我们赢回他们吧'。"

为了尽快将个人电脑投放市场，IBM决定使用其他商家的成品零部件，包括英特尔的8088微处理器和微软公司的软件。IBM并不担心自己的产品被仿造，因为IBM专营的基本输入输出系统（Basic Input/Output System，简称"BIOS"）以及连接硬件和软件的编码是受产权保护的。如果其他公司复制BIOS编码，就会侵犯IBM的产权，因而惹怒IBM的法律部门，他们会出面处理。基于此，IBM坚信他们自主研发的个人电脑不会遭到模仿。这种认识简直是大错特错。事实表明，对付IBM的产权问题并非难事。受产权保护的是书面的文字编码，而不是编码所实现的功能。康柏电脑公司利用了这个漏洞，雇用了一批程序员将IBM电脑对所给指令的回应全部记录存档，这样做并不需要复制能启动这些功能的编码。这个关于IBM电脑的功能列表，被移交到另一个"原创"程序员团队，他们可以证明自己从来没有接触过IBM的BIOS编码。结果，康柏电脑公司仅用了几个月的时间就把BIOS的编码逆向编译出来，而且还没有侵犯IBM的知识产权。康柏公司在第一年就破纪录地卖掉了47 000台与IBM电脑类似的电脑（因此成为世界上最大的电脑生产商之一，并于2002年被惠普收购）。在康柏成功逆向编译BIOS之后，其他公司纷纷效仿。为了完美复制 IBM 的个人电脑，克隆电脑一律使用 IBM 使用的操作系统和微处理器，即微软的 MS-DOS 操作系统和英特尔的 8088 微处理器。所以，IBM 难保自家产品的产权，却不经意间把微软和英特尔公司推上了行业的主导地位。

同时，1979 年 12 月，包括乔布斯在内的苹果公司的工程师团队获准参观传说中的施乐的帕罗奥多研究中心（PARC）。施乐知道计算机的发展会威胁到公司的打印和复印业务，所以成立了这个研究中心，以期找到未来无纸办公的方案，因而放行给一批年轻有为的计算机天才，任他们信马由缰地搞计算机的研发和设计。拉里·特斯勒（Larry Tesler）曾是 PARC 的研究人员，后来成为苹果首席科学家。他这样描述当时的情形："管理层对我们说：'去创造一个新世界吧。我们并不知道那是怎样的一个世界。'"这个研发团队开发出了第一台带有图形用户界面（GUI）的奥托电脑（Alto），在这款电脑上，用户可以使用鼠标与计算机互动，还可以通过以太网与其他计算机相连。但是，施乐公司的执行官对这些领先科技缺乏前瞻性的认识——他们不了解这些领先科技潜在的巨大商机。正如 PARC 的前任研究员约翰·沃诺克（John Warnock）所说："施乐的管理层和技术人员极为不匹配。这里缺乏一个可以将构想变为现实生活中的产品的机制。这着实令人受挫，你在与一群没有远见的人打交道。"但是，乔布斯有远见，他后来回忆自己在施乐的所见：

他们真正给我看的有三件东西。第一件东西如此耀眼夺目，以致我

无法看清楚另外两件东西。后两件东西，一个是面向对象程序设计，他
们向我展示它，但是我甚至都没有注意到；另外一个是联网的计算机系
统，他们拥有100多台奥托计算机，计算机之间通过电子邮件等技术相
互连接，而我对此也视而不见。因为我被他们向我展示的第一件东西迷
住了——图形用户界面。这是我一生中见过的最棒的东西……不到10
分钟的工夫，我就意识到它就是未来计算机的蓝图。

　　在施乐还不知道如何将自己发明的创新软件商业化的时候，乔布斯
却能够接触到施乐的这款软件，进一步表明乔布斯拥有天时地利。乔布
斯目睹 PARC 研发的产品对于苹果公司后来的成功有多重要，无论怎么
强调都不为过。PARC 雇用了大批工程人才，花费了很长时间才研发出
这项颠覆性的技术，仅一个下午的工夫，就将它拱手送给了乔布斯。在
见到这些技术的那一刻，乔布斯就知道它们将改变世界。他捡起施乐丢
掉的球，并与之一起奔跑。

　　施乐居然没有将图形用户界面投入个人计算机市场，这一点令乔布
斯诧异不已，他和他的团队立即采取行动，在施乐原有的设计基础之上，
做出了一定的改进。作为总设计师的比尔·阿特金森（Bill Atkinson）
带领他的团队研发出了虚拟桌面。计算机操作员可以通过拖动鼠标到某
一个文件夹的图标来选择文件夹，或者通过屏幕上方的菜单进入其他操
作。这样，人们无须了解计算机指令或者学习计算机的使用方法就可以
直接使用它——计算机的应用因此变得很直观。

　　图形用户界面最先被应用到 Apple Lisa ——一款专门为商业市场研

发的高端计算机。乔布斯给这款计算机取名 Lisa 是为了纪念他与克丽丝安·布伦南的女儿。（这听起来很有趣，因为他起初是不认这个女儿的。）不幸的是，由于苛刻的个性和反复无常的脾气，乔布斯与队友时常发生冲突，于是，小迈克·马尔库拉和迈克尔·斯科特（迈克尔是在迈克一再坚持下出任公司总裁的，因为沃兹尼亚克和乔布斯都没有这方面经验）将乔布斯从 Lisa 的项目里踢了出去。乔布斯很受挫，立刻做出回应，接管了麦金托什电脑的项目——一款由杰夫·拉斯金（Jef Raskin）开发的，更为经济的个人计算机。他将麦金托什项目搬到苹果公司马路对面的一栋大楼内，并在楼上扬起海盗旗，宣布这个项目的独立性，表达对苹果公司的抗议。他对队友们说："做海盗的感觉比加入海军要好多了！"乔布斯本能地意识到，为了创造出独特的产品，麦金托什的工作人员需要在身心两方面与苹果的原班人马划清界限。远离苹果公司可以让他们形成自己独有的标准和规范，拥有自己的梦想。

乔布斯的完美主义近乎疯狂。字体必须占有完美的比例空间，窗口图标必须具备美丽的曲线。据麦金托什项目成员反映："他鞭策着队友推出最好的产品。他或吹捧或无情地威吓他们，告诉他们，他们不是在建造计算机，而是在改写历史。他疯狂地推销 Mac，令队友相信 Mac 绝非一台普通的办公电脑。"完美主义是乔布斯理想主义的一部分；在他看来，Mac 将给个性表达带来一次革命。它的设计者不仅应该是一位工程师，还应该是一位艺术家。安迪·赫兹菲尔德回忆自己在麦金托什项目中工作的感受："我们的目标不是击败对手，也不是赚大钱，而是打造世上可能存在的最好的产品，甚至比最好更好一点。"妥协和折中在这里不受欢迎。

　　乔布斯要求在 1982 年上半年将 Mac 系统投放市场。这个时间根本就不可能实现，可是，乔布斯坚信这是有可能的，而且通过第一章里提到的"现实扭曲场"使大家相信他是对的。赫兹菲尔德这样描绘当时的乔布斯："如果一招失败，他就换另外一招。有时，他会突然站在你的立场说服你，令你措手不及，尽管他自己否认这一点。"这里值得一提的是，埃隆·马斯克也曾对自己的员工提出过类似"不可实现的"要求，甚至他的风格比"现实扭曲场"更为野蛮。例如，马斯克曾经在特斯拉的一次讲话中提到，为了实现既定目标，他的团队包括他自己在内，周六周日也要工作，睡就睡在办公桌下面。当一位员工反驳道，大家一直都很辛苦，需要放假与家人团聚，马斯克反唇相讥："我要告诉那些想家的家伙，等我们破产了，你们就可以随时看望家人了。"

　　最终，麦金托什于 1984 年 1 月被投放到市场，售价为 2495 美元。这款计算机比大多数的个人计算机都要小巧轻便，在 100 天的推广期内，免费赠送一个文字处理软件和图形库。这项惊人的技术成果融合了简易操作和高级图形处理的两个优点，锁定了麦金托什在桌面排版系统的霸主地位。但是，麦金托什还要面临 IBM 的个人计算机、IBM 的克隆计算机、康懋达 64（Commodore 64）、雅达利 400/800 等产品的挑战。更糟糕的是，比尔·盖茨宣布，微软要为 IBM 的个人计算机和 IBM 的克隆计算机专门研发一款图形用户界面，这款产品可以使上述电脑在使用的简便性上迎头赶上麦金托什计算机。它就是后来的 Windows。

　　微软的声明惹怒了乔布斯，他感到自己被出卖了。他曾经与盖茨签署过协议，要盖茨为麦金托什开发电子制表程序软件、文字处理软件和 BASIC 编程语言；因此，盖茨和他的团队频繁接触过麦金托什的研发。赫兹菲尔德早就为此担心过，他注意到，自己在与微软的接触过程中被频繁问及很多有关 Mac 操作系统的具体问题："我告诉过史蒂夫，我怀疑微软可能会克隆 Mac 电脑。"盖茨同意微软在麦金托什投放市场之前不为其他公司开发图形化软件，但是，苹果与微软签约的时候，麦金托什投放市场的时间是 1983 年 1 月（乔布斯实际在一年之后才发布）。这意味着，盖茨并没有违背与苹果的协议。

乔布斯坚持要盖茨过来对质；精彩的是，盖茨居然来了。赫兹菲尔德记得，当时盖茨面对的是包括乔布斯在内的 10 名苹果员工，乔布斯抨击盖茨："你欺骗了我们！我信任你，而你却从我们这里拿走了不该拿的东西！"盖茨的反应很镇静，直视着乔布斯回答道："史蒂夫，这要看怎么看。我想这就好像我们共有一个好邻居施乐，我破门而入要拿里面的电视，却发现已经被你拿走了。"

因为 IBM 的个人计算机和 IBM 克隆计算机重返市场，迫使苹果公司允许麦金托什被克隆——发许可证给其他公司，允许他们使用其操作系统和硬件规格来复制这种电脑。之所以这样做，是因为很多人担心苹果会渐渐失去麦金托什的市场份额，起初这个市场好像只属于 Apple 这个赢家。拥有众多用户的操作系统可以吸引更多的研发人员开发辅助性的应用软件，操作系统的兼容性越强，可以吸引的用户就越多，因而在市场上会占有优势。这是一种被称为"网络外部性"的自我增强循环，可以让市场上的某个单一标准占据主导地位。将麦金托什的操作系统特许给其他计算机硬件生产商，可能会降低其克隆计算机的成本，有助于提高它操作系统的销售额，也有利于苹果的市场影响力。

然而，乔布斯坚决反对克隆。他坚信只有在计算机的产权和完整性得到保护的前提下，才能保证计算机硬件的质量，以及用户对计算机的直观体验，如简洁、美观等。他认为："只有苹果一家公司拥有全套的计算机系统——硬件、软件和操作系统。我们可以全权负责用户的体验。这是别人做不到的，但是我们可以做到。"相反，他计划通过降价手段来促销麦金托什。不幸的是，苹果上市后，乔布斯已经失去了对公司的决策权。他与约翰·斯卡利的矛盾愈演愈烈，而公司的董事会站在斯卡利一方。乔布斯失去了项目组的管理权，只拥有一个主席的空头衔。震惊之余，他感到被骗了，拒绝了这个职位，离开了苹果公司：

我失去了自己整个人生的焦点，这简直就是个灾难。几个月来，我无所适从。觉得自己辜负了上一代创业者——我把接力棒丢掉了。我找到了戴维·帕卡德（David Packard）（惠普的联合创始人）和鲍勃·诺伊斯（Bob Noyce）（英特尔的联合创始人），向他们致歉，抱歉自己把事情搞砸了。我是个失败者，我甚至想到离开硅谷。但是，我渐渐地明白了一点——我依旧深爱着自己所做的一切。苹果的变故丝毫没有改变这一点。我确实被拒之门外了，但是，我依旧爱苹果。我决定从头开始。当时虽然我并不明白这一点，但最后被苹果开除成了我最好的人生经历。那种背负了此前成功的沉重感，被重新起步的轻松感所取代，一切都回到了未知状态。这段经历让我进入了人生中最有创造力的阶段。

如前文所述，面对批评与失败仍坚持不懈，是成功的突破性创新者最重要的特征之一。在成功的道路上走得最远的创新者，是那些在大多数人都已离去的时候坚持到底的人。乔布斯就是这样一个人。几个月之内，他成立了 NeXT 电脑公司，第二年，他投资了一个动漫电影的续集。这部影片由乔治·卢克斯（George Lucas）的工业光魔（Industrial Light&Magic）公司旗下的计算机动漫公司发行。该动漫公司就是后来的皮克斯动画工作室，当时由埃德蒙·卡特姆（Edmund Catmull）和埃尔维·雷·史密斯（Alvy Ray Smith）联合管理。NeXT 公司设计的产品是以面向对象的软件设计为基础的高端工作站。这款计算机的工艺极度优雅，它有着黑色压铸的镁质显像管，屏幕每条边都是不多不少的一英尺，给人以视觉上的冲击感。NeXT 电脑因其创新的设计，连连获得各种赞誉和奖项，但是 6500 美元的售价和有限的兼容性注定了这是一场商业上的失败。尽管 NeXT 失败了，皮克斯却成了最成功的电影制片公司。乔布斯颇具远见的完美主义与卡特姆、史密斯的野心抱负十分匹配。三人共同追逐着通过计算机将动画艺术推到极致的梦想。他们共同研发的尖端技术，可以通过计算机动画技术制作出画质惊人的长片。

没有了乔布斯，苹果公司举步维艰。斯卡利曾尝试通过开发低成本商品来获取市场份额，为此，他发起项目，以开发出可以在英特尔个人计算机上运行的 Mac 操作系统。但是，苹果公司的利润已经触底，董事会于 1993 年决定由国际运营部的迈克·斯平德勒（Mike Spindler）接管公司，迈克曾经在迪吉多（Digital Equipment Corporation）和英特尔公司任职。斯平德勒的表现也没使苹果的业绩有多大改观。他放弃了斯卡利的可在英特尔电脑上运行的 Mac 操作系统的项目，向很多公司发许可允许他们克隆麦金托什电脑，并致力于降低公司运营成本，做出裁员 16% 和削减研发经费的决策。这一系列举措仍没能阻止公司利润的下滑。1996 年年初，公司损失了 6900 万美元，董事会只好让他辞职，并让美国国家半导体公司的前 CEO 吉尔·阿梅利奥接管公司业务。他曾先后在贝尔实验室和飞兆半导体工作过。阿梅利奥的决策是简化苹果的生产线和专注于生产高端产品。他希望新的高级操作系统可以使苹果翻身，重回科技领域的领先地位。但是，新一代操作系统的研发进展并不是很顺利。公司在研发上投入了 5 亿美元，结果研发项目却一再被拖延，迟迟拿不出成果。斯卡利、斯平德勒、阿梅利奥作为科技领域的资深掌门人都没能使苹果翻身。1996 年秋，公司离破产似乎就差几个月的时间了。《连线》（*Wired*）杂志甚至刊载了标题为《挽救苹果的 101 招》的文章，其中有两个建议是："把苹果公司卖给 IBM 或者摩托罗拉""将苹果商标特许授权给设备厂家"。

1996 年 12 月，比小说还离奇的事情发生了，阿梅利奥放弃了麦金托什操作系统的研发项目，宣布收购 NeXT 软件公司。1997 年 1 月，苹果以 4 亿 2900 万美元的价格收购了这家软件公司；它的操作系统 NeXTSTEP 成为 Mac 电脑的新操作系统，乔布斯担任其兼职顾问。当时，行业内的很多人在私下里谈论，乔布斯有可能被重新请回苹果公司。尽管乔布斯的管理风范有诸多不尽如人意的地方，但是很多人渐渐意识到，强烈的理想主义和激情是乔布斯的魔力所在，因而吸引了一批跟随乔布斯的忠实信徒，这也是苹果之所以是苹果的关键。阿梅利奥将乔布斯重新请回公司做顾问是对这一点的承认。几年以后，斯卡利将会告诉媒体，乔布斯是有史以来最伟大的公司 CEO。收购还不到九个月，公司董事会就请求乔布斯接任 CEO 的职位。他拒绝了，但是同意在苹果找到人选之前，担任临时 CEO，帮助复兴公司。毕竟，他当时已经是皮克斯的 CEO 了。

乔布斯担任临时 CEO 期间，苹果开始翻身。首先，他终结了 Mac 的克隆项目。随后，他大幅度削减公司正在进行的 50 多个研发项目，这几乎是当时公司的所有项目，而集中于 4 个项目的研发：家用台式机和笔记本（iMac 和 iBook）；商用台式机和笔记本（Power Mac 和 Power Book）。乔布斯这样描绘当时苹果的处境："人们通常把集中精力理解为去做自己被要求集中精力做的事情。恰恰相反，集中精力意味着小心谨慎地筛选，这意味着要拒绝近百种看似不错的主意。我为自己做过和没做过的事同样感到骄傲。创新就是拒绝一千种可能。"当时，在索尼和耐克这类公司，成功的理念是运用渐进性创新来快速繁殖数百种衍生产品——一种被称为"大量客制化"的策略。与之相反，乔布斯宁愿将所有的资金和精力投入到有限的几个畅销产品中。1998 年，加利福尼亚大学洛杉矶分校的战略研究教授理查德·鲁梅特（Richard Rumelt）认为，一家专营计算机的制造公司很难在市场上生存。当他试探乔布斯的下一步计划时，后者微笑并回复说，他在"等待下一个奇迹"。事实表明，他并不需要为此等待太久。

上述四个产品都很成功，其中，iMac 是苹果公司精心打造的核心产品。乔布斯让工业设计师乔纳森·伊夫负责设计产品的外形，其设计的圆形的、明丽的半透明外壳十分引人注目。一贯推崇极简主义的乔布斯坚持 iMac 机的驱动器不能给人以邋遢的印象，用 USB 接口取代其他计算机原有的输出输入端口。事实表明，iMac 是苹果历史上最为成功的产品之一。iMac 在上市后头两年卖出了 200 万台。iBook 的设计理念与 iMac 相仿，圆形的外观设计、夸张的色彩、诱人的价位（1599 美元）是很强的卖点。NeXTSTEP 被成功融入了 Mac 的新操作系统，被命名为 MacOS X。1997 年至 2000 年间，苹果从损失达 10 亿美元转为盈利 7 亿 8600 万美元。乔布斯于 2000 年公开承认，他将作为公司的正式 CEO 继续留在苹果，这在当时已经是不言而喻的事了。

　　到目前，如果还有人质疑乔布斯在突破创新方面为苹果公司所做的贡献，接下来的 10 年这种质疑将彻底消除。20 世纪 90 年代末期，音乐领域正在经历翻天覆地的变化。德国的弗劳恩霍夫协会（Fraunhofer IIS）开发出一种算法，可以将数字文档压缩成一种文件，这种文件的大小是原来文件的十分之一。这就是后来被称为 MP3 的文件格式。通过这种格式，数字文档可以被存储到硬盘，还可以通过互联网共享。20 世纪 90 年代末期，几家公司推出了可以存储和播放这种文件的便携式音频装置：Diamond 公司推出的 Rio，康柏公司推出的个人自动唱机以及 Creative 公司的 NOMAD 自动唱机，但没有一家公司的产品能够引起公众的兴趣。1999 年，美国东北大学的学生肖恩·范宁（Shawn Fanning）发布了 Napster 软件，这款软件从用户需求出发，可以在线搜索和分享音乐，成为第一批广为传播的"点对点"应用软件之一。Napster 可以免费使用，截至 2000 年 3 月，该软件已经有 500 万首歌曲副本的下载量。绝大多数通过 Napster 下载的音乐是有版权的商业唱片和歌曲。美国唱片工业协会（RIAA）——一家代表美国音乐圈内领先商家的贸易团体，对此越来越警觉，开始寻找方法阻止盗版音乐的流通。该协会将 Napster 及 Napster 的使用者告到了法院，2001 年 7 月，法院裁决 Napster 的服务必须下线。但是，瓶中的妖怪已出。其他版本的在线 MP3 服务软件如雨后春笋般涌现。很显然，唱片品牌如果想要遏制音乐的非法传播，必须想出更好的办法来。华纳音乐(Warner Music)、贝塔斯曼(BMG)、百代唱片（EMI）和 Real Networks 联手向市场投放了一款通过注册可以订阅的音乐服务软件—— Music Net， 索尼娱乐公司与环球公司合作制作了自己的服务软件—— Pressplay。但是，这两款在线服务软件相比非法软件使用起来更加困难，选项也不如后者丰富。音乐界的巨头们需要一个更好的解决方案，而乔布斯正在酝酿着这样一个方案。

2001 年 10 月，苹果发行了 iPod，一种便携式音乐播放器，它的外形修长，界面的操作便捷，硬盘驱动器的空间可以将"1000 首歌曲收入囊中"。这对于一个计算机专营公司来讲简直就是不可思议。分析家和舆论界公然对此表示怀疑，苹果的粉丝对此也将信将疑。但是，在乔布斯眼中，Mac 应该是家中"数码生活"的核心，而音乐产品，是数码生活必须提供的一项服务。乔布斯不喜欢当时市面上的任何一款音乐播放器。在他看来，这些产品要不存储量太小，要不太笨重或是使用起来过于复杂。苹果必须自主设计出更好的产品。众多苹果工程师的才华和乔纳森·伊夫的个人设计才能，外加几个外部组件成就了 iPod 这款最终产品。鉴于前期同类产品的失败和苹果公司在电子消费品领域缺乏经验，大多数人都不看好它。事实证明他们这次又错了。尽管售价是高出同类商品的 399 美元，iPod 的首次发售大获成功。最初版本的 iPod 只能兼容 Mac 系统，但不久后，于 2002 年年中发行的 iPod 版本就可以在 Windows 系统下使用（这一举措表明，乔布斯已经预见到 iPod 比 Mac 电脑还要受欢迎），苹果公司在一年内就卖掉了 100 万多部 iPod。

　　2003 年 4 月，苹果上线了 iTunes 音乐商店。乔布斯分别与五家领头唱片公司（索尼、环球、贝塔斯曼、华纳、百代）签约，发行了 iTunes 的首批歌曲目录，包含 20 万首歌曲，每首歌售价 0.99 美元。几个唱片公司起初对售卖单首曲目和以同一价格售卖所有歌曲的方案表示犹豫，乔布斯反驳他们道："除非你给人们的是一根胡萝卜而不是一根棍棒，否则你无法让大家不去做贼。胡萝卜就是：我们承诺给他们更好的服务体验……而且一首歌只会花去一美元。"后来，当被人问到，他如何知道唱片产业会相信苹果，他的回答如下：

　　正如同皮克斯是最擅长科技的创意公司，苹果是最具有创意的科技公司……几乎所有的唱片艺人都使用苹果的 Mac 系统，拥有苹果的 iPod。唱片业的圈内人士相信，凡是苹果做的都是对的——苹果追求的是创新过程和音乐本身，不会投机取巧。此外，作为世上唯一一家包揽了所有产品的公司，我们的解决方案包括操作系统软件、服务器软件、应用软件和硬件。我们可以发明一套完整有效的解决方案，并且为其负责。

　　苹果营造的"酷"形象、歌曲诱人的售价以及同时提供五家领头唱片公司的丰富曲库，这三个因素注定了 iTunes 的成功。iTunes 第一年的下载量达到了 5000 万人次，很快成为在线音乐传播的龙头。

　　2007 年 1 月，苹果推出了 iPhone 手机。为了明白这一举措的不同凡响，我们需要了解一下当时移动电话市场的竞争有多残酷。尽管手机的销售发展快速，但是市场是极度稳固的（诺基亚、摩托罗拉、三星占据了 70% 的市场份额），价格与创新性的激烈竞争是行业常态。任何一家小公司都不太可能与上述任何一家大公司抗衡。在美国尤为突出。移动电话的销售主要针对几家大的电话服务运营商，诸如美国电话电报公司（AT&T）、威瑞森（Verizon）和斯普林特（Sprint）。这三家大公司手中掌握着极大的议价权。此外，智能手机的出现使消费者期待自己购买的手机拥有更先进的技术。而电话服务运营商将成本纳入移动电话用户签署的服务合同里，以此来补贴移动电话的购买价，这意味着多数手机消费者并不了解这项技术的成本和价值是多少。多数人不会去花 200 多美元购买一部手机，因为没有人这样做过——至少没有直接这样做过。由于电话服务运营商（很可能是不明智地）缩小了基础款手机与含尖端科技的手机之间的差价，这类高技术手机的制造厂家很难以高价售出自己的手机。

　　曾经领先手机制造业的爱立信（Ericsson）于 2001 年退出了手机市场。曾成功生产了第一台个人掌上电脑的 Palm 公司以及它的子公司 Handspring 于 2006 年双双在移动手机市场消失。为什么苹果还要加入这样一个竞争激烈、正在被整合的行业，而且这个行业和苹果的专长毫无关系？Palm 的原 CEO 埃德·科利甘（Ed Coligan）曾说过，Palm 公司经历了几年的挣扎才弄清楚如何做出一款像样的手机，"个人计算机制造商做不到这一点，千万不要蹚这个浑水"。在这一点上，他可是大错特错。

多年在创新、企业家与创新者咨询领域的教学经验使我逐渐明白，每当创新者有一些突破性的想法，他们很难得到其他人（包括我在内）的理解。因为其他人没有他们的视野和远见，无法感受到他们内心的兴奋。其他人常常对这些创新者报以深深的怀疑。有时候，创新者可以向人们清楚描绘自己的构想，但是，即使在他们做不到的时候，并不意味着他们的新构想不好。恰恰是这种不被常人理解的感觉推动着创新者去追求创新与突破。他们具备极大的自我效能与挑战假设的能力，能够设想出在别人看来很荒谬的创新理念，并且为之奋斗。即使在大家都说这是一个疯狂想法的时候，他们也不会轻易放弃，因为他们根本就不需要别人的肯定——即使遭遇反对，他们也坚信自己是对的。因此，我尽量不去评判一个新构想的潜在价值——因为我往往会得出错误的结论——相反，我建议创新者不要期望得到大家的理解。我会尽量向他们提供他们需要的各种帮助，使他们在独立判断一个构想可行与否上做出更好的判断。

当 2007 年 6 月苹果发布 iPhone 的时候，苹果进入手机市场的理由变得明晰了起来。iPhone 不仅具有众所周知的清晰流畅的美观外形，还具备惊人的多种功能，这些功能被超级直观地设计在手机的界面。很多人清晰记得在 iPhone 屏幕上第一次滑动手指，看到各项应用滑过时的美妙感受。他们并不是在机械地滑动手指，而是或快或慢地在屏幕的海洋里平稳地航行，如同一个小托盘滑过光滑的桌面。这是种十分迷人的感受。此外，界面的设计如此直观，即使是一个蹒跚学步的儿童也可以在瞬间学会使用，并认为电视和其他电子产品也可以照同样的逻辑使用。这种界面的设计瞬间提高了我们的预期，我们希望其他产品的设计都仿效 iPhone，这肯定令乔布斯笑得合不拢嘴。iPhone 的很多应用很快就成为人们生活中不可缺少的一部分，各项应用软件的质量都是严格把控过的，给用户以无缝的体验。当时为瘾科技（Engadget）撰文的瑞安·布洛克（Ryan Block）这样描绘 iPhone："从未有人以如此大量的努力，成就如此简洁的手机……再明确不过的一点就是，通过这款手机，苹果提高的不仅仅是移动电话的标准，还有其他便携式媒体播放器和聚合多功能的设备的标准。"iPhone，就其本质而言，是 Mac 电脑的一种革命性的新形态。它是一款新型美观的 Mac 掌上电脑，用户可以全天候地带在身上，并且提升了生活方方面面的体验。这是一辆你可以放在衣服口袋内的头脑自行车。它完完全全符合乔布斯的理念，尽管在 2006 年的时候，大多数人还不是很笃定这款产品意味着什么，但是，现在回头一看，却觉得这是革新必然的一步。

　　此前，谷歌一直在模仿 Windows 和黑莓（Blackberry）设计一个手机平台，这时立即转向模仿新推出的 iPhone。安卓系统的手机在外观和使用体验上都非常像 iPhone，但是比 iPhone 优越的是，安卓系统可供多个手机制造厂家使用——更重要的是，安卓手机有不同的价位可供选择。很快，智能手机的市场主要由谷歌的安卓系统和苹果的 iOS 系统所掌控。

这意味着，当苹果发布 iPad（基础上是 iPhone 的平板电脑版本）的时候，它发布的是一台满足了很多用户对个人电脑的需求，界面已经广为大众所熟悉和喜爱的电脑。iPad 的发行肯定使比尔·盖茨很不愉快——自 1983 年以来，微软第一次遭遇到挑战，这很可能威胁到微软在个人电脑操作系统市场上的垄断地位。2011 年，苹果和安卓所控制的全球计算机市场的份额超过了微软。iOS 操作系统将持续很多年占有 20% 的市场份额，它忠实的追随者和非同凡响的硬件系统支撑着市场份额，但是因为定价过高无法继续扩展。尽管安卓系统是苹果 iOS 的模仿者，但由于硬件系统成本不高，它的份额将会在此后的系统市场上继续提高，很快超过微软和苹果。

当年史蒂夫·乔布斯和史蒂夫·沃兹尼亚克发明 Apple I 和 Apple II 的时候，沃兹尼亚克承担的是技术天才的角色，乔布斯则是前瞻者的角色。在麦金托什电脑的研发过程中，杰夫·拉斯金为产品奠定了基础，随后乔布斯率领整个工程师团队打造完成了这一产品。拥有包括埃德蒙·卡特姆、埃尔维·雷·史密斯和乔恩·拉塞特（Jon Lasseter），还有许多皮克斯公司的科技天才在内的团队，才能制作出像《玩具总动员》这样的电影。大批有才干的工程师和设计天才的共同努力才完成了 iPod、iPhone 和 iPad 这些产品。抛开他身后的这些团队，只把乔布斯描绘成一个突破性创新者，这样公平吗？没有了沃兹、拉斯金、伊夫、卡特姆、史密斯、拉塞特和其他人的技术与知识资源，上述的很多产品可能不会问世。但是，正如沃兹尼亚克所承认的，没有了乔布斯，当年在自组计算机俱乐部的时候，他就会把 Apple I 的技术参数拱手送给他人

——那样就不会有后来的苹果公司，也就不太可能有后来的 Apple Ⅱ；失去乔布斯后，苹果变成了一家平庸的公司，只有一项不错的发明 Newton，后来还中途流产了。当乔布斯回到苹果，这家公司呼啸般迅速恢复了创新活力，接连推出了一系列令人叹为观止的新产品；在乔布斯管理下的苹果公司所开发的产品不仅是好那么简单，它们彻底改变了人们的生活方式。乔布斯从未简单地追求让一个产品变得更好——他以他所相信的产品"应当存在的形态"来制作产品。他很少做市场调研，因为在他看来，大多数消费者的想象力过于受限；当被问及他们的需求时，消费者很容易受到已有产品范式的约束。相反，乔布斯思考的是一个没有束缚的世界该是怎样的。他天才的想象力和直觉帮助他酝酿出各种新奇的产品构思；他的激情和坚韧把这些构思变为了现实。就像弗雷德·福格尔施泰因（Fred Vogelstein）在《纽约时报》中描述的那样："乔布斯管理苹果的时候，他把公司变为了一台创新发明的机器，每隔三五年，这部机器就可以制造出一系列的革命性产品。"此外，"毋庸讳言，回顾 iPhone 的整个产生过程，有一点很明确，它总是与一个大无畏者的不合理的要求和超人的能力密切相关。"

非凡视野造就了乔布斯，他了解自己想要制造怎样的产品，也深信自己的产品将如何改变这个世界。他本人就是一种创造力，这种力量是一种原动力，推动他成就了上述各项突破性创新与发明，改变了我们的生活。当然，他也需要其他人的知识与技术资源来实现自己的构想，将构想变为现实。此外，还有一个事实不容忽视。他的大多数产品并不是原创：牵牛星的诞生早于 Apple I，施乐的图形用户界面激发了 Mac

OS，早在 iPod 之前就有几家便携式 MP3 播放器，在 iPhone 之前，市场上已经出现了 Palm、Handspring，诺基亚和黑莓等厂商制造的智能手机。乔布斯并没有发明这些产品类别。他只是将这些产品革新、概念化。几乎乔布斯的所有突破性创新都来自对人类与技术的互动方式的思考——如何使人类与技术的互动变得更为直观、美观，更有禅意。

知识与技术资源

　　史蒂夫·乔布斯成长在山景城——硅谷中心所在地，对他后来在计算机领域的声名鹊起有深远的影响。乔布斯身边围绕的都是工程领域的专业人士：他所在社区的每一栋房子里几乎都居住着电子或计算机领域的工程师。事实上，每当少年乔布斯需要什么自己买不起的零部件，他都可以从惠普那里得到帮助。乔布斯早期最珍贵的资源就是史蒂夫·沃兹尼亚克，一个超级天才工程师，从高中阶段就开始设计电脑硬件和软件。尽管牵牛星被公认为第一部个人电脑，但早在五年前的 1971 年，21 岁的沃兹尼亚克就已经发明了 Cream Soda 电脑，这部电脑具备牵牛星的所有功能。早在乔布斯说服他相信制作电脑可能成为一笔大生意之前，沃兹尼亚克就独立开发了 Apple I（尽管他并没有命名这部计算机）。遇见沃兹尼亚克时，史蒂夫·乔布斯已经对电子产品和电脑入迷至深——这是他们二人相互吸引对方的主要原因——如果没有了二人之间的友谊，乔布斯也不会联想到个人电脑的崛起，他的未来也就会大不一样。

　　对于乔布斯来说，最重要的知识与技术资源是人。我们可以发现很多人的才干与努力对乔布斯的每一项产品的诞生都起到了至关重要的作用。但他是他们之间的纽带。乔布斯需要这些人的技术和知识将自己的构想变为现实，没有了他们，乔布斯也不会发明令他享誉世界的产品中的大多数。但是，若是没有了乔布斯的视野与驱动力，仅仅依靠这些人，这些发明也不会产生。

如同我们在玛丽·居里身上看到的，她的人生与事业在很大程度上也取决于她特有的知识和技术资源。她的父亲是一名志趣广博、多才多艺的教师。当年，俄罗斯政府关闭了波兰学校内的所有实验室，他就把实验室的大量仪器和设备搬回家，用来教自己的孩子。因此，玛丽在很小的时候，就得以浸润在科学与理智主义的环境中。后来，她与皮埃尔·居里结合。皮埃尔与哥哥共同发明了顶级工艺水平的象限静电计。为了使玛丽可以探测到最为微弱的电流，他专门用 15 天的时间反复调试这部仪器。为了完成这个目标，他加上了他的另一项发现，一种可以测到小电量和低强度电流的压电石英。此外，他还用 20 天的时间专门培训玛丽使用这部复杂烦琐的测试仪，以测量贝可勒尔射线释放的细微电流。正如居里的一位传记作家芭芭拉·戈德史密斯所述："没有皮埃尔的设备和指导，这一切都将是空谈，而这一点几乎被人们忽略了。"

埃隆·马斯克、托马斯·爱迪生、阿尔伯特·爱因斯坦、尼古拉·特斯拉、本杰明·富兰克林都是从书本中获取技术与知识的（至少在他们创业初期是这样）。多方报道显示，上述的每一位发明家都嗜书如命。爱因斯坦偶尔会寻求同事的帮助，马斯克和爱迪生尽管后来意识到调用庞大的智囊团对于他们个人的创新发明很重要，但他们在开始阶段都对读书有着超乎常人的热爱。

富兰克林的事迹表明能够接触到大量书籍的重要性。他认为书对他而言是极为重要的知识来源，也是他博大精深的政治与哲学理念的源泉，更是他获得说服技巧的宝藏。他在自传中花了大量篇幅讲述自己读过的书，讲述这些书是如何成就了后来的自己。富兰克林很小就学会了阅读，一开始是在父亲的书房里，读的大多数是虔诚的宗教小册子。后来，只要手头一有钱，他就会买些书来读，读过之后，就把书卖掉，再用换来的钱买新书。就这样，他读完了约翰·班扬（John Bunyan）的所有书籍和 R. 伯顿（R. Burton）写的一整套 40 多本的《历史收藏》（*Historical Collections*）。班扬是一位著名的清教徒作家和传教士，写了包括《天路历程》（*Pilgrim's Progress*）在内的近 60 本著作。正是因为富兰克林的"书呆子"倾向，他的父亲决定送他去印刷厂做学徒工。在那里，他有更多机会接触到更多的书，他很快就与来往于印刷厂的主顾们混熟了，为的是能从他们那里借书看。借书读的这段人生经历一定给年轻的富兰克林留下了深刻印象；1731 年，他建立了费城图书馆公司，它是美国第一家借阅图书馆，也是免费公共图书馆的前身。

有趣的是，尽管对所有创新者来讲，技术和知识都起着举足轻重的作用，但到目前为止，我所研究过的多数创新者在自己的专业领域所接受的正规教育比我们预期的要少。爱迪生只在文法学校待了不到几个月就被母亲带回家中接受教育。富兰克林在去哥哥的印刷厂学徒之前，也仅在文法学校待过两年。乔布斯、卡门和特斯拉在大学本科阶段就中途辍学（实际上，卡门连高中学业都没有完成）。马斯克尽管在学校时学业优异，但是，他读到博士时，悟到自己并不需要博士学位来改变世界，两天后就放弃了求学。

阿里巴巴的创始人马云，也极好地说明了创新者不需要在校期间成绩优异，而他成功的秘诀在于坚持、理想主义以及自我教育的意愿。1964 年，马云出生在中国杭州的一户穷苦人家。他身形瘦弱，经常和同学打架。无论是考大学还是找工作，他都屡屡碰壁。就像他在 2015 年接受查理·罗斯的采访时说的：

在中国，进入大学前要通过高考，而我失败了三次。不仅是高考失利，我求职失败过三十次。我曾去应聘当警察，他们说："你不行。"我甚至在肯德基刚刚进入杭州时去那儿求过职。一共去了二十四人，二十三人都通过了。而我是唯一没通过的。

马云申请哈佛大学也失败了十次。他最终得到了一份英语老师的工作，月薪约合 12 美元。

1995 年，马云作为中国政府贸易代表团的随行翻译第一次来到美国。当时，他突发奇想地在互联网上搜索"中国"和"啤酒"这两个关键词，惊讶地发现没有任何中国啤酒出现在搜索结果里。他当时就下定决心要成立一个叫做中国黄页的公司，帮助中国的企业建立自己的网页。这个企业与中国电信合资，但最终失败了。马云随后成立了一个以北京的对外贸易经济合作部作为支撑的互联网公司。接着，马云开始担心与政府部门的合作，因为这会使他错失互联网创造的机遇，以及转瞬即逝的资本化机会。他说服所在部门的团队一起回杭州，成立了阿里巴巴。

阿里巴巴以企业对企业的批发平台起家，帮助全世界的公司轻松买到中国制造的产品。这个平台对那些小到中型企业尤其有帮助，因为此前它们不容易接触到外贸市场。马云的目标是让中国的商业更为大众化，让小的企业不被拥有优势的大企业击垮。正如他所说的："我们所做的就是给小企业提供电子商务的能力，使它们能够接触全世界的合作伙伴及其信息。"

阿里巴巴飞速成长，旗下有多个面对不同市场的电子商务平台（淘宝、天猫），还有后来居世界首位的支付系统（支付宝），以及在 2018 年日均包裹数达 5700 万的物流网络（菜鸟）。

2018 年 9 月，54 岁的马云宣布他将从自己一手打造的商业帝国退休，说："我还有很多美好的梦想。大家知道我是闲不住的人，除了继续担任阿里巴巴合伙人和为合伙人组织机制做努力和贡献外，我想回归教育，做我热爱的事情会让我无比兴奋和幸福。再说了，世界那么大，趁我还年轻，很多事想试试，万一实现了呢？"

当然，我们不能就此得出结论：教育和培训对于创新并不重要。仔细研究教育在这些发明家的生活中所起的作用，不难发现，他们都是教育的狂热追求者，只是他们独有自己的教育形式和进度。尽管乔布斯放弃了大学学位，他并没有离开校园，而是继续留在了那里旁听自己喜欢的课程。马斯克很少上课，完全自学，只在考试的时候出现在课堂上。富兰克林和爱因斯坦几乎全部靠自学完成了自己的教育。居里夫人早在去索邦大学之前，就靠个人努力完成了很多科学实验方面的训练。爱因斯坦当年还是一名专利工作人员的时候，就在自学物理。卡门自称靠读旧的数学和物理学教科书来放松自我。

　　　　　　　　　　　　　　——◦——

　　很明确，技术与知识对创新者的出现至关重要。社会常识认为资金也很重要。但是，对于我们所研究的创新者，资金似乎并没有那么重要。例如，乔布斯创建苹果的启动资金只是卖掉他的汽车和沃兹的 HP 65 计算器所换来的那笔小钱。拿到第一个价值 5 万美元的 Apple I 电脑订单的时候，他们与芯片供应商的合同上写着 30 天后付款。这样写为的是可以先由订购这批计算机的商家付款，之后，乔布斯和沃兹尼亚克再拿着商家的钱来付款给芯片供应商。正如后来乔布斯所说："我向来不为资金发愁。我在一个中产家庭里长大，不用担心自己没饭吃。我在雅达利的时候，知道自己可以成为一个不错的工程师，可以养活自己。在大学和印度寺院的时候，我自愿过着清贫的生活，工作以后，我也尽量活得简单些。所以，我曾经贫穷，这是件好事，因为我不必为钱发愁；后来我有了许多财富，也同样不用为钱发愁。"他后来对此补充道："创新与研发资金没有丝毫的关系。当苹果研发 Mac 的时候，IBM 在研发上投入的费用是苹果的 100 倍之多。创新的关键不是资金，而是人才、你被领导的方式和领悟力……"

　　居里的实践也旁证了资金对于创新发明并不重要。当年，她通过做家庭教师资助姐姐布罗尼亚完成学业；布罗尼亚完成学业后，反过来资助她到巴黎的索邦求学。在索邦求学期间，她恨不得一分钱当作两分钱花，过着斯巴达式的艰苦生活，住在一间又小又冷的房间里。尽管于1893 年拿到了一小笔奖学金，但后来在 1897 年有了微薄收入之后，她就退还了这笔奖学金。后来，她和皮埃尔在一个非常简陋的小木棚里研究如何分离镭元素。他们做实验所需要的沥青铀矿去掉铀以后，在别人看来只是分文不值的一堆残渣，他们为此只花了一笔相当于运输费的钱。成名之后，居里的生活依旧简朴。她从来没有为分离镭元素申请过专利，她坚持资金应该提供给她所工作的机构，而不是她个人。

特斯拉踏上美国征程的时候，囊中羞涩，仅有的一点钱还在船上被人偷了。到纽约时，他身上只有 4 美分、几首诗，还有几件随身用品。特斯拉的大部分人生因视金钱如粪土而闻名（几乎一生贫困潦倒）。他经常住在旅馆里，并且债台高筑。但是，奇怪的是，除了沃登克里弗的那次灾难，他总是可以为自己的发明筹集到资金。富兰克林刚到纽约和马斯克刚到加拿大时的拮据境况，我们前边已经提到，在此就不赘述了。

爱迪生和爱因斯坦都是通过做普通工作赚来的微薄收入来开启自己的第一项发明。（爱迪生做过发报员，爱因斯坦做过专利职员。）卡门开始发明的时候只有 16 岁，花了 80 美元在无线电器材公司购买了必要的部件，之后在纽约市的自然历史博物馆内的海顿天象馆（Hayden Planetarium）里悄悄完成了照明系统的改良升级。当惊讶的博物馆馆长目睹了卡门的发明后，便答应付给后者 8000 美元，只要后者愿意为他的另外三个博物馆改造照明系统。上大学的时候，卡门每年在定制照明项目上赚的钱就有 6 万美元——这在 20 世纪 70 年代是一笔可观的收入，比他的父母当时的收入还多。

这一章的启示（在下一章节我们还会进一步讨论）就是我们可以通过拓宽公众对技术和知识的获取渠道来促进突破性创新事业。公共图书馆是人类社会的一个巨大进步，数字化使知识得以自由传播和获取，这可以进一步推动突破性创新。寻求各种渠道使非科学领域的工作人员接触到各种科学资源和专业知识也是极为有益的，例如，对公众开放人才培训基地和实验室。正如这本书所展示的，科学领域的突破性创新并非总是由传统意义上的科学家来完成的。

第八章

培养创新潜力

> 如果你找到了有创意的人，那就在他们身上下大赌注，
> 给他们巨大的空间，支持他们……

通过前文针对富兰克林、玛丽·居里等这些卓尔不群的突破性创新者的研究，希望亲爱的读者们已经对他们在个人能力、品格、心理适应能力、动机等方面的独特之处有了深刻了解。我们还发现，时代、地点、人际网络等环境因素对于他们的创新能力的形成有着不可忽视的作用。抛开其他因素，每一个特质都不可能独立起作用——例如，没有强大的自信、努力和目标导向，仅靠不依照常理出牌是不可能实现创新的。但是，如果没有后者，智力、自我效能、对成功的需求这些因素也许会使他们在其他领域有所成就，但绝不是在突破性创新领域。以上这些个人的特质汇集在一起提高了他们成为突破性创新者的可能。需要强调的是，这些特质只是提高了可能性，并不能够确保他们一定成为突破性创新者。环境因素，诸如资源、时机、运气也起到了很重要的作用。具有上述这些个人特质的人中，有一些并没有成为具有连续突破性创新成就的革新者；其他人却可以做到不断创新，最后成就斐然，而他们这样做的目的

并非让自己声名远扬。

　　这些人自成一体，我们大多数人不能望其项背。他们的创新成就一定程度上是个人天赋和人为无法控制的环境因素共同促成的。他们的故事向我们说明，作为突破性创新者，他们要为突破创新付出代价。坚持不懈地追求各种奋斗目标的过程是充满煎熬与痛苦的，包括牺牲自己的人际关系、无暇顾及家庭关系和家庭义务。爱迪生和富兰克林长时间不能陪妻子和孩子；居里夫人几乎放弃了抚养女儿的义务，把孩子交给了孩子的祖父抚养；特斯拉也好，卡门也好，都没有结婚生子；爱因斯坦与家人的关系，正如他自己所说，处于一种十分疏远的状态。

　　连续突破性创新者的生活不是为每个人准备的。促成他们创新、改变世界的很多因素是无法复制的，我们中的很多人，即使有可能，也不愿意选择他们这样的生活。但是，了解哪些因素导致了他们的连续突破性创新，对我们具有一定的指导意义。尽管我们并不具备这些创新特质，但是我们可以为这些创新者实现突破性创新提供便利的条件——建立一种有利于突破性创新的机制，比如，将突破性创新团队从原有的公司或团体中分离出来，这可以催生打破常规的革新思想。此外，创新者的故事，使我们懂得如何创造更好的、更有利于创新的环境，比如，提供更多能够帮助他们实践个人设想的公共资源。总的说来，通过研究突破性创新者和了解他们的特殊之处，我们意识到，在培养创新潜力方面，我们可以做很多。

　　挑战常规和范式。与正统的学术团体脱离或独立于某一专业领域之外有助于创新者成为原创型思考者，摆脱现有的、公认的解决方案和理论的束缚。例如，爱因斯坦最终能够挑战牛顿的物理学定律，是因为他完全将自己置身于学术圈之外，也因为反抗权威是他的本性。马斯克之所以成为火箭回收领域的先驱，实现了在航天工业领域被认为是绝对不可能的一次壮举，部分原因是他不是航天领域的从业者；还有一部分原因是他不是一个由他人来为自己定义何为可能、何为不可能的人。从正统学术圈或专业领域中脱离出来，使爱因斯坦和马斯克很少受到主流思想和标准的束缚，这种独立让他们即使接触到了，也不会轻易接受那些主流思想和标准。远离主流学术圈自有其代价，但是，分离感能带来创新的机制，为我们培育创新灵感提供了启示。组织机构的领导可以在鼓励创新思维方面有很多作为。创新思维可以给组织带来新的解决方案。赋予员工更多的自主性、允许工作角色的灵活转换、包容和接纳非正统的理念等方面的措施可以吸引更多创新性员工，也有助于培养现有员工的创新意识。在此，让我们再一次拿阿尔·奥尔康对史蒂夫·乔布斯的面试来举例说明。奥尔康可以忽略乔布斯邋遢的外表、怪异的习惯。他在乔布斯身上看到的是一个有创造力、有悟性的年轻人，这就是他聘用这个年轻人的原因。

　　要想发挥组织内每一个成员的创造力，你必须确保所有员工都有机会贡献个人的想法，而不仅是掌权人物或专职于创新的少数人有权发言。在皮克斯，各团队都采纳了"日记"的管理方式。通过日记，部门负责人和同行可以了解设计者们正在开展的各项工作。公司各层的非专业人士都可以直接对某一个项目的创新和技术问题提供反馈。因《超人总动员》和《料理鼠王》获得奥斯卡最佳动画长片的布拉德·伯德这样描绘这一过程："作为独立的动画设计师，我们都有自己的长处和短板，但是，如果联合起来，集中所有的力量，我们就能成为世界上最好的动画团队……你的设计会在大家面前展示。丢脸，大家一起丢；受鼓舞，也是大家一起受鼓舞。解决方案也会被拿出来与大家见面，以便每一个成员都可以为这个方案添砖加瓦。"刚开始，大家还有所顾忌，不能畅所欲言，两个月后，看到设计者从伯德和其他人的坦诚建议中受益，大家也就都畅所欲言、各抒己见了。

皮克斯通过提供给员工很大程度的自主权吸引、培养了一批创新者。团队可以自行决定工作时间、服装、办公室的布局、项目管理程序和会议组织。团队规模较小，一般由 3 到 7 个成员组成，团队负责人的当选主要取决于个人的专业技术水准和在项目上的前瞻性，而不是论资排辈。正如皮克斯和迪士尼的总裁埃德蒙·卡特姆所描述的："我们相信，推动着每一部影片的创意的是某一两个人，而且不是公司的行政领导或研发部门。我们的理念是：如果你找到了有创意的人，那就在他们身上下大赌注，给他们巨大的空间，支持他们，为他们提供一个可以从其他每一个成员身上获得真诚反馈的工作环境。"

如果希望自己的员工挑战既定认知，在决定或推进项目时，公司管理层要破除凡事须先达成共识的成规。提前达成共识这一规定可能迫使员工过早地汇集观点；如果意识到只能在达成共识的前提下才能进行下一步的工作，个体就不会轻易提出不同意见，而更倾向于同意他人的观点，特别是那些看似没有争议的观点（因此也更容易达成一致意见）。将达成共识作为组织的目标，可能形成保守的解决方案，因此，追求保守方案就成了组织的目标。就拿苹果在 2001 年 10 月发行第一个 iPod 产品为例。2000 年，苹果面临选择该集中精力发展哪块领域，如果乔布斯要求员工必须对此达成共识，那后来的情形会怎样？难道苹果负责研发的工程师们或者产品的项目经理们会达成共识——"进入便携式音频设备市场"吗？这个市场充斥着各种失败的同类产品，而且苹果公司在该领域毫无经验。即使所有的团队成员都具有突破性创新的思想，达成这样一致想法的可能性也微乎其微。一旦要求达成共识，大家就被迫将目光投到其他人显然会同意的选项上，这往往就是组织已有项目的衍生或扩展。一个寻求更有创新意味的主意的组织要让员工明白，组织的目标是突破性创新，而不是达成共识。

允许不同意见的团队寻求不同的解决方案，或者彼此之间展开竞争，也是不错的选择。例如，在欧洲核子研究委员会（the European Organization for Nuclear Research，大型强子对撞机的研究机构），物理学家和工程师团队希望通过加速碰撞各种粒子来模拟"宇宙大爆炸"，从而帮助人类了解宇宙的起源。但是，就具体问题的最佳解决方案，不同团队的科学家之间常常产生分歧。委员会的管理层发现，起初看似不如其他方案的解决方案，实施了一段时间后，可能被证明是更好的选择。这意味着，如果在方案研发的前期就让团队之间"互相厮杀"，那么组织的主要资源可能会被浪费在那些起初看似不错，但长远来看并非最佳的方案上。因此，委员会决定鼓励多个团队同时独立开展自己的研究，待项目进行到一定阶段后，再把所有团队召集到一起比较各自的解决方案。这样，团队各自在一个独立的状态下工作，可以得到一些意想不到的收获，有助于发挥各团队的独立创新能力。每个团队都可以遵循不同的思路，而不受其他团队思想的影响。

提供独立工作的时间。亲爱的读者们都了解一点，孩子需要安静独处的时间，这期间可以鼓励孩子读书、写字和体验各种个人爱好——这有助于培养孩子的独立思考能力和创造力，有助于形成他们对世界的独立认知。埃隆·马斯克童年时沉浸于阅读科幻小说和自学计算机编程中，这两方面的经历成就了他独立的思想和野心。阿尔伯特·爱因斯坦每日冥想指南针和光的运动，他从中苦思冥想出后来的相对论，实现了物理学的革命。托马斯·爱迪生在父母的地下室里进行化学实验的经历磨炼了他的耐心，培养了他坚持不懈的毅力，找到在实际操作中不断学习的方法，这个方法令他终身受益。让孩子参加运动团体、课后班和其他课外活动，对于开发孩子的社交或其他能力大有裨益，但这些应该与孩子内省的需求保持平衡。不仅如此，孩子的天性也需要熟悉这种平衡。比如，为了把一个天生喜欢内省或挑战规则的孩子培养成一个有感召力的团队成员，让他参加行程满满的运动团或者合唱团是不合适的。如果能在接受孩子挑战规则的天性的同时，帮助孩子找到利用其天性的成功之道，则更有意义。

在我分享研究结果的演讲上，听众了解到，很多发明家因其创新思维和挑战规则的天性，在校表现往往不如人意，这时听众通常会感到宽慰。出人意料的是，大多数突破性创新者都是自学成才，课堂之外的表现要比在课堂上优秀很多。尽管很多人可能已经听过一些发明家在学校表现不佳的逸事，但本书要向各位读者揭示的是，爱迪生、卡门、爱因斯坦等发明家为什么在学校表现平平，后来又为什么能成功。有些人对固定的教学模式有良好的接受能力；其他人则更加适合灵活的课程设置，这样他们就能选择自己的学习目标、按着自己的节奏学习。当我谈到，恰恰是那些赋予他们创造力的特质使他们在学校环境下举步维艰的时候，听众活跃起来，频频点头表示赞同。演讲结束后，他们纷纷围拢过来与我讨论各自关注的问题：孩子在社会中的成长问题，在学校的表现，独处对于孩子的个人成长有多重要。讨论之后，他们会有突破性的理解，意识到作为父母要欣然接受孩子的天性，并且帮助孩子在自身天性的基础上有所成就，而不是忽略他们的天性。

　　针对创新人士的研究还表明，管理者如果希望员工有所突破，就要允许员工有时间进行天马行空的想象，沿着各自的思路进入一个未知天地。这样的思维活动在集体研讨会上往往会受到阻碍。员工个体应该被鼓励自由思考而不必担心遭到他人的评判。无论是在组织内还是在教育环境里，团队的工作形式已经成为一种标配。团队的工作固然很有价值，但是，为了确保个体能够带给团队最大的价值——特别是当团队的目标是创新方案的时候——在团队工作开展之前，个体需要独自工作的时间。他们应该被鼓励记下自己的思路，并进一步将这些思想丰富完善，以免它们湮没在社会化的过程中。创新理念很脆弱，很可能在集体讨论的那一刻被消除掉。几乎每一个团队都会在集体思维中遭受一定损失；那些大胆发言或者个性很强势的成员可能主导整个讨论和团队的决策。他们很可能将团队引向一个特定的轨迹，即使他们并不是有意这样做。在集体讨论之前，允许每个团队成员拥有一定程度的独立工作时间，可以让其他成员更好地开发自己的创新理念。

　　允许员工独立完成自己的项目和挖掘自身内在动机的做法成就了谷歌大多数知名产品。例如，在 2001 年世贸中心遭到恐怖袭击后，谷歌的研究员克里希纳·巴拉特（Krishna Bharat）为了自己追踪该事件的最新消息而创立了谷歌新闻。这一创新产品得到如此广泛的应用，谷歌于 2002 年专门为公众提供了测试版的谷歌新闻。Gmail 这个产品也来自一个工程师的独立发明。保罗·布赫海特（Paul Buchheit）曾经在 Google Groups 项目组工作，于 2001 年 8 月开始研发 Gmail。当时，谷歌有大量的内部电子邮件，对此，他想研发出一款产品，通过使用这款产品，使用者既可以无限存储自己的邮件（这要求大量的存储空间）又可以快速查到任意邮件。这个产品就是后来的 Gmail，它于 2004 年正式发布。

　　独立工作的管理方法也适用于团队。在公司内部，如果过早地允许不同的思路相互竞争，有些想法可能还未展开就被扼杀了。一开始看起来稍好的想法可能横扫整个团队，从而扼杀那些稍加展开便就能比它更好的想法。这样做的结果就是形成组织内部的"单一文化"，这种文化里不再有多种创新方案的发展空间。例如，如果一个医药公司的研发团队发现了一种药物靶标的识别方法，其他团队会为了从中受益，迅速采纳这种方法。如果这家公司所有团队都采纳这一种方法，就很容易导致公司在药物靶标的研究方面过于趋同，而忽略其他的识别方法。一个起初有利的研究路径因此可能淘汰最终被证明极为有利的其他研究路径。各个研究领域，从进化生物学到小世界网络，从创新领域的"臭鼬工厂"到组织学习，都表明将组织分割为不同的团队，减少它们之间的互相干扰，更加有利于突破性创新。例如，让研发团队在文化和空间位置上远离更为强大的组织，可以避免该组织固有的思维范式对研发团队非正统思想的强大影响，从而更加有利于创新理念的形成。乔布斯在创立麦金托什项目团队的时候，靠直觉了解到这一点，因此，他把自己的团队带到了一个独立于苹果公司的另外一幢大楼内，在楼顶升起了海盗旗，宣告这个团队的独立性。

　　与主体组织分离的管理手段时常被拿来用作新项目的保密措施。1943 年美国军方要求洛克希德公司快速研制出一种喷气式飞机，以对抗德国同类飞机的威胁，该公司为此单独成立了一家由航空工程师组成的名为"臭鼬工厂"的团队。团队成员驻扎在制造厂隔壁的一个马戏团的帐篷里，该制造厂当时散发出刺鼻的气味，因此得名"臭鼬工厂"。这个名字来自连载漫画《莱尔·艾布纳》（Li'l Abner）中的一个惯常使用的笑话。漫画讲述了森林中有个地方散发恶臭，人们在那里用臭鼬、烂鞋和其他一些古怪的原料熬制一种饮料。这个项目的研究大获成功，仅仅用了 143 天就设计并制造出了 XP-80 流星喷射战斗机。洛克希德明白他们已经发现了一种新的制胜之道。位于加州帕姆代尔市的臭鼬工厂已经秘密成功研发出一款迄今为止最具革命性的飞行器。这家臭鼬工厂的外墙涂着大大的臭鼬作为自己的标志。由此，世界上产生了其他为研发突破性创新产品运用臭鼬工厂策略的秘密机构：谷歌的 Google X 实验室、波音的幻影工作室（Phantom Works）、亚马逊的 126 实验室（Lab126）、福特公司的特种车辆小组（Special Vehicle Team）、IBM 公司的托马斯·J. 沃森研究中心（Thomas J. Watson Research Center）、

施乐公司的帕罗奥多研究中心（PARC）、三星公司的高等技术研究所
（Advanced Institute of Technology）以及耐克公司的创新厨房（Innovation
Kitchen）。

　　构筑自我效能。无论对于个人还是组织，帮助构筑个体的自我效能
是提高创造能力的最有效的方法之一，它还可以带来其他的积极效果。
正如第二章中提到的，早期创造获胜机会对构筑自我效能极为重要。年
轻时的尼古拉·特斯拉证明了物理学教授和物理课本的错误，从那一刻
起，他就意识到，没有什么可以阻止他发挥自己的天赋和为之付出努力。
　　为了帮助创新者发现他们早期能获得成功的机会，我们可以降低失
败的代价，甚至庆祝充满胆识的失败之举，来鼓励年轻人勇于冒险。雷
富礼（A. G. Lafley）曾担任宝洁公司（Procter&Gamble）两届（2000年
至2010年，以及2013年至2015年）CEO，曾被视为该公司史上最成
功的领导者。他使"面对困难时无所畏惧"成了公司突破性创新的核心
策略。在他看来，"我们从失败中学到的东西远多于从成功中学到的"。
实际上，他曾经在自己的书《游戏颠覆者》（*The Game Changer*）中为
他任期内公司最严重的11次失误大唱赞歌。与此相似，在青蛙设计公
司，失败被视为一种有用的、进步的实验。人们对于失败不会指指点点；
相反，公司通过在项目结束时对其进行回顾，能迅速从失败中学习——
成功亦然。青蛙设计公司下创新策略部的全球副总裁西奥多·福尔巴特
（Theodore Forbath）认为："公司领导层可以通过公开庆祝那些虽然未
能完全达到预期目标，但成功地让公司学到很多新知识的产品，鼓励公

司员工接受失败。"礼来制药（Eli Lilly）为公司最大的几次失败（那些尽管没有达到预期目标，但是公司从中受益最大的失败产品）开庆祝会，塔塔（Tata）集团还设立了年度最佳失败奖。

激发伟大抱负。理想主义的强大影响力在于，它强调了在组织内部树立对个体有意义的远大目标是多么重要。例如，百时美施贵宝（Bristol-Myers Squibb）公司的口号是"延长人类寿命，提高生活质量"，公司的使命是"发现、开发、生产创新型医药产品，帮助病人战胜疾病"。谷歌的使命闻名遐迩，"整合全球信息，让每个人都可以访问和使用"。如果这些远大的目标植根于公司上下，不可动摇，它就能成为公司的组织管理原则，塑造员工的行为，而无须直接的监管和激励手段。如果这些目标融入了被员工视为有意义或者本质上有价值（如提高人们生活质量）的社会成分，这种内在动机就可以激励他们更加努力地工作。同理，培养孩子的理想主义可以增强他们对未来职业的道德意识，使其人生目标更明确，更重视个人的工作成果，更容易满足。

发现心流。如果能够挖掘出员工的内在动力——那些能够激活员工成就需求的激励措施，或者让员工进入心流状态的活动——管理者就可以在提高创新和生产力的同时，增强员工的满足感。为此，不但员工要意识到自身最有动力、最开心的工作形式，管理者也要愿意依据不同员工的个性，为其制定个性化的工作任务。米哈伊·奇克森特米哈伊（心流的研究学者）曾写过这方面的书（关于心流，详见第五章），为我们提供了一个具体而翔实的案例——绿色货运（Green Cargo）。该公司过去是瑞典国家铁路的一个下属部门，也是瑞典最长铁路干线上的货运机构，它基于心流的概念，运行过一套独特的管理体系。首先，所有的部门管理者每日听取三或四个手下员工的汇报。CEO伦纳特·皮尔（Lennart Pihl）选择三或四个手下，这三或四个手下分别再各自选择三或四个自己的手下，如此类推。每个人都要确保自己选择的手下员工有足够的成就感并且很享受自己的工作。一开始时候，用定时寻呼机发出要求后，管理人员会不间断地收到五到十个员工的每日汇报。汇报的内容包括：被呼叫的时候，员工在做什么；对创造力的认识；注意力集中程度；工作难度。如果有员工反映自己不是很喜欢现有的工作——感到焦虑或厌倦——管理人员需要扪心自问："为了改善他们的感受，我可以做些什么？"如果有员工不愿意在团队里工作，宁愿自选工作目标，或者宁愿去更大的一个团队工作，那么他们的工作会得到调整，或者被换岗。

两三年过后，绿色货运的这一管理体系效果斐然：公司的缺勤率和失误率降低，盈利上升。员工早晨来上班时，显得更加精力充沛；晚上下班时，带着更大的满足感，因为对自己当天的工作很满意。正如米哈伊·奇克森特米哈伊所说：

这样做的通则是发现你的员工喜欢做什么。之后，在公司的目标范围内，把他们安排到他们喜欢的工作岗位上。简单地说就是将员工的内在动机转化为公司的盈利源泉……大多数员工会对此欢呼雀跃，因为他们可以从事自己真正擅长的工作。这样做的核心在于你要了解自己的员工。你必须了解他们的所长和所短，你还要发现如何将每个人的技能与公司面临的挑战结合起来。可能你并不需要太多的销售员，那么就鼓励那些擅长销售的员工去其他部门……我们喜欢做自己擅长的事情。这是我们的自我表达。

提供更多接近技术和智力资源的机会。本杰明·富兰克林最具远见的一点就是，他认为公共图书馆可以让更多人接触书本知识。基于这样的认识，他建立了美国第一家图书馆。出于同样的动机，谷歌于2002年发起了雄心勃勃的工程，将全世界的书籍都扫描入网，为全世界提供在线阅读——一个在自己家中就可以进入的终极图书馆。有版权限制的书籍要付费阅读，这笔费用将作为书籍的版税，找不到版权人的书籍（所谓的"孤儿书籍"）的版税也会在版权人的名下保留5年。2004年，谷歌开始了书籍扫描；每天载满书籍的卡车源源不断地将各类书籍运往谷歌的扫描中心，操作员以每小时1000页的速度扫描每本书，将这些书数字化。2007年，当时的谷歌研发部的副总裁玛丽萨·迈耶（Marissa Mayer）预计这个扫描项目需要在2017年才能全部完成。（当然，书库还要不断更新。）整个项目未来可能带给消费者和作者的最大好处——让人们接触到巨量的绝版书（没有这个项目，这些书很可能就消失或者被遗弃了），被证明是该项目的"阿喀琉斯之踵"。以法律手段赋予谷歌将全世界绝版书籍数字化的权利，实质上等同于允许谷歌垄断这些书籍。书的作者、出版商和批评者联手向美国司法部对此提出抗议，后者因此拒绝授予谷歌这样的权利。截至2017年，谷歌已经扫描完成了3000万册图书——接近美国国会图书馆的全部藏书，即 3700 万册。但是，相对于世界上实际存在的图书总量，这个数字仅仅是冰山一角，因为版权的难题还没有得到妥善解决。

学术界正在进入一个新的阶段，大量已发表的学术论文正开放给公众免费阅览。大多数学者主要有两项工作：教学和研究。后者意味着要将研究成果以学术论文和专著的形式发表。在很多大学和研究机构，论文是赢得终身教职、加薪和尊敬的"原始货币"。一位学者的"市场价值"往往与其在重量级期刊上发表的论文数量及论文的影响力（通常以引用次数来衡量）紧密相关。在某些领域，发表专著的学者还会得到奖励，奖励的前提是这些专著必须具有"学术影响力"。这就是所谓的"不出版就淘汰"的含义。学术工作者并非主要依靠发表论文或专著来赚钱，因为学术期刊通常不提供稿酬，而且多数学术著作带给出版商的利润十分微薄。学术工作者发表专著或论文为的是提升学术影响力，这可以带给他们终身教职、更高的薪水和同行的尊敬。他们希望有更多的人阅读、讨论和引用自己的学术成果。这意味着学术圈希望学术成果能够广泛传播到其他学术领域和公众层面。大多数顶级学术期刊都深谙这一点——毕竟，它们是因为广泛的影响力（拥有广大的读者群和被高频引用）才成为顶级期刊的。因此，在数字化文本已经随处可见且成本不高的情况下，很多期刊开始在付费的前提下，为论文作者提供下面这项服务：通过"对公众开放"的模式，将该作者的论文向更多读者开放。花上几千美元，某位作者的论文就可以通过网络浏览器全文提供给任何人。不幸的是，这就产生了一些对于利润导向的学术出版商的道德疑问。世界上前五位利润导向的学术出版商，掌控着世界上自然和医学领域 50% 以上的学术论文，他们拥有很高的盈利率——实际上，他们的盈利率高过苹果公司。给出版商付一笔费用就可以让某一位学术研究人员的科研论文得到广泛传播，那这笔费用会不会是一种新型贿赂？著名学术期刊《科学》设计过一次调查，发现在 305 本在线期刊中，其中过半为了这笔费用愿意发表故意造假的学术论文，尽管该论文包含关键错误，而且这些错误"高中化学以上基础的人都可以识别出来"。尽管这一调查结果很令人不安，但是，从长远讲，评级系统会不断完善，可以帮助读者识别精华与糟粕，我们可以接触到高水平的科学论文，本杰明·富兰克林会为这一结果感到欣慰的。

那么我们还能做些什么呢？首先，我们可以加快在线论文和专著与大家见面的速度，可以免费，也可以收取低额的费用。如上所述，我们这样做的时候，要注意，不能危害到激励学者发表论文的机制，也不能危害到为了保证论文或专著质量所设的基本制度，更不能损害读者查明论文质量的能力。出版商、编辑、评论家要筛选有潜力的文章和专著，并从中挑选出最具潜力的学术作品，出版前还要进一步修改完善文章，他们在这些方面发挥着重要作用。在我们急着扫清获取论文和专著之路上出现的障碍时，我们应该小心谨慎，避免得不偿失。

然而，我们还有更多事可以做。从乔布斯、居里和马斯克身上我们看到，除了运用书本知识，他们还擅长发掘、利用他人所长。乔布斯需要沃兹尼亚克和其他人来实现自己的设想。居里需要皮埃尔教她如何测量微小的电子流。马斯克雇用了世上最棒的火箭科学家，实现了制造可回收火箭的梦想。我们可以为有头脑的人提供他们所需的专业技术人才，帮助他们提升或实施设想，以此来培养社会创新。换言之，我们要提供各种便利，使人们更容易接触到其他人的智力资源。我们可以创立专家库和联盟来分享智力资源，还可以施行一些激励措施来分享有形科学资产，诸如实验室和设备。我们这样做不但可以向非科学从业人员打开科学大门，还可以从现有的科学投入中收获更多有意义和价值的东西。

敞开科学的大门对促进创新尤为重要。我们所研究的各位科学家表明，突破性创新常常并不是产生自专业人士，而是来自那些可能在其他领域有专长的人士或是几乎没有接受过什么专业培训的人才。例如，卡门从来就没有接受过大学本科教育，也没有接触过任何形式的医学培训，但是，他发明了世界上第一台便携式肾透析机、第一台便携式药物输注泵、第一台 iBot 移动轮椅和七个高级义肢。马斯克只有物理学和经济学的本科学历，却独立完成了可回收火箭的原型设计，在世界航空领域掀起一场革命。他还成立了目前人们能够想象到的最成功的电动汽车制造厂（同时也给正在研发自家品牌电动车的汽车制造商带来了压力），目前他正在建设可以接收并储藏太阳能的电池系统，这种电池可以为家庭供电。

非专业人才对于创新很重要；他们往往在自己高度热爱的领域中做研究，解决一些令他们全身心投入的问题。这样他们看待问题的视角往往有别于该领域的专业人士，他们可能会质疑或有意忽略一些专业人士想当然的一些假设。但是，这并不意味着专业培训不重要，专业科学家在增值性和突破性创新领域占绝大多数——这意味着，我们不想把那些非专业人士拒之门外，不想失去他们给科学带来创新的机会。

在过去的 100 多年间，科学专业化的程度越来越高。常年的培训和高度专业化的仪器设备在普通民众与科学发现之间立起一堵高墙。草根运动开始涌现，人们自愿投入时间、金钱和设备，大众有更多机会参与科学进程、接触科学资源。这项运动被称为"公民科学"或"社区实验室"。其形式包括让公众参与如气象、动物群落、天文等领域的数据搜集，之后将数据转交给专业科学家。其他形式还有创建公共实验室，普通公民可以在里面做实验、建立模型和体验各种传统意义上只对知名研究人员开放的学习过程。这样的公共实验室有：加州森尼维尔市的 BioCurious，纽约市布鲁克林的 Genspace，马萨诸塞州萨默威尔市的 BOSSLAB。在 Genspace，人们可以注册一些课程，通过这些课程，他们可以学习基因如何改变发酵粉的性质、如何从菌类生物中繁殖出皮革组织；只要每月交上一定费用，就可以 24 小时使用实验室的空间和设备，做自己感兴趣的实验。

遗憾的是，这类公民科学组织都面临资金不足的问题，很多因为拿不到足够的赞助资金，无法购得足够的物资让科学爱好者完成有意义的科学工作，而且一些组织在被广泛传播之前就销声匿迹了。政府在这个领域的点滴努力或少量基金支持就可以在创新方面大有作为。设立公民科学创新基金可以帮助组织达到吸引必要参与者和捐助人的临界值。

　　　　　　　　　　　　　　　　✧

　　通过深度研究突破性创新者，我们了解到他们在能力、个性、恢复力、动机方面的特殊之处。我们还了解到时机、地点、人脉对他们的突破性创新的促进作用。同时，我们还从中深入领悟到如何培养非传统的思维和创新能力，如何鼓励人们为实现创新而努力工作，并为之锲而不舍。此外，我们也意识到如何促进利于创新的环境优势。总而言之，突破性创新者身上的特殊之处给我们的启发是，在激发每个人身上潜在创新力方面，我们可以做的还有很多。

致　谢

感谢我的编辑约翰·马哈尼（John Mahaney），在他的建议下，本书在原文基础上做了进一步的改进和完善。我还要谢谢乔·波尔卡（Joe Porac）、欧文·丹尼尔斯（Erwin Daneels）、贝姬·绍姆贝格（Becky Schaumberg）、乔·马吉（Joe Magee），还有在纽约大学、斯坦福大学、南加利福尼亚大学、加利福尼亚大学欧文分校、挪威经济学院、罗格斯大学、柏鲁克学院、密歇根大学、瑞典的卡罗琳斯卡学院、IESE商学院(巴塞罗那)举办的研讨会的各位参与者，以及SciFoo会议、温特战略会议、卡内基学院组织学习会议、管理学会会议的与会者，衷心感谢他们的建议和反馈意见。最后，我要感谢我的家人和朋友们的耐心与支持。

图书在版编目（CIP）数据

奇才 /（美）梅利莎·席林
（Melissa A. Schilling）著；李蒙，宫海荣译 . — 长
沙 : 湖南文艺出版社，2019.2
书名原文：Quirky
ISBN 978-7-5404-8867-3

Ⅰ.①奇… Ⅱ.①梅…②李…③宫… Ⅲ.①成功心
理—通俗读物 Ⅳ.①B848.4-49

中国版本图书馆 CIP 数据核字（2018）第 229621 号

著作权合同登记号：图字 18-2018-144

Quirky by Melissa A. Schilling
Copyright © 2018 by Melissa A. Schilling
First Edition: February 2018
Published by PublicAffairs, an imprint of Perseus Books, LLC
Simplified Chinese translation copyright © 2018 by China South Booky Culture Media Co., Ltd.
ALL RIGHTS RESERVED

上架建议：畅销·经管

QICAI
奇才

作　　者：［美］梅利莎·席林
译　　者：李　蒙　宫海荣
出 版 人：曾赛丰
责任编辑：薛　健　刘诗哲
监　　制：吴文娟
策划编辑：徐海凌
特约编辑：叶淑君
版权支持：辛　艳
营销编辑：李天语
封面设计：潘雪琴
版式设计：李　洁
出版发行：湖南文艺出版社
　　　　　（长沙市雨花区东二环一段 508 号　邮编：410014）
网　　址：www.hnwy.net
印　　刷：北京柏力行彩印有限公司
经　　销：新华书店
开　　本：700mm×995mm　1/16
字　　数：185 千字
印　　张：17.5
版　　次：2019 年 2 月第 1 版
印　　次：2019 年 2 月第 1 次印刷
书　　号：ISBN 978-7-5404-8867-3
定　　价：49.80 元

若有质量问题，请致电质量监督电话：010-59096394
团购电话：010-59320018